Kulturbild
Verlag

Petra Domke   Markus Hoeft

Tunnel Gräben Viadukte

Petra Domke   Markus Hoeft

Tunnel Gräben Viadukte

100 Jahre Baugeschichte der Berliner U-Bahn

Kulturbild
Verlag

Berlin 1998

Die Deutsche Bibliothek - CIP-Einheitsaufnahme

Tunnel, Gräben, Viadukte :
100 Jahre Baugeschichte der Berliner U-Bahn /
Petra Domke ; Markus Hoeft. -
Berlin: Kulturbild-Verl., 1998
ISBN 3-933300-00-2

Gesamtherstellung: artvision Printmedienproduktion GmbH, Berlin
Bearbeitungsschluß: Juli 1998

ISBN 3-933300-00-2

Inhalt

Vorwort 9

1. Kapitel **10**

Vorgeschichte, Konzessionserteilung und Betriebsbeginn im Jahre 1902

1.1 Von der beschaulichen Residenz zur pulsierenden Industriestadt 11

1.2 Der Traum vom unterirdischen Schnellbahnnetz 12

1.3 Die ersten Schnellbahnpläne 12

1.4 Von der Pfeilerkonstruktion zur Schnellbahnnetz-Idee 16

1.5 Die Konzession für die Hochbahn 19

1.6 Der Baubeginn an der Hochbahn 20

1.7 Die Hochbahn geht unter die Straße 23

1.8 Das Gleisdreieck 26

1.9 Architektur entlang der Stammstrecke 28

1.10 Berliner Hausdurchfahrten 32

1.11 Das Schmuckstück der Strecke 35

1.12 Projektänderungen werden notwendig 36

1.13 Der Bau der Tunnelstrecke 37

1.14 Die Ministerfahrt 41

1.15 Verkehrs- und Betriebsdienst 43

2. Kapitel **46**

Streckenverlängerungen 1903 bis 1913

2.1 Die neue Verkehrsgesellschaft 47

2.2 Zügig nach Charlottenburg 47

2.3 Der lange Weg in die Innenstadt 54

2.4 Der Norden bekommt eine U-Bahn 62

2.5 Die erste stadteigene U-Bahn, aber nicht in Berlin 69

2.6 Wilmersdorfer und Dahlemer Bahn 74

3. Kapitel **82**

U-Bahnen in Groß-Berlin 1914 bis 1930

3.1 Der erste Weltkrieg 83

3.2 Die Enstehung von Groß-Berlin 84

3.3 Die erste U-Bahn von Nord nach Süd – Die heutige U6 84

3.4 Von Gesundbrunnen nach Neukölln – Die heutige U8 98

3.5 Die Entwicklungen im Kleinprofilnetz und bei der Hochbahngesellschaft 110

3.6 Die U-Bahn unter der Frankfurter Allee 117

3.7 Linienbezeichnungen 120

4. Kapitel **122**

Größenwahn, zweiter Weltkrieg und Wiederaufbau des zerstörten Streckennetzes

4.1 Große Pläne von 1933 bis 1939 123

4.2 Der Olympiaverkehr 125

4.3 Die U-Bahn fährt durch Trümmerlandschaften 127

4.4 Die Beseitigung der Kriegsschäden – 1945 bis 1951 133

5. Kapitel **138**

Die BVG in den Jahren der Spaltung und die Netzentwicklung im Ostteil der Stadt bis 1989

5.1 Die Normalisierung der Lage in der Nachkriegszeit 139

5.2 Die Chance der neuen Verkehrsplanungen 140

5.3 Die Jahre der Spaltung 141

5.4 Der geteilte Tunnel 145

5.5 Mit der U-Bahn in die Satellitenstädte 146

5.6 Unterfahrung der Friedrichstadtpassagen 152

6. Kapitel **154**

Der U-Bahn-Ausbau im Westteil der Stadt 1950 bis 1989

6.1 Verkehrspolitische Weichenstellungen 155

6.2 Die Verlängerung nach Tegel 156

6.3 Neue Planungsgrundlagen ab 1953/54 159

6.4 Von Wedding nach Steglitz – Die Entstehung der U9 164
6.5 Auf dem Weg nach Rudow 170
6.6 Von Tempelhof nach Alt-Mariendorf 174
6.7 Die Geburtsstunde der Linie 7 177
6.8 Zuwachs in Schöneberg und Wilmersdorf 179
6.9 Die vorläufige Vollendung der U9 183
6.10 Pechmarie unter den Linien – Die U8 im Norden 185
6.11 In drei Abschnitten bis Spandau 188

7. Kapitel **196**
Vom Mauerfall bis zur Gegenwart; Pläne und Visionen für das 21. Jahrhundert
7.1 Die Wiederbelebung fast vergessener Verkehrswege 197
7.2 Tunnelbau durch die Wende 197
7.3 Endlich bis Hermannstraße 200
7.4 Wiederherstellung an der U1 201
7.5 Die „Ost-West-Verbindung“ von Nord nach Süd 204
7.6 Blick in die Zukunft – Die Erweiterungspläne für das U-Bahn-Netz 208
7.7 Visionen für das nächste Jahrhundert im nächsten Jahrtausend 212

8. Kapitel **214**
Am U-Bahn-Bau beteiligte Unternehmen

Anhang

Die Bahnhöfe im Berliner U-Bahn-Netz 223

Zeittafel 232

Literaturverzeichnis und Abbildungsnachweis 236

Vorwort

Im September 1896 fand der erste Spatenstich für den Bau der Hochbahn in Berlin statt, 1902 fuhren dann endlich die Züge zwischen Warschauer Brücke, Knie und Potsdamer Platz. Mithin befinden wir uns in einer Periode der 100jährigen Jubiläen, je nachdem, ob man den Bau- oder den Betriebsbeginn als Geburtsstunde der Berliner U-Bahn betrachten möchte.

Das vorliegende Buch zeichnet die Baugeschichte der Hoch- und Untergrundbahn im Zusammenhang mit der Berliner Stadtentwicklung nach. Oft ist nur durch den stadtgeschichtlichen Hintergrund verständlich, warum eine neue U-Bahn-Strecke entstand und welche Interessen bei der Errichtung zu berücksichtigen waren. Detailliert gehen wir auf die Diskussionen zur Bauausführung und zur genauen Streckenführung der Linien ein, wobei einerseits von weitsichtigen Visionen und technischem Wagemut zu erzählen ist, andererseits aber auch von kuriosen Träumereien und – speziell in den Jahren vor der Gründung Groß-Berlins – von kommunaler Kleinkariertheit. Die Ironie der Geschichte wirkte dabei gleich am Anfang der U-Bahn-Entwicklung: Ausgerechnet ein Unternehmen namens „Hochbahngesellschaft" erbrachte die Pionierleistungen für die Berliner Untergrund(!)-Bahn.

Großen Raum haben wir den drei sehr erfolgreichen Bauperioden in der Entwicklung der Berliner U-Bahn eingeräumt: der ersten Ausbauphase bis 1913, der zweiten in der Zeit der Weimarer Republik und schließlich der dritten Ausbauphase – im Westteil der Stadt – ab 1953. Den weniger umfangreichen U-Bahn-Bauaktivitäten in Ostberlin haben wir ebenfalls ein Kapitel gewidmet. Auch die Schwierigkeiten durch zwei Weltkriege, Weltwirtschaftskrise und Inflation sowie die Spaltung der Stadt werden ausführlich dargestellt. Immer wieder zeigt sich der enge Zusammenhang von U-Bahn-Bau und Stadtgeschichte sowie deutscher Geschichte.

Einen zweiten Schwerpunkt setzt das Buch bei der Architektur der Bahnanlagen und der technischen Bauausführung. Wie ein großes Museum zeigt das Berliner U-Bahn-Netz die verschiedenen ästhetischen Prinzipien und technischen Möglichkeiten in den jeweiligen Bauperioden. Diese Entwicklung wird im Buch mit einem ausgewogenen Gemisch aus historischen und aktuellen Fotos dokumentiert, von denen viele hier erstmals veröffentlicht werden. An Hand der beigefügten Streckenpläne können die im Text beschriebenen Bauvorhaben nachvollzogen werden. Da viele Bahnhöfe im Laufe der Geschichte verschiedene Bezeichnungen trugen, im Text aber meist die jeweils historisch geltenden Namen verwendet werden, erschien es sinnvoll, im Anhang eine Liste aller Bahnhöfe und ihrer wechselnden Bezeichnungen aufzuführen. Mit unserem Buch – und eventuell einem Stadtplan – kann jeder Interessierte selbst auf Entdeckungstour zu den historischen Orten gehen.

Im Literaturverzeichnis ist das von den Autoren ausgewertete Quellenmaterial aufgeführt, von dem ein Werk hier besondere Würdigung erfahren soll. Dr. Walter Schneider (†) hat 40 Jahre für den öffentlichen Nahverkehr in Berlin gearbeitet und war lange Zeit Erster Direktor der Berliner Verkehrs-Betriebe (BVG). Er hinterließ mit einer zwölfbändigen Materialsammlung „Der Städtische Berliner Öffentliche Nahverkehr" das wohl umfangreichste Werk zu diesem Thema.

Unser Dank gilt der BVG, speziell der U-Bahn-Bauabteilung und der Plankammer, für die konstruktive Zusammenarbeit bei der Entstehung des vorliegenden Buches. Besonders danken wir Andreas Mory, Reinhard Sept und Rolf Eichholz für ihre fachliche Beratung und die freundlichen Hinweise.

Petra Domke und Markus Hoeft
im Juli 1998

1

1. Kapitel

Vorgeschichte, Konzessionserteilung und Betriebsbeginn im Jahre 1902

1.1 Von der beschaulichen Residenz zur pulsierenden Industriestadt

Vielleicht nahm die sprunghafte Entwicklung Berlins mit dem Kurfürstlichen Edikt vom 18. März 1658 über den Ausbau der Residenzstädte Berlin und Cölln zur Festung ihren Anfang, denn diese Order beschleunigte die Ansiedlungen und Bautätigkeiten diesseits und jenseits der Befestigungsanlagen entlang der alten Stadtmauer in bisher ungekanntem Maße. Planmäßig entstanden rund um den königlichen Schloßbezirk die Neustädte Friedrichswerder, Dorotheen- und Friedrichstadt, die bis zur Vereinigung mit Berlin im Jahre 1710 aber noch selbständige Städte waren. Vor allem die Friedrichstadt bot seit 1685 einwandernden Hugenotten gute Existenzbedingungen. Hier erhielten sie Grundstücke, Baumaterial für ihre Häuser und die Möglichkeit, ein Gewerbe auszuüben. Von den bis 1700 in das Land gekommenen 20.000 Réfugiés blieben etwa 6.000 in der Friedrichstadt. Nach der Eingemeindung der Neustädte war immer noch jeder fünfte Einwohner Berlins ein Hugenotte.

Aus dem unscheinbaren Provinznest war eine beachtenswerte und aufblühende Stadt geworden. Weitere Ausdehnungen und Zuwanderungen aus allen Teilen des Landes waren nicht mehr aufzuhalten. Um die Wende vom 18. zum 19. Jahrhundert wurden über 4.000 neue Fabriken registriert, 15.000 Wohngebäude gebaut, über 400 Straßen und Plätze neu angelegt, Eisenbahnstrecken und Bahnhöfe errichtet, Schiffskanäle gezogen sowie stadttechnische Anlagen zur Gas-, Wasser- und postalischen Versorgung bereitgestellt.

Durch die Verwandlung Berlins von einer beschaulichen Residenz in einen pulsierenden Industriestandort während der zweiten Hälfte des 19. Jahrhunderts entwickelten sich Verkehrsströme, die über das relativ gut ausgebaute Straßennetz nicht mehr zu bewältigen waren. Die angrenzenden Orte Charlottenburg (1705 Stadtrecht), Schöneberg (1898 Stadtrecht) und Wilmersdorf (1906 Stadtrecht) drängten als aufstrebende Siedlungsgebiete auf eine gute Verkehrsanbindung an das Berliner Zentrum.

Mit der Eingemeindung der Berliner Vororte Moabit und Wedding sowie nördlicher Teile von Schöneberg und Tempelhof von 1861 wurde das Stadtgebiet um nahezu 70 % vergrößert und die Bevölkerungszahl auf über eine halbe Million gesteigert. In den folgenden 15 Jahren schnellte die Einwohnerzahl dann sogar auf fast eine Million hoch, was enorme Bewegungen in der Stadt auslöste und eine stark anwachsende Verkehrsdichte ergab. Es entstand jene Mobilität des innerstädtischen Alltags- und Gewerbelebens, die dem Großstädter im 20. Jahrhundert nur allzu vertraut geworden ist.

In historischen Dokumenten findet sich 1867 erstmals der Hinweis auf einen sich sprunghaft entwickelnden Berliner Berufsverkehr. Der öffentliche Verkehr wurde seit 1846 hauptsächlich durch Pferdeomnibusse und seit 1865 durch die Pferdeeisenbahn (Straßenbahn) abgedeckt. Konnten die Fahrgäste des Pferdeomnibusses anfänglich nur 5 Linien benutzen, waren es neun Jahre später wenigstens schon 11 Linien. Jedoch blieben die ersten Fahrpreise mit 3 Silbergroschen pro Fahrt für die Mehrheit der Bevölkerung unerschwinglich. Den Reicheren dagegen schien das neue Verkehrsmittel nicht standesgemäß.

Erst nachdem harter Konkurrenzkampf die Preise halbiert hatte, entwickelte sich ab 1856/57 der Pferdeomnibus zum Massenverkehrsmittel. Jetzt zählte man jährlich über eine Viertelmillion Fahrgäste, die sich über die schlecht gepflasterten Straßen Berlins kutschieren ließen. Den Hauptanteil bildeten übrigens sonntägliche Ausflugslinien nach „janz weit draußen" oder „j.w.d.", beispielsweise in das beschauliche Pankow, nach Dahlem oder Westend. Ab 1877 begann bei der „Großen Berliner Pferdebahn AG" die Umstellung des Pferdebahnbetriebs auf Dampfkraft und damit die Entwicklung der Dampfstraßenbahn. Mit dem Übergang von der holprigen und schlecht befahrbaren Straße auf die Schiene konnte die Verkehrsgeschwindigkeit auf 10 km/h beschleunigt werden, und die von den Berlinern so geliebten Vororte waren jetzt vom Zentrum aus besser und schneller erreichbar.

1
Pulsierender Großstadtverkehr im Berlin der Jahrhundertwende. Hier ein Postkartenmotiv vom verkehrsreichen Alexanderplatz.

Sprunghafte Entwicklung des Berliner Innenstadt- und Berufsverkehrs in der zweiten Hälfte des 19. Jahrhunderts

2
Originalpläne aus dem Büro Siemens & Halske. Abfangung der Rampe am Nollendorfplatz, Portalstütze.

1.2 Der Traum vom unterirdischen Schnellbahnnetz

Im schienengebundenen Beförderungssystem lag offensichtlich die Zukunft. Nach verschiedenen Experimenten mit vom Pferd unabhängigen Antriebsmöglichkeiten, von denen sich bei der Eisenbahn seit 1871/72 vorerst die Dampfkraft auf der Ringbahn bewährte, präsentierte Werner von Siemens (1816–1892) 1879 auf der Berliner Gewerbeausstellung in Moabit eine vielversprechende Lösung für den zunehmenden Großstadtverkehr. Seine Erfindung, die Anwendung elektrischer Aggregate als Kraftmaschine auf der Grundlage des elektrodynamischen Prinzips, sollte den innerstädtischen Verkehr geradezu revolutionieren. Eröffneten doch weitere Forschungen und Versuche berechtigte Hoffnungen, die Elektrifizierung sowohl für die bestehenden Eisenbahnstrecken, die Straßenbahn als auch für unterirdische, von Straßen unabhängige Verkehrsmittel anzuwenden. Es lag nahe, erste Visionen von einem gut ausgebauten unterirdischen Schnellbahnnetz zu entwerfen, denn die Kapazitäten eines Straßen-Schienen-Systems waren für die nahe Zukunft erschöpft. Die Straßen in der Innenstadt schienen bereits hoffnungslos überlastet. Veränderung konnte nur ein neuer Verkehrsträger bringen, die von Werner von Siemens projektierte schienengebundene, aber straßenunabhängige, als Hoch- oder Unterpflasterbahn elektrisch betriebene Schnellbahn. Er trug dem Magistrat vor: „Unsere Straßen sind verstopft, die Pferdebahn ist zu langsam; als Lösung schlage ich eine elektrische Schnellbahn über den Dächern vor, die ich Ihnen sofort bauen könnte.“ [1] Aber jene Planungen waren zu kühn, selbst wenn Siemens bereit war, von den Dächern der Stadt auf Viadukte über den Straßen hinabzusteigen.

Die „Elektrischen“ stellen die Weichen in die Zukunft

Zunächst führte man nach ersten Versuchen in Lichterfelde die elektrisch betriebene Bahn auf der Straße ein. Zwischen 1896 und 1902 wurden sämtliche Pferdeeisenbahnen elektrifiziert. Nach anfänglichen Versuchen mit einer dritten, als Stromschiene geführten Schiene wurden die Bahnen später über Oberleitungen mit Strom versorgt. Ein weiterer Schritt in Richtung Schienenverkehrsmittel außerhalb des innerstädtischen Straßenraumes gelang mit dem Bau der Berliner Stadtbahn zwischen Schlesischem Bahnhof und Charlottenburg. Die 1882 eröffnete Strecke auf gemauerten Viadukten quer durch die Stadt in Ost-West-Richtung demonstrierte allen Skeptikern des Projektes, daß der Verkehr auf einer zweiten Ebene nicht nur funktionierte, sondern den Straßenraum auch erheblich entlastete und eine hohe Beförderungsqualität erbrachte. Bereits im vorigen Jahrhundert schätzte man vor allem das ungehinderte und damit verspätungsfreie Fahren auf dieser Verbindung.

1.3 Die ersten Schnellbahnpläne

Noch in der Bauzeit der Stadtbahn, im Februar 1880, legte Werner von Siemens beim Berliner Polizeipräsidenten den ersten Entwurf einer elektrischen Schnellbahn zur Genehmigung vor. Entscheidungen über alle Belange des Bauens lagen seit 1691 in den Händen einer Baupolizei, die den Staat zu vertreten hatte und strengstens über die Einhaltung ihrer Vorschriften und Bauordnungen wachte. In Person des Polizeipräsidenten bestimmte sie die Lage, Höhe und Tiefe der Häuser, kontrollierte die Einhaltung der Mindestgröße von Hinterhöfen von exakt 5,34 m im Quadrat – dem notwendigen Bewegungsraum der Feuerspritze –, sorgte für die ordnungsgemäße Anlage und Pflasterung der Straßen und vergab auch die so wichtigen schriftlichen Genehmigungen für den Bau von schienengebundenen Verkehrsanlagen.

Die positive Entscheidung des Polizeipräsidenten war also auch für Siemens die wichtigste Voraussetzung, seine Schnellbahnpläne umzusetzen. Die als Hochbahn durch die Friedrich- und Chausseestraße zum Wedding vorgesehene Strecke sollte im Gegensatz zur entstehenden ost-westlich verlaufenden

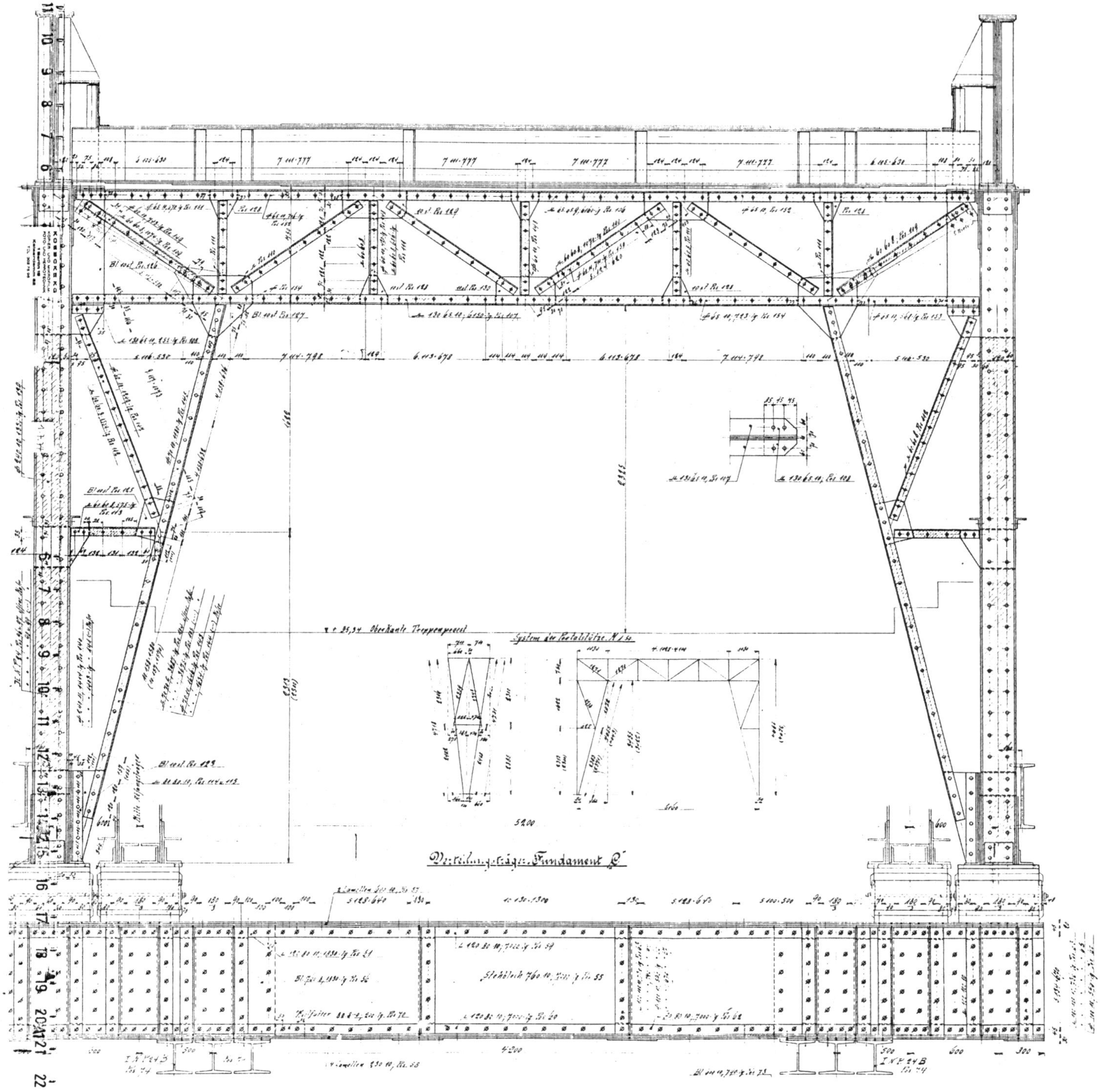
System der Portalstütze N / 50
Verteilungsträger Fundament C
Stehblech 760 10
52,00
4200

3
1907 errichtete die Continentale Gesellschaft für elektrische Unternehmungen eine Versuchsstrecke für die Schwebebahn. Hier Prinzipzeichnungen von Viadukt und Bahnhof.

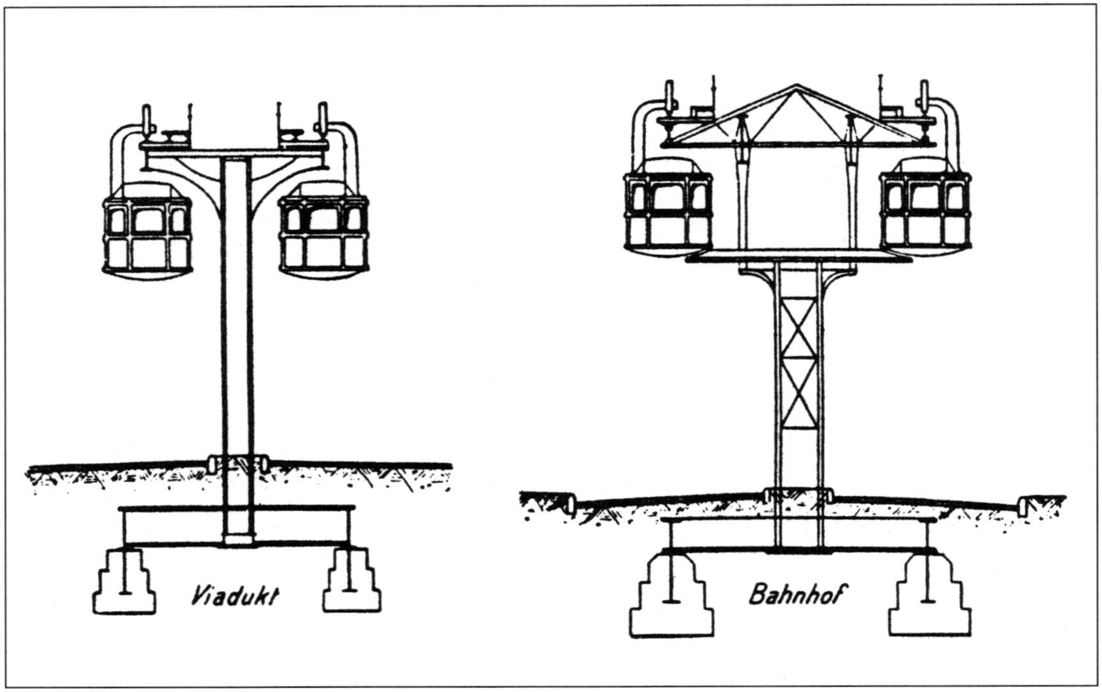

3

Das Hochbahnprojekt als Nord-Süd-Verbindung

Stadtbahn eine Verbindung in Nord-Süd-Richtung herstellen. Die Vorstellungen für die neue Bahn gingen ebenfalls von einer gehobenen Ebene aus, die im Unterschied zur Stadtbahn allerdings nicht einer eigenständigen Trassierung, sondern den vertrauten Straßenzügen folgte. Geplant war, nach dem bereits existierenden Vorbild in New York eine sogenannte Pfeilerbahn zu bauen. Jedoch die Ausführung des Projektes stieß auf sehr breiten Widerstand in der Stadt. Die 4,50 m hohen Pfeiler für die Schmalspurbahn, die nach Straßenseiten getrennt an jeder „Trottoirkante" im Zuge der Straßenlaternen errichtet werden sollten, paßten nicht in den vertrauten Straßenanblick der Berliner. Neben mangelnder Sicherheit, der Lärmbelästigung und Verdunkelung des Straßenraumes befürchtete man vor allem eine Beeinträchtigung des Stadtbildes an den Prachtstraßen und lehnte die Planungen ab. Auch ein weiteres Hochbahnbauvorhaben entlang der Leipziger Straße, 1883 von Siemens eingereicht, scheiterte am Widerstand und an endlosen Bedenken des Magistrats. Wiederum hatte eine New Yorker Konstruktion Pate gestanden und dennoch bzw. gerade deshalb die Gemüter der Entscheider erregt.

Trotzdem setzte Werner von Siemens seine praktischen Versuche und Planungen für ein ganzes Netz elektrischer Schnellbahnen in Berlin unverdrossen fort, denn er sah in Hoch- und eventuell Untergrundbahnen die eigentliche Chance, seine Idee des elektrischen Bahnbetriebs umzusetzen. Der U-Bahn-Gedanke hatte dabei einen besonderen Stellenwert, denn in ihm lag die Möglichkeit, den öffentlichen Verkehr aus dem bereits vor über 100 Jahren überlasteten Straßenraum herauszulösen und die steigenden Verkehrsanforderungen dennoch mit Sicherheit, Präzision und Schnelligkeit erfüllen zu können.

Doch weitere Schnellbahnplanungen konzentrierten sich zunächst in Richtung Hochbahnen. Wußte man doch, daß der damalige Stadtbaurat James Hobrecht (1825–1902) und mit ihm viele andere Unterpflasterbahnen grundsätzlich ablehnten. Hobrecht hatte sich mit großem Engagement für den Bau der Berliner Kanalisation eingesetzt, die gerade ihre erste Bewährungsprobe bestand. Nun

Röhren-, Untergrund- und Schwebebahnen

Mitten in den Überlegungen und Beratungen des Magistrats, ob man zur elektrifizierten Straßenbahn überhaupt noch ein straßenunabhängiges elektrisches Verkehrsmittel zulassen sollte, stellte die AEG ebenfalls ehrgeizige Netzpläne vor. Am 8. Dezember 1891 referierte der AEG-Direktor Kolle in einem Vortrag über die Vorstellungen seines Hauses. Sie gingen ausschließlich von Tunnelstrecken in Form von „Röhrenbahnen" mit einer Spurbreite von einem Meter aus. Eine solche Bahn sollte, elektrisch betrieben und den Hauptverkehrsadern folgend, in zwei Ringlinien und zwei Achsverbindungen alle Stadtteile verbinden. Vor allem die geplante hohe Geschwindigkeit von 25 km/h versprach erhebliche Vorteile gegenüber den herkömmlichen Verkehrsformen. Es war vorgesehen, das 48 km lange Netz stufenweise zu bauen und in Spitzenzeiten 3-Wagen-Züge einzusetzen, die bis zu 120 Personen transportieren konnten. Die modernen Berliner Kanalisationsanlagen sowie die Unterquerung der Spree und des Landwehrkanals erforderten allerdings für das System aus ovalen Röhren eine entsprechend bemessene Tieflage.

Neben den Entwürfen von Siemens und der AEG mußte der Magistrat noch weitere Vorschläge prüfen und beraten. Den Antrag der Firma Thomson-Houston-International-Electronic-Company aus Hamburg zum Beispiel, zur Erteilung einer Genehmigung für Bau und Betrieb einer elektrischen Untergrundbahn in Berlin. Oder das Gesuch des Zivilingenieurs Otto Peine zum Betreiben einer Untergrundbahn. Oder auch das Projekt des Ingenieurs Schweder, der, angeregt von der noch ungebauten Wuppertaler Schwebebahn, eine Hoch-Schwebebahn vom Schlesischen Bahnhof zum Zoologischen Garten plante. Die Schwedersche Schwebebahn und ein 1894 eingebrachtes Projekt einer Schwebebahn nach dem Muster des Geheimen Kommerzienrates Eugen Langen aus Köln beeindruckte die Stadtverordneten besonders, und beide Vorschläge waren immer wieder Gegenstand von Diskussionen. Sie wurden sogar als Druckmittel bei den Hochbahnverhandlungen mit der Firma Siemens & Halske über die Bedingungen für den Bau und Betrieb der Hochbahn in Berlin verwendet. Doch als 1895 die Betreiber der Schwebebahnlinie Barmen-Elberfeld-Vohwinkel (Wuppertaler Schwebebahn) den Antrag stellten, die Entscheidung über eine solche Bahn in Berlin bis nach der Eröffnung in Wuppertal zu verschieben und auch der Stadtbaurat Hobrecht das Projekt ablehnte, war es eigentlich vom Tisch. Die endgültige Ablehnung erfolgte 1897. 1902 legte dann die Continentale Gesellschaft für elektrische Unternehmungen den Behörden eine weitere Schwebebahnidee vor. Wieder lag dem Vorhaben das Prinzip der Langenschen Schwebebahn zugrunde. Man schlug vor, eine solche Bahn von Gesundbrunnen nach Rixdorf in der Linienführung zu bauen, die später im wesentlichen der Nord-Süd-U-Bahn-Verbindung (heute U8) entsprach. Zur besseren Veranschaulichung des Projektes hatte man 1907 in der Brunnenstraße sogar ein kurzes Stück Schwebebahn errichtet. Doch auch diese Versuchsstrecke konnte Stadtväter und Bevölkerung nicht überzeugen. Den Berlinern blieb das Schwebebahnvorhaben unsympathisch, es kam nie zur Ausführung. 1904 scheiterte die Continentale Gesellschaft mit einem ähnlichen Schwebebahnprojekt auch in der Stadt Schöneberg. Schöneberg wollte genau wie Berlin seine U-Bahn.

fürchtete er negative Auswirkungen für sein Projekt, da er die ungünstigen Bodenbedingungen des Berliner wasserdurchtränkten Sandes nur zu gut kannte und ihm die Technik des Untergrundbahnbaus zu unausgereift schien. Außerdem wurden die lukrativen Strecken durch das Zentrum Berlins den beiden privaten Unternehmen Siemens & Halske und der AEG (Allgemeine Elektrizitäts-Gesellschaft) schon im Vorfeld abgeschlagen; die für die Stadt infrastrukturell wichtigen Strecken sollten nicht in privater Hand sein. Der Magistrat selbst aber scheute noch das hohe technische und finanzielle Risiko.

4

Konstruktionspläne für Normalträger und Träger über einer Stütze von Siemens & Halske. Situation an der Potsdamer Straße.

4

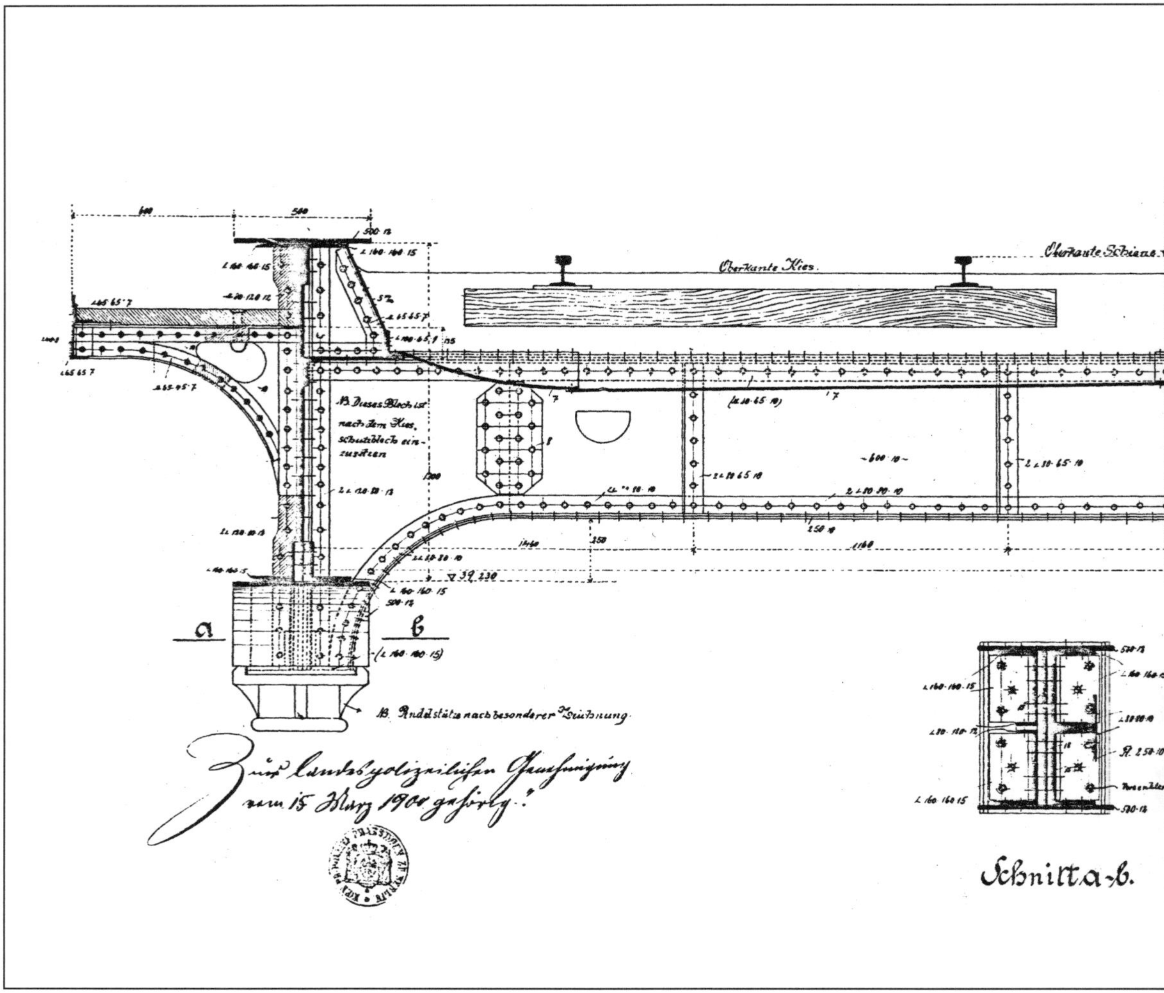

1.4 Von der Pfeilerkonstruktion zur Schnellbahnnetz-Idee

Doch Siemens gab nicht auf. Die labilen Pfeilerkonstruktionen wurden durch ausgereifte Viaduktentwürfe ersetzt, die die Gleise einer vollspurigen Bahn für beide Fahrtrichtungen gemeinsam tragen konnten. Die Hochbahnbauwerke sollten nicht mehr direkt vor den Häusern, sondern in der Straßenmitte angeordnet werden. Die neuen Pläne, von Siemens 1891 den Berliner Behörden eingereicht, gingen allerdings nicht nur von einer einzelnen Linie aus, sondern schlugen ein ganzes Liniennetz für Schnellbahnen vor. Dabei wagte er den Vorstoß, neben Hochbahnstrecken auch schon Untergrundbahnen mit der Bezeichnung „Unterpflasterbahnen" und sogar Niveaubahnen einzubeziehen. Die einzelnen Linien orientierten sich in diesen Entwürfen nicht mehr unbedingt an der Straßenführung. Man könne sich ruhig hintenherumdrücken, wie die Stadtbahn, müsse nur die Bahnhöfe möglichst dicht an die Verkehrsschwerpunkte heranrücken, führte Siemens dazu aus. Seine Überlegungen schlossen die bereits existierenden Projekte der Stadtbahn mit ein und ver-

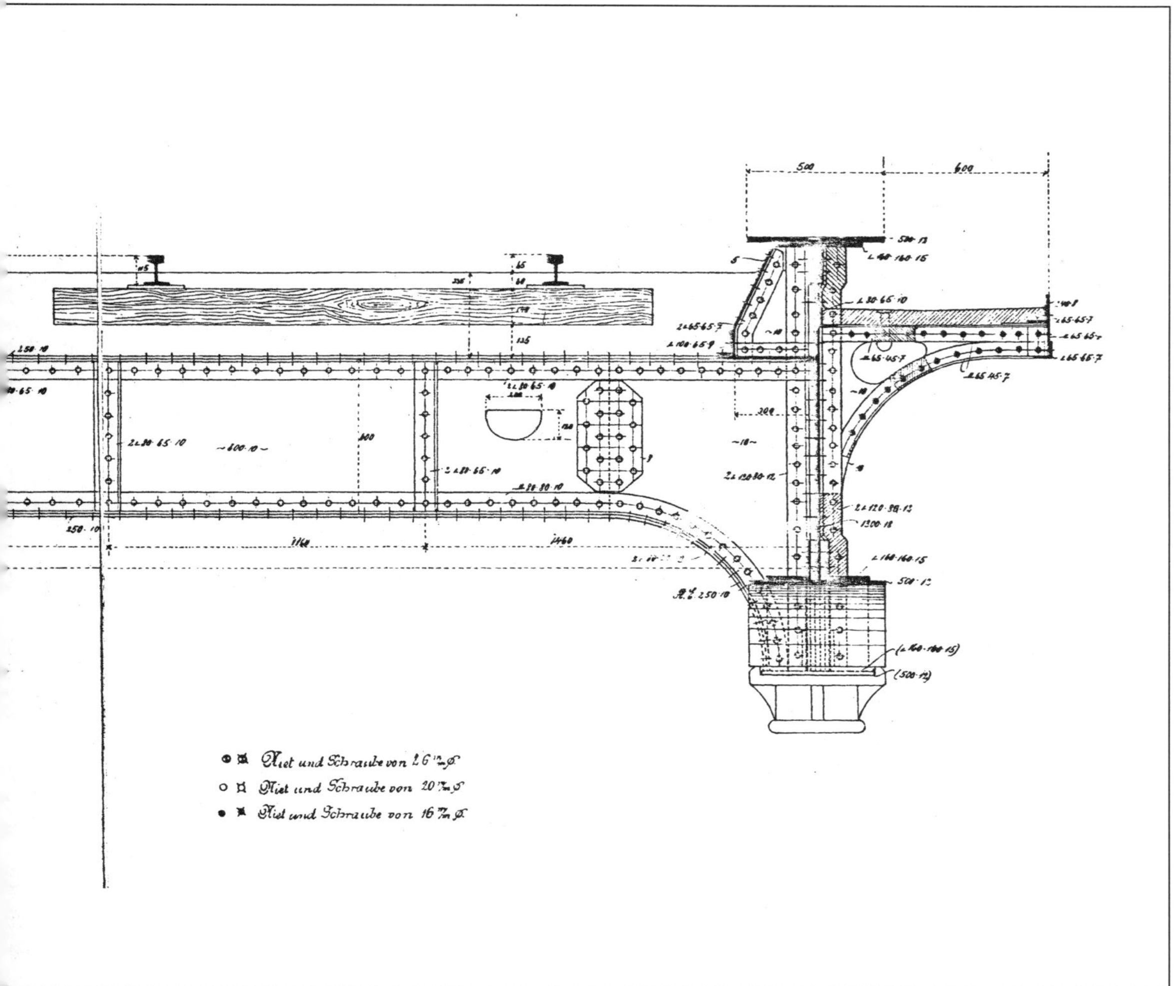

suchten – auch aus Renditegründen – die wichtigsten Lücken in der Verkehrsversorgung der Stadt zu schließen. Seine Unterpflasterbahnen projektierte er ohne aufwendige Tunnelbauten, als „flache, unmittelbar unter dem Straßenpflaster liegende Schläuche, deren Boden nur unbedeutend in die höheren Grundwasserstände eintauchte". Zu den größten Vorteilen des Plans zählte zweifellos die Tatsache, daß nicht einfach eine Idee verwirklicht werden sollte, sondern dem Stadtraum, der Bodenbeschaffenheit, der Finanzlage und dem Verkehrsbedarf entsprechend sehr unterschiedliche Lösungen angeboten wurden. Dennoch, die Kritiker des Projektes wiesen auf mögliche Probleme der Unterpflasterbahn mit den unter der Straßenoberfläche liegenden Versorgungsleitungen und auf mangelnde Ästhetik an den Hochbahnviadukten hin. Das „Entscheidungshin und -her" hielt in Berlin noch einige Jahre an, und diese Verzögerungen kosteten die Stadt vielleicht das ihr aus technologischer Sicht durchaus zustehende Prioritätsrecht.

Bedenken, immer wieder Bedenken

In Berlin gerieten die Behörden um das Jahr 1890 durch das sich zuspitzende Verkehrsproblem zunehmend unter Druck, endlich den Bau einer Schnell-

5 6

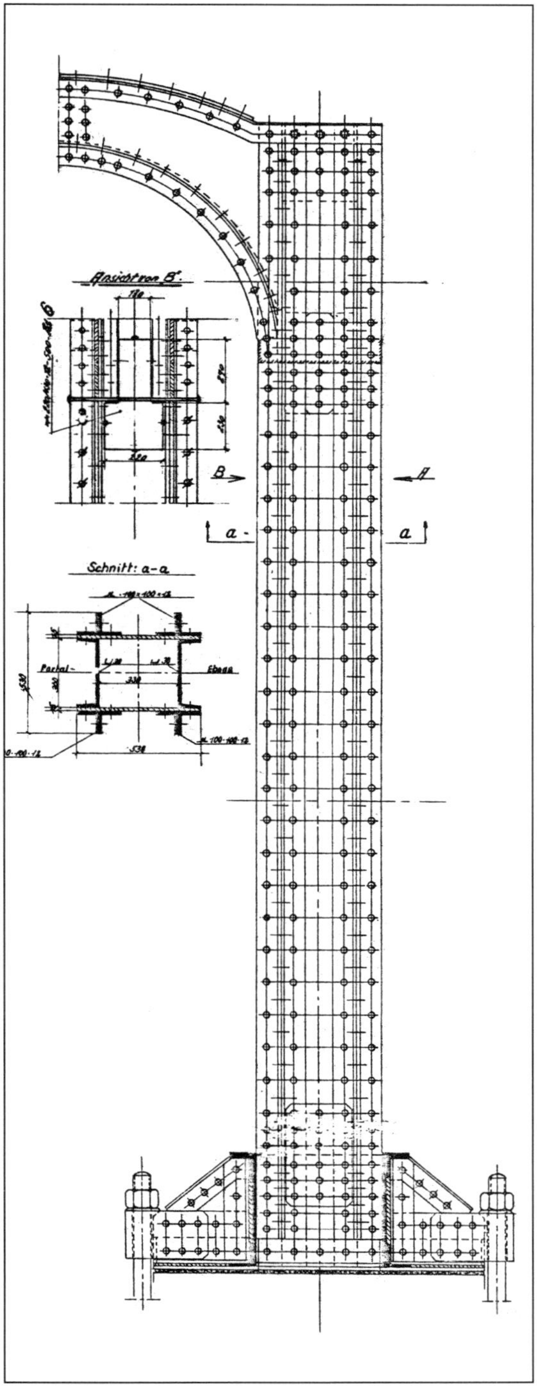

bahnverbindung zu genehmigen. Drei Ausführungsvarianten lagen in Projektentwürfen vor: die Hochbahnpläne von Siemens, die Unterpflasterbahnen von Siemens, die in ihrer offenen Bauweise mit den Versorgungs- und Postleitungen, der Kanalisation sowie den Straßen kollidiert hätten, und die Untergrundbahnen der AEG, die beim geplanten Vortrieb der Tunnelanlagen in erheblicher Tiefe auf keinerlei Erfahrungen zurückgreifen konnte. Die Bedenken gegenüber den U-Bahn-Bau-Entwürfen aus ingenieurtechnischer, finanzieller und benutzerfreundlicher Sicht waren jedoch zu dem Zeitpunkt noch so massiv, daß praktisch nur das Hochbahn-Projekt behandelt wurde. Hobrecht in diesem Zusammenhang: „Demnächst aber ist zu erwägen, ob es für das Publikum einladend sein wird, durchschnittlich 10 m herunterzusteigen, um dann in der unterirdischen Eisenröhre zu fahren und endlich sich wieder mittels Aufzugs hinaufheben zu lassen; mir ist diese Geneigtheit mindestens zweifelhaft." [2]

1.5 Die Konzession für die Hochbahn

Als wichtigste Hochbahnstrecke, die sogenannte Stammstrecke, sah man eine Verbindung von Warschauer Brücke–Hallesches Tor–Bülowstraße in Berlin über Nollendorfplatz in Schöneberg sowie über Wittenbergplatz bis zum Zoologischen Garten in Charlottenburg an.

Eine Königliche Kabinettsorder für den Bau neuer Verkehrsanlagen ebnete am 25. Mai 1893 auf „allerhöchster Ebene" den Weg für die weiteren Zustimmungen der Städte Berlin und Charlottenburg sowie der Gemeinde Schöneberg, die als Wegeunterhaltungspflichtige nach den Bestimmungen des Kleinbahngesetzes von 1892 notwendig waren. Doch ein weiteres Jahr mußte vergehen, bevor der Firma Siemens & Halske im September 1894 eine vorläufige Zustimmung und Bauerlaubnis erteilt werden konnte. Am 25. Juni (18. Juli) 1895 erfolgte dann nach entsprechendem Beschluß der Stadtverordnetenversammlung die offizielle Zustimmung der Stadt Berlin in einem Vertrag mit der Firma Siemens & Halske zur Anlage einer elektrischen Stadt- (Hoch-)Bahn innerhalb des städtischen Weichbildes. Am 18. Oktober (5. November) 1895

5
Die Hochbahn prägt das Stadtbild Berlins entscheidend mit. Das Foto entstand 1912 in Richtung des Bahnhofs Schlesisches Tor.

6
Zeichnung einer Portalstütze für die Hochbahn.

Gründung der Gesellschaft für elektrische Hoch- und Untergrundbahnen

Andere Städte waren schneller

Andere Städte und Länder waren bei der Entscheidung für eine Untergrundbahn nicht so zögerlich. In London eröffnete man die erste U-Bahn der Welt bereits 1890 mit der 4,5 km langen Strecke von King William Street nach Stockwall. Auch Budapest plante den Bau einer U-Bahn-Linie. Zur ungarischen Milleniumausstellung 1896 sollte eine derartige Verkehrsverbindung der Innenstadt mit dem Ausstellungsgelände errichtet werden. 1894 hatte Siemens & Halske die Entwürfe für eine hier als Unterpflasterbahn gebaute U-Bahn-Strecke von der Donau bis zur Andrassystraße eingereicht. Die Pläne für die 3,7 km lange Strecke mit einer Tunnelhöhe von nur 2,75 m wurden unbürokratisch genehmigt, und schon am 2. Mai 1896 nahm die erste U-Bahn auf dem europäischen (Festlands-)Kontinent unter dem Namen Franz-Josef-Untergrundbahn ihren regelmäßigen Betrieb auf. In Paris eröffnete im Jahre 1900 anläßlich der Weltausstellung mit der ersten 5,1 km langen Strecke zwischen Port de Versailles und dem Place de l'Etoile die „Metro" ihren Linienverkehr.

unterzeichnete man den Zustimmungsvertrag mit der Gemeinde Schöneberg und am 23. Mai (1. Juni) 1896 den mit der Stadt Charlottenburg. Die unterschiedlichen Daten ergaben sich durch abweichende Zustimmungs- bzw. Unterzeichnungstermine der jeweiligen Vertragspartner. Die Verträge regelten die Bereitstellung des Baulandes, die Benutzung öffentlicher Straßen und Brücken sowie Überbauungsgenehmigungen für die Dauer von 90 Jahren.

Die staatliche Genehmigung, die „Konzession zur Herstellung und zum Betrieb einer der Beförderung von Personen dienenden elektrischen Hochbahn" wurde vom Polizeipräsidenten für eine erste Teilstrecke von Warschauer Brücke bis Nollendorfplatz am 15. März 1896 ebenfalls für 90 Jahre erteilt.

Die Kosten für den Bau des ersten Hochbahn-Abschnittes einschließlich des Grunderwerbs (rund 7 Millionen Mark) wurden auf etwa 32 bis 34 Millionen Mark geschätzt. In der Deutschen Bank fand die Firma Siemens & Halske einen geeigneten Partner, um das Gesamtprojekt auch finanziell auf sichere Pfeiler zu stellen. Am 13. April 1897 gründeten die beiden Beteiligten die Gesellschaft für elektrische Hoch- und Untergrundbahnen in Berlin, die sogenannte Hochbahngesellschaft, die mit einem Aktienkapital von zunächst 12,5 Millionen Mark ausgestattet war. In alle bis dahin abgeschlossenen Verträge trat die neue Hochbahngesellschaft nahtlos ein. Als erster Direktor der Gesellschaft wurde der Regierungsbaumeister Paul Wittig berufen.

Die staatliche Konzession von 1896 erhielt am 5. November 1897 einen Nachtrag mit den inzwischen eingetretenen Änderungen sowie der Verlängerung der Strecke vom Nollendorfplatz bis zum Bahnhof Zoologischer Garten, wobei wohlgemerkt auch hier nur eine Genehmigung als Hochbahn, wie im Projekt vorgesehen, erteilt worden war. Die Bahn sollte die Kleiststraße, den Wittenbergplatz, und die Tauentzienstraße auf Viadukten überspannen und sich dann am Endpunkt an der Hardenbergstraße in die Erde absenken. Für die unmittelbare Umgebung der Kaiser-Wilhelm-Gedächtniskirche vermerkte der Nachtrag sehr aufwendige gestalterische Auflagen. Das Projekt sah vor, am Auguste-Viktoria-Platz (heute Breitscheidplatz) ein Durchfahrthaus zu bauen, welches architektonisch mit dem Kirchenbau korrespondieren und die unpassende Hochbahn dem Auge des Betrachters entziehen sollte. Die Vorstellungen, der gewohnte freie Blick auf das sakrale Bauwerk könnte durch die Hochbahnviadukte beeinträchtigt werden, erschien den Stadtvätern in Charlottenburg unerträglich.

1.6 Der Baubeginn an der Hochbahn

1895 hatte man mit ersten Vorbereitungsarbeiten an der Strecke begonnen. Am 10. September 1896 konnte nach der Konzessionserteilung der erste offizielle Spatenstich an der Gitschiner Straße erfolgen. Schnelles Handeln war geboten, denn die erste Strecke mußte in zwei Jahren in Betrieb genommen werden, anderenfalls sah die Genehmigung eine Konventionalstrafe von 50.000 Mark

Unterirdische Versuchsbahnen

Neuerliche Versuche hatten die Hoffnungen auf eine technische Machbarkeit des U-Bahn-Projektes genährt. 1894 war auf einer 1,5 km langen Strecke zwischen der Ackerstraße und der Brunnenstraße eine unterirdische normalspurige Werksbahn der AEG entstanden, die zugleich als Referenzobjekt für ihre geplante „Röhrenbahn" diente. Etwa zwei Jahrzehnte beförderte die Oberleitungsbahn täglich Personen und Güter. Vor und nach dem zweiten Weltkrieg diente bzw. dient bis heute der Tunnel als Lagerraum. Obwohl teilweise immer noch Schienen vorhanden sind, befuhren später nur noch Elektrokarren die Verbindung.

Außerdem baute von 1896 bis 1899 die Gesellschaft für den Bau von Untergrundbahnen GmbH (AEG, Firma Philipp Holzmann & Co., Deutsche Bank u. a.) den in der Welt als sensationell angesehenen Berliner Spreetunnel von Stralau nach Treptow. Im wasserdurchtränkten Schwemmsand hatte man mittels Schildvortrieb auf einer Länge von 195 m die Spree unterquert und dabei immer wieder gegen den nachrutschenden Sand gekämpft. Obwohl die äußerst komplizierte Bauausführung nur mit Mühe gelang, galt die ingenieurtechnische Machbarkeit als erwiesen. Der gesamte Tunnel mit einer Länge von 454 m, einem Durchmesser von 4 m und einem Tiefpunkt unter dem mittleren Wasserspiegel von 12 m diente nach seiner Fertigstellung der Spreeunterquerung für die elektrische Straßenbahnlinie vom Schlesischen Bahnhof über Stralau nach Treptow. Die leider sehr schwach frequentierte Strecke durch den Tunnel konnte den Berlinern die Vorzüge unterirdischer Verkehrsmittel kaum demonstrieren. Dennoch, die generelle technische Durchführbarkeit hatte sich bestätigt, auch wenn die Bedenken und Befürchtungen, der Berliner Baugrund sei für solche Bauvorhaben ungeeignet, nicht ganz unbegründet blieben. Der Spreetunnel, einst bautechnisches Experiment und häufig verwendetes Ansichtskartenmotiv, erfüllte noch bis 1932 seine Verkehrsaufgabe als Straßenbahntunnel. Nach der Stillegung ermöglichte er wenigstens den Fußgängern eine zügige Verbindung von Stralau nach Treptow. In den letzten Kriegstagen des Jahres 1945 sollte genau diese Verbindung verhindert werden, so daß dem Tunnel Sprengung und Zuschüttung nicht erspart blieben. Bis in die Gegenwart haben sich lediglich auf der Stralauer Seite einige wenige, aber zugeschüttete Fragmente der historischen Rampe des Tunnels erhalten, und immer wieder flammen Visionen auf, die Spreeunterführung doch noch einmal zu beleben.

7

7
Postkartenmotive des Spreetunnels zwischen Stralau und Treptow. Da der Tunnel nur eingleisig zu befahren war, mußte stets ein Stab übergeben werden. Nur wer den Stab besaß, durfte in den Tunnel hineinfahren.

vor, für die eine Kaution hinterlegt worden war. Aus Gründen der Wirtschaftlichkeit und günstiger Unterhaltungsmöglichkeiten entwickelte man zunächst eine Standardausführung der eisernen Brücken, Viadukte und Pfeiler. Obwohl ursprünglich leicht wirkende Stützen als Projektauflage geforderten waren, entwickelten die Ingenieure aber bald robustere Varianten, denn die zierlichen Konstruktionen hatten sich „für eine Schnellbahn als nicht zweckmäßig" erwiesen. Die Fundamente reagierten selbst bei „kleineren Bewegungen empfindlich". Etwa ab 1897 verwendete man aus diesem Grund vollwandige eiserne Blechträger, eine Konstruktionsform, die den „Bedingungen eines Tragwerkes für eine elektrische Schnellbahn mit relativ geringen Spannweiten am besten entsprach".[3]

Je weiter die Arbeiten an den eisernen Viadukten vorangingen, um so heftiger flammten auch die Proteste gegen das Projekt wieder auf. Hatte man dem Beginn des Bauvorhabens östlich des Halleschen Tores noch erwartungsvoll entgegengefiebert, so machte sich bald in weiten Kreisen Enttäuschung über den wenig ansprechenden Anblick der plumpen Träger und Stützen breit. Die Hochbahngesellschaft hatte anders als die Stadtbahn – im Sinne einer konsequenten Kostenersparnis – die Ausführung der Viadukte als reine Ingenieuraufgabe verstanden und auf jegliche architektonische Ausschmückung verzichtet. Die Verhinderung der weiteren Ausführung als Hochbahn vor allem in den vornehmeren Straßenzügen um die Bülowstraße und weiter nach Westen sowie der Weiterbau als Unterpflasterbahn wurden wieder ernsthaft diskutiert. Die Stadt Berlin versuchte Einfluß auf die architektonische Gestaltung zu nehmen und so das Problem zu lösen: anstatt der schmucklosen einfachen Eisenkonstruktionen sollte eine reichere Ausstattung gewählt werden. Charlottenburg und Schöneberg lehnten auf ihren Gebieten den Weiterbau als Hochbahn rundweg ab und verlangten die Führung der Schnellbahn von der Berliner Stadtgrenze ab als Unterpflasterbahn.

8

8
Bau der Hochbahnstützen am Bahnhof Bülowstraße. Situation um 1900.

9

9
Manchmal waren die Straßen so eng, daß kein Standardbahnhof entstehen konnte. Hier der Hochbahnhof Prinzenstraße mit den Seitengebäuden von Osten aus gesehen.

1.7 Die Hochbahn geht unter die Straße

Die unterirdischen Versuchsbahnen verdeutlichen, daß die Träume von einem unterirdischen Verkehrsnetz noch lange nicht aufgegeben waren. Im Jahre 1900 berief man Alfred Grenander, Architekt schwedischer Herkunft, zur Lösung der künstlerischen Probleme in die Bauleitung der Hochbahngesellschaft, in der er von nun an genau dreißig Jahre seine äußerst kreative und unverwechselbare Handschrift hinterlassen sollte. Nach zähen neuerlichen Verhandlungen über Projektänderungen und Mehrkosten fiel im Juni des gleichen Jahres die Entscheidung. Charlottenburg, unerbittlich in der Absage gegen die Hochbahn, setzte auch im Interesse einer späteren Verlängerung nach Westen den unterirdischen Weiterbau durch. Somit erledigten sich auch die „gefürchteten unschönen Viadukte" in der Tauentzienstraße, die Duchfahrung des Eckhauses am Auguste-Viktoria-Platz und die Probleme im Bereich der Kaiser-Wilhelm-Gedächtniskirche. Die Trasse plante man jetzt unterirdisch in einer Doppelkurve unmittelbar an den Fundamenten der Kirche vorbei. Der finanzielle Mehraufwand konnte zum Teil durch den Wegfall von Grundstückserwerbskosten und Gebäudeneubaukosten kompensiert werden. Die Aussicht auf eine Verlängerung der Strecke in Richtung Westen gestaltete sich ebenfalls zu einem wesentlichen Aktivposten. An die Fertigstellung der Stammstrecke zum 1. Januar 1900 war allerdings nicht mehr zu denken.

Proteste stoppen die Hochbahnausführung

Auch die Stadt Berlin brachte das Thema Unterpflasterbahn wieder zur Sprache, und mit dem Wechsel im Stadtbauamt rückte sie wieder in den Bereich des Möglichen. Der neue Stadtbaurat Krause, seit 1897 im Amt, stand im Gegensatz zu seinem Vorgänger dem Bau von Unterpflasterbahnen befürwortend gegenüber, so daß bereits vorhandene Vorstellungen konkrete Gestalt annehmen konnten. Am Abzweig zum Potsdamer Platz sollte nun, abweichend vom ersten Projekt und mit Rücksicht auf eine spätere Weiterführung der Strecke, ebenfalls eine Unterpflasterlösung gefunden werden. Nach aufwendigen Verhandlungen mit dem Magistrat sowie unter Berücksichtigung eigener U-Bahn-Pläne von Stadtbaurat Krause einigte man sich im Juni 1900 auf den unterirdischen Bau des Bahnhofs in der Weise, daß eine Verlängerung der Linie in Richtung Osten und die Errichtung eines Umsetzgleises möglich blieb. Die staatliche Genehmigung für die angepaßten Änderungen erging in einem Nachtrag am 1. November 1900 an die Hochbahngesellschaft. Von da ab wurden außerdem in alle weiteren Konzessionen für neue U-Bahn-Strecken stets Vorbehalte hinsichtlich der Bauausführung für etwaige spätere Bahnkreuzungen aufgenommen.

10 Das Gesamtprojekt Hoch- und Untergrundbahn hatte jetzt eine Länge von 10,1 km, sollte in Normalspur und durchweg zweigleisig angelegt werden. Den immer noch größten Teil der Strecke, etwa 8 km, plante man auf eisernen Viadukten mit 11 Hochbahnhöfen. Dazu kamen einige Kilometer Tunnelstrecke mit 3 Untergrundbahnhöfen, 2 Hausdurchfahrungen, Kanalüberquerungen, Anlagen der Stromerzeugung und -zuführung, Signalanlagen und vieles mehr. Die Länge der Bahnhöfe und damit auch der Bahnsteige wurde auf 80 m festgesetzt, was dem zunächst vorgesehenen Betrieb mit 3- oder 4-Wagen-Zügen entsprach und auch für 6-Wagen-Züge gerade noch ausreichte. Für 8-Wagen-Züge hätte man die Bahnhöfe auf 120 m verlängern müssen. Wie sehr man vorerst davon ausging, daß längere Züge nicht erforderlich sind, ergibt sich aus Entwürfen für die Hochbahnhöfe, die zwar alle 80 m lange Bahnsteige, aber nur 50 m davon mit einem Dach oder einer Halle überspannte Bereiche hatten.

Die Arbeiten an den einzelnen Streckenabschnitten mußten zügig vorangetrieben werden. Während in den Jahren 1896 bis 1898 hauptsächlich am östlichen Teil zwischen Warschauer Brücke und Halleschem Tor gearbeitet worden war, verlagerte sich die Bautätigkeit 1899 auf die mittlere Strecke zwischen Halleschem Tor und Bülowstraße sowie auf den Abzweig zum Potsdamer Platz. Den Schwerpunkt bildete dabei die Errichtung des Gleisdreiecks.

Weiterbau mit Unterpflasterlösungen

11

10
Die Hochbahnsituation im Bereich des U-Bahnhofes Möckernbrücke.

11
Die Hochbahntrasse an der Belle-Alliance-Brücke. Die Aufnahme entstand im Eröffnungsjahr.

12
Modell des neuen Gleisdreiecks mit dem Turmbahnhof.

13
Das Gleisdreieck noch als „bahnhofloses" Dreieck am 26. Juli 1912.

12

1.8 Das Gleisdreieck

Das Gleisdreieck entstand auf dem Gelände des Potsdamer Außenbahnhofs. Hier trafen alle drei Linien der Stammstrecke, von der Warschauer Brücke, vom Potsdamer Platz und vom Zoologischen Garten kommend, zusammen und verzweigten sich wieder.

Die Gleisführung projektierte man, zunächst abweichend von sonst üblichen niveaugleichen Kreuzungen der Gleise, dahingehend, daß durch Höher- und Tieferlegung der Gleise Kreuzungen in Schienenhöhe aus Sicherheitsgründen vermieden wurden. Das Dreieck, damals kein Bahnhof, sondern reine Schienenanlage, ermöglichte in dieser kreuzungsfreien Ausführung auch eine schnellere Zugfolge. Durch die Netzerweiterungen in Mitte bis Alexanderplatz, in Charlottenburg und in Schöneberg waren in der Zeit um 1906/07 die Kapazitäten am Gleisdreieck bereits voll ausgeschöpft. Dazu kam, daß die geplanten umfangreichen Streckenverlängerungen auf dem Abschnitt zwischen der Gleisverzweigung und Wittenbergplatz einen weiteren Verkehrszuwachs bedeuteten. Daraufhin plante die Hochbahngesellschaft weitsichtig gemeinsam mit einer Umgestaltung am Gleisdreieck auch eine Verstärkungsstrecke zum Wittenbergplatz. 1907 wurde der Antrag für das Projekt bei der Stadt Berlin eingereicht. Am 26. September 1908 geschah dann das tragische Unglück am Gleisdreieck: Nachdem ein Triebwagenführer ein Haltesignal übersehen hatte, fuhren zwei Züge auf der Verbindungsweiche ineinander. 18 Menschen fanden den Tod, 21 wurden schwer verletzt.

13

Das Unglück unterstrich die Notwendigkeit eines Umbaus an dieser Stelle, war aber – wenn man den Antrag von 1907 berücksichtigt – nicht die Ursache. Das Projekt der Hochbahngesellschaft wurde vielfach diskutiert und abgeändert. Die Ironie des Schicksals wollte dann aber, daß nach allen Planvarianten gerade der erste Entwurf von 1907 schließlich

14
Unfallsituation am 26. September 1908. Ein Umbau des Gleisdreiecks war dringend notwendig.

zur Ausführung kam: Das Gleisdreieck wurde zu einem Kreuzungsbahnhof auf 2 Ebenen umgebaut, wobei die Züge vom Stadtzentrum unten auf der vorhandenen Trasse nach Bülowstraße/Wittenbergplatz fuhren und die von Warschauer Straße kommenden Züge darüber auf einer neuen Trasse über Kurfürstenstraße in Richtung Wittenbergplatz geführt wurden.

Für das Gesamtprojekt benötigte die Hochbahngesellschaft die Zustimmungen der Städte Berlin, Charlottenburg und Schöneberg, die staatliche Genehmigung sowie schließlich auch das vom preußischen König übertragene Enteignungsrecht, letzteres natürlich gegen Entschädigung. Das Gleisdreieck konnte bereits 1912 bei laufendem Betrieb umgebaut werden, die letzten Genehmigungen für die Entlastungsstrecke trafen aber erst 1914 ein.

Der von massiven Mauern und Bögen getragene Bahnhof Gleisdreieck entstand innerhalb eben dieses Dreiecks, nach seiner Fertigstellung schwenkte man die Gleise in ihre neue Lage. Die Bahnsteige liegen kreuzweise übereinander, wodurch kurze Umsteigewege möglich wurden. Die breiten Bahnsteige und Treppen beweisen noch heute, welchen Umsteigeverkehr man erwartete. Der eigentliche Zugang von der Luckenwalder Straße ist hingegen auffallend eng und wenig repräsentativ gehalten. Die Stahlkonstruktionen der Hallen zeigen sich eher schmucklos und funktional, wie es der gewerblichen Umgebung ja auch entspricht. Das Licht fällt hier, im Gegensatz zu den früher gebauten Hochbahnhöfen, nicht durch die Seitenwände, sondern durch Oberlichter auf die Bahnsteige.

Am 3. Dezember 1912 begann der Betrieb auf dem neuen Bahnhof, der dann bis August 1913 endgültig fertiggestellt wurde. Die Züge von Warschauer Straße endeten für einige Jahre auf dem oberen Bahnsteig. Wie schon beschrieben, trafen die Genehmigungen für die Verstärkungsstrecke nur allmählich ein, und dann verhinderte der Beginn des ersten Weltkrieges den weiteren Bau. 1926 konnte endlich die Entlastungslinie (heute Bestandteil der U1) Gleisdreieck–Kurfürstenstraße–Nollendorfplatz eröffnet werden. Im zweiten Weltkrieg versuchte

15
Bauarbeiten an der oberen Bahnhofshalle. Aufnahme vom 22. Oktober.

16
Am zweiten Bauabschnitt der Hochbahn (ab Gleisdreieck in Richtung Westen) wurden die Pfeiler der Viadukte etwas schräg gestellt, damit wirkte die Konstruktion viel ansprechender.

15 16

man den Dreiecksbahnhof trotz schwerer Zerstörungen im Jahre 1944 so lange wie möglich offen zu halten. Doch ab April 1945 ruhte der U-Bahn-Verkehr völlig. Am 18. November 1945 gelang es, das Gleisdreieck für den Zugbetrieb der Linie A (heute U2) in Richtung Schönhauser Allee wieder freizugeben. Die Wiederherstellung der Brücke über den Landwehrkanal verzögerte eine zügige Wiedereröffnung des Bahnhofes in Richtung Warschauer Brücke (heute U1). Erst am 27. April 1947 rollten dann auch die Züge zwischen Halleschem Tor und Gleisdreieck wieder. Der Bau der Mauer am 13. August 1961 betraf den grenznahen Bahnhof Gleisdreieck entscheidend. Die Züge, von Alexanderplatz kommend, endeten für 28 Jahre am U-Bahnhof Thälmannplatz (heute Mohrenstraße). Mit Beginn des Jahres 1972 verkehrte dann sogar nur noch eine Linie (Linie 1) über das Gleisdreieck. Das Teilstück der Hochbahn Gleisdreick–Bülowstraße–Nollendorfplatz–Wittenbergplatz wurde bis November 1993 stillgelegt.

Repräsentativ ging es weiter

1.9 Architektur entlang der Stammstrecke

Doch zurück zum Jahr 1898. Die Streckenarbeiten von Gleisdreieck aus in Richtung Westen begannen mit dem Durchbruch des Hauses Bülowstraße 70 zum Dennewitzplatz. Die architektonische Gestaltung der Hausdurchfahrt war, da sie an einer weniger repräsentativen Stelle lag, von vornherein wesentlich einfacher ausgeführt worden als die Bahnsteige der folgenden Hochbahnhöfe. Berühmt geworden ist die Stelle, wo die Hochbahn sich aus einem herkömmlichen Wohnhaus herauswindet, dennoch. Unzählige Postkarten und Fotos zeigten gerade diese Situation an der Stammstrecke. Architektonisch viel imposanter in das Stadtbild eingefügt waren allerdings der Bahnhof Nollendorfplatz oder auch der Hochbahnhof Hallesches Tor.

Die Viadukte und die Straßenüberspannung Potsdamer Straße führten noch bis nahe an die Zietenstraße, dann war die Weichbildgrenze Berlins

17
Konstruktionsdetail eines Obelisken am Pfeiler im Bereich Hochbahnhof Bülowstraße.

18
Situation mit dem Obelisk in einer Aufnahme von 1997.

17

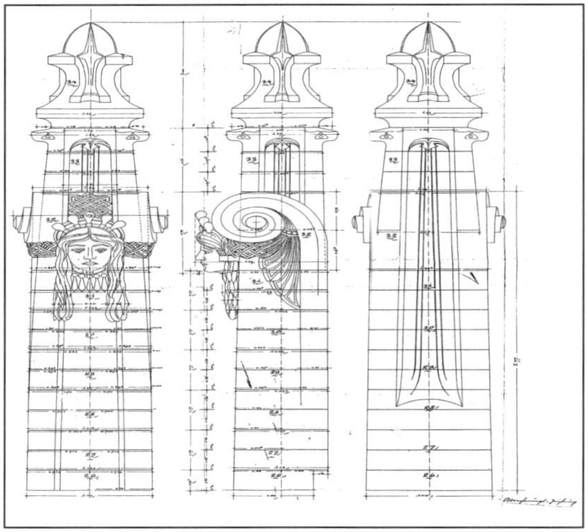

erreicht. Als Zugeständnis an die Architektur änderte man auf dem Streckenabschnitt zwischen Gleisdreieck und Nollendorfplatz das bis dahin angewandte Konstruktionsprinzip der Hochbahnviadukte. Die Stützen mit den Viaduktträgern wurden schräg gestellt, und die gesamte Konstruktion wirkte sofort gefälliger. Neben dem ästhetischen Gewinn für das Bauwerk selbst entstanden dadurch breitere Mittelstreifen auf der Promenade, die manchmal sogar noch von Rasenflächen gesäumt waren. Die Mehrkosten spielten in dieser vornehmen Wohngegend eine eher untergeordnete Rolle. Die bis dahin gebauten Hochbahnanlagen, als komplizierte Ingenieurbauwerke für den Fahrbetrieb konstruiert, sollten inzwischen auch architektonischen Ansprüchen genügen. Sowohl die Viadukte mit einer lichten

18

19

19
Die Hochbahnbrücke über dem Landwehrkanal. Dekorative Details ließen das Brückenbauwerk sogar zu einem attraktiven Bildmotiv werden.

Höhe von 4,55 m als auch die Brücken und Bahnhöfe versuchte man durch eine Verbindung der konstruktiven Teile mit Schmuckelementen aus Eisen oder Sandstein architektonisch aufzuwerten. Baurat Paul Wittig schilderte in einem Artikel in der „Berliner Architekturwelt" die Situation folgendermaßen: „Wie es in unseren Zeiten der übermächtigen Geldherrschaft kaum anders möglich war, stand die ganze Planung der Anlage anfangs ausschließlich unter der Herrschaft des Prinzips: Nur praktisch, nur billig; das errechnet nun, ihr Herren Ingenieure! – Und so begann man nun das Werk: Nur keinen Nietkopf, kein oktavblattgroßes Lamellchen etwa der Ästhetik zuliebe über die Rechnung hinaus angebracht! Das wäre – unwirtschaftlich. Aber als diese errechneten Skelette sich nun erhoben, als man sie gar monatelang in ihrem Mennigeanstrich die Berliner anärgern ließ, da erhob sich ein so lebhafter und nachdrücklicher Einspruch gegen die Vernachlässigung der künstlerischen Erscheinung, daß etwas wie ein Wunder geschah: Die einzig auf Rentabilität begründete Gesellschaft opferte bereitwillig eine sehr erhebliche Summe lediglich der ästhetischen Ausgestaltung des Unternehmens und ging mitten in der Arbeit daran, künstlerisch zu retten, was noch zu retten war." [4] Wittig kannte sich aus, hatte man ihm doch die „künstlerische Rettung" der Hochbahnbrücke über den Landwehrkanal übertragen. Seine Überarbeitung des ursprünglichen Entwurfes sah vor, das Brückenbauwerk, mit 70 m Spannweite als Fachwerkträgerkonstruktion mit trapezförmigen Tragwänden konzipiert, durch farbliche Akzentuierungen und dekorative Details aufzuwerten. Er verwendete vergoldete Gehänge und farbige Kartuschen sowie die Wappen von Berlin, Schöneberg und Charlottenburg, um den portalartigen Charakter der Brückenenden zu dokumentieren. Zu betrachten sind diese Ausschmückungen heute allerdings nicht mehr, nach erheblichen Schäden im zweiten Weltkrieg wurden sie nicht wiederhergestellt.

Entsprechend der neuen Ausstattungspolitik in der Hochbahngesellschaft erhielt zum Beispiel der Bahnhof Bülowstraße einen repräsentativen Kopf-

20
Die Hausdurchfahrt Bülowstraße 70. Die berühmte Situation an der Stammstrecke wurde oft fotografiert bzw. sogar gemalt.

21
Die Hausdurchfahrt Dennewitzstraße 2. Die geschlossene Rampe führt nicht über Straßenland, sondern auf Privatgrundstücken in den U-Bahn-Tunnel.

bau nach einem Wettbewerbsentwurf des Architekten Bruno Möhring. Die damaligen Dikussionen um die Gestaltung der stark vom Jugendstil geprägten eisernen Bauteile mag den heutigen Betrachter sehr erstaunen. Doch an die das Stadtbild so prägenden Viadukte, Träger, Stützen und Geländer mußten sich die Berliner erst gewöhnen und vor allem ihre Funktionalität als ästhetischen Wert empfinden.

der zur Errichtung der Viadukte unbedingt notwendig war. Die Hausdurchfahrt entstand dann auf eigenen Fundamenten, um Geräusche und Erschütterungen für die angrenzenden Gebäudeteile weitestgehend herabzumindern. Nachdem die Situation ein bekanntes Postkartenmotiv geworden war, gestaltete sich die Vermietung der im Haus Bülowstraße 70 verbliebenen Wohnungen als lukratives

20

1.10 Berliner Hausdurchfahrten

Am Dennewitzplatz war es unvermeidlich, die Hochbahntrasse (heute U2) durch ein Haus hindurchzuführen. Da die U-Bahn an dieser Stelle einen Bogen beschreiben sollte und das betreffende Grundstück nicht rechtwinklig zum angrenzenden steht, erwarb die Hochbahngesellschaft beide Grundstücke, die Dennewitzstraße 22 und die Bülowstraße 70. Zunächst war geplant, das Vorderhaus der „Bülow 70" abzureißen und die Trasse an dieser Stelle zu errichten. Doch dann entstand die Idee, aus der Kuriosität einer Hausdurchfahrt Kapital zu schlagen. Von dem Haus wurde nur der Teil abgetragen,

21
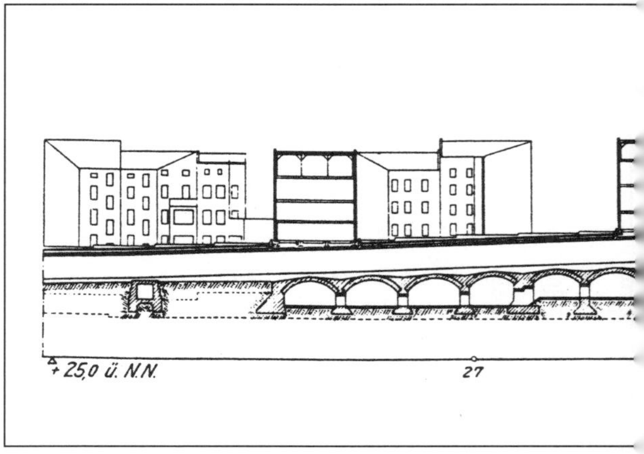

22

22
Die Hausdurchfahrt Tempelhofer Ufer 30. Hier entstand auf einem Grundstück der Hochbahngesellschaft ein neues torartiges Wohnhaus. Auf dem Nachbargrundstück baute man das Hochbahnkraftwerk.

Geschäft. 1945 wurden das Durchfahrtshaus und die Nachbargebäude stark zerstört. Ein neues Haus mit Durchfahrt entstand nicht wieder, über das Grundstück schlängeln sich heute nur die Hochbahnviadukte. Die Grundstücke ab der Dennewitzstraße 22 in Richtung Polstraße sind modern bebaut. Die ehemalige Hochbahndurchfahrt war sicher Berlins berühmteste Hausdurchquerung.

An der Trebbiner Straße/Tempelhofer Ufer, einem Gelände der Hochbahngesellschaft, entstand die zweite, vielleicht die imposanteste Hausdurchfahrt (heute U1). Nach Entwürfen von Paul Wittig baute

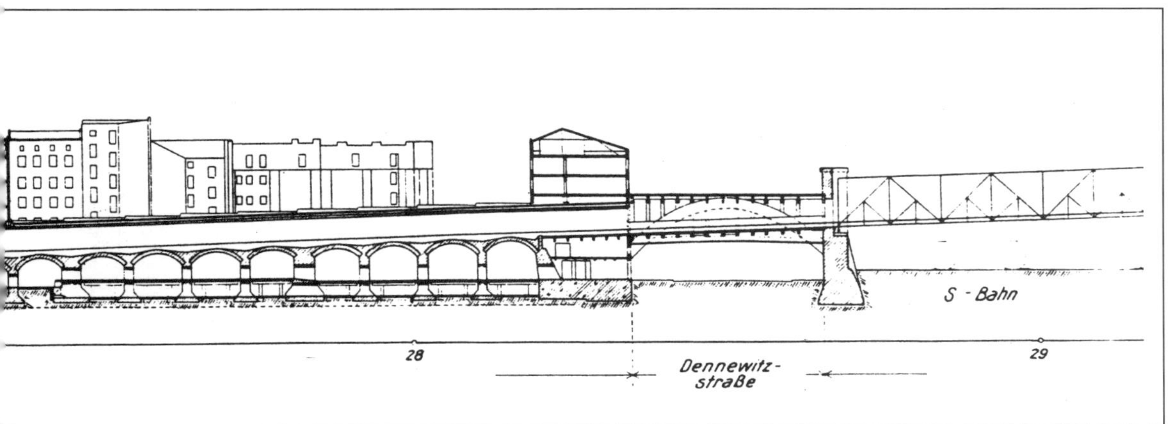

man parallel zur Streckenentstehung auf dem Eckgrundstück Tempelhofer Ufer 30 ein torartiges Wohngebäude, das von der Hochbahntrasse auf eigenen Fundamenten durchquert wurde. Nebenan, an der Trebbiner Straße errichtete man zeitgleich das Hochbahnkraftwerk, welches die Strecke später mit der nötigen Betriebsspannung versorgte. Auch diese Situation überdauerte den zweiten Weltkrieg nicht. Heute klafft zwischen den wiederaufgebauten Häusern am Tempelhofer Ufer eine Schneise, durch die sich die Hochbahnviadukte hindurchwinden.

Mit dem Bau der Entlastungsstrecke (heute U1) entstand 1925/26 die dritte Hausdurchfahrt, die einzige, die heute noch zu betrachten ist. Damals wie heute stellt sich die Situation für den Fahrgast allerdings nicht als Durchfahrt dar, sondern als Tunneleinfahrt. Die Hochbahn führt, vom Gleisdreieck kommend, über die Anlagen des Potsdamer Bahnhofs und fährt dann in einen oberirdischen Tunnel hinein, der gleichzeitig als lange Rampe dient und in den unterirdischen Streckenabschnitt übergeht. Die Hochbahntunnelbrücke (Entwurf Grenander) überquert die Dennewitzstraße und „verschwindet" sodann im Wohnhaus Dennewitzstraße 2, um hofseitig wieder aufzutauchen, sich langsam abzusenken und dann endgültig vom Erdboden „verschluckt" zu werden. Aus Platzmangel mußte die Rampe nicht wie sonst üblich auf Straßenland, sondern auf bebauten Grundstücken herabführen. Rampe (doppelwandige Röhre) und Straßenbrücke sind wegen des Schallschutzes völlig geschlossen. Auch hier errichtete man die Hausdurchfahrt weitestgehend schallentkoppelt auf vom Gebäude separaten Fundamentkonstruktionen. Von der Dennewitzstraße und Polstraße aus ist der oberirdische Tunnelabschnitt der U-Bahn heute noch zu verfolgen.

Eine weitere, architektonisch sehr aufwendige Hausdurchfahrt plante man am Auguste-Viktoria-Platz. Hier, in einem Wohnviertel der betuchten Charlottenburger, sollte ein attraktiver Neubau den Hochbahnviadukt aufnehmen und Passanten auf diese Weise den unschönen Anblick ersparen. Die Weiterführung der Stammstrecke ab Wittenbergplatz als Unterpflasterbahn erübrigte dieses Projekt.

23

23
Die historische Oberbaumbrücke. Am linken Bildrand ist der 1945 geschlossene und nicht wieder eröffnete Bahnhof Osthafen zu sehen.

1.11 Das Schmuckstück der Strecke

Im Unterschied zum größten Teil des 1895 bis 1899 erbauten Hochbahnabschnittes galt und gilt bis heute ein kurzer Streckenabschnitt am östlichen Ende der Linie zur Warschauer Brücke als ein wahres Schmuckstück – die Oberbaumbrücke. Allerdings zeichnete hier nicht die Hochbahngesellschaft verantwortlich, sondern die Stadt Berlin, die die 154 m lange und 27 m breite Brücke als Straßenbrücke von dem Architekten Otto Stahn projektieren und 1894 bis 1896 bauen ließ. Seinen Namen verdankt das Spreebauwerk der einstigen Stadtbegrenzung mit Ober- und Unterbaum, einer über den Fluß geführten Stadtmauer. 1724 als Holzjochbrücke erbaut, war sie mit ihren 23 Jochen die längste Spreeüberquerung. Nachts sperrten Wächter den Fluß durch einen vor der Brücke schwimmenden Baum, so daß auch auf dem Wasser niemand unkontrolliert die Stadtgrenze passieren konnte. Wegen des steigenden Verkehrsaufkommens sowie der Planung der Hochbahn wurde die Jochbrücke abgerissen und durch die repräsentative Gewölbebrücke ersetzt. Der Standort des Bauwerks und seine ehemalige Funktion dürfte den Architekten inspiriert haben, für die 7 Brückenbögen die Form eines Stadttores zu wählen. Die repräsentative Schauseite der Brücke richtet sich nach Südosten (dem Oberwasser), den in die Stadt hineinfahrenden Schiffen entgegen. Die massiven, aus Backstein gemauerten und mit Granit verkleideten Pfeiler tragen nicht nur die Straße, sondern auch den neogotischen Viadukt mit dem integrierten Schienenstrang der Hochbahn. Der Unterbau der Gleisanlagen war auch hier als eiserne Konstruktion ausgeführt, allerdings von einem Kreuzgewölbe überdeckt, so daß sich daraus eine gotische Wandelhalle über der Spree ergab. Den Torcharakter erhielt die Brücke vor allem durch die zwei zinnenbekrönten Wachtürme sowie die Zwerchhäuser. Ornamentik und viele optische Details an Zinnen und Giebeln prägen den Stil der traditionellen märkischen Backsteingotik.

Die durch den sogenannten Nerobefehl Hitlers angeordnete Sprengung der Oberbaumbrücke zer-

24

24
Die Oberbaumbrücke heute. Saniert und modernisiert präsentiert sich die Brücke den Berlinern und ihren Gästen.

25
Ein stimmungsvolles Bild bietet das neogotische Gewölbe, auf dem der Schienenstrang der Hochbahn ruht.

25

störte die Straßenbrücke und 15 Arkadenpfeiler der Viadukte sowie die Haupttürme, die Ziergiebel, -zinnen und -türme der Viadukte. 1945 wurde für die Hochbahn eine Ersatzbrücke gebaut.

Vier Jahrzehnte war die Oberbaumbrücke Trennungsbrücke zwischen Ost und West, 1995 wurde sie als Verbindungsbrücke zwischen den Stadtbezirken Friedrichshain und Kreuzberg wieder eröffnet. Umfangreiche Erneuerungs- und Instandsetzungsarbeiten nach denkmalpflegerischen Aspekten zwischen 1992 und 1995 ließen das 100jährige Bauwerk in historischer Schönheit wiedererstehen. Das Mittelfeld gestaltete in diesem Zusammenhang der Architekt und Brückenplaner Santiago Calatrava als völlig neue Brückenkonstruktion. Aufsehen erregte das Projekt dadurch, daß es das Moderne nicht verleugnet und dennoch Funktionalität (18 m Durchfahrtsbreite, 4,50 Durchfahrtshöhe) und Eleganz harmonisch in die historische Substanz integriert. Seit dem 14. Oktober 1995 verkehrt auch die U-Bahn wieder über die legendäre Oberbaumbrücke. Ein Brückenschlag von besonderer Bedeutung, denn die Wiederaufnahme der alten Verbindung vom Bahnhof Schlesisches Tor über die Oberbaumbrücke zum rekonstruierten Bahnhof Warschauer Straße galt bei den Berlinern als Symbol für die Überwindung der jahrzehntelangen Teilung der öffentlichen Verkehrsnetze in der Stadt.

1.12 Projektänderungen werden notwendig

Auf dem Ostteil der Strecke zwischen Gleisdreieck und Warschauer Brücke bildete in Aufwand und Gestaltung die Oberbaumbrücke eine Ausnahme gegenüber der ansonsten schlicht und einfach gehaltenen Ausstattung, die von den Anwohnern dieser ärmeren Wohngegenden sogar als Diskriminierung empfunden wurde. Auf dem Westabschnitt zwischen Gleisdreieck und dem letzten Hochbahnhof Nollendorfplatz bot sich ein anderes, attraktiveres Bild. Der spätere Baubeginn machte es möglich, das ursprüngliche Projekt grundlegend zu ändern. Die Diskussionen um die Art und Weise der Weiterführung der Schnellbahn hatten bewirkt, daß die Linie jetzt nur noch bis zum Bahnhof Nollendorfplatz als Hochbahn geführt und dann in Höhe der Kleiststraße über eine Rampe bis unter die Straßenoberfläche abgesenkt wurde. Die einflußreiche Bevölkerung Charlottenburgs und Schönebergs hatte sich durchgesetzt. Allerdings war der Bau der Unterpflasterbahn erst ab der Kleiststraße möglich, so daß der Gemeinde Schöneberg die Zustimmung für den Hochbahnhof Nollendorfplatz mit einer besonders aufwendigen Architektur abgerungen werden mußte. Die parkartige Anlage des Nollendorfplatzes verlangte darüber hinaus ein besonders imposantes Aussehen des Bahnhofs; die Berliner Architekten Wilhelm Cremer und Richard Wolffenstein entwarfen einen die Platzanlage beherrschenden Kuppelbau. Dieses Bauwerk, das ebenso wie die gesamte Halle den zweiten Weltkrieg nicht überstand, war eine aus vier Dreiecken zusammengesetzte Konstruktion. Die aufsehenerregende Walmkuppelform, die von einer Laterne bekrönt war, ergab sich aus dem nicht ganz quadratischen Grundriß. Die jeweils gegenüberliegenden Stirnseiten bildeten entweder volle Halbkreise oder Korbbogenformen aus. Zweifellos hatten die vier Eckpavillons des Hauptgebäudes auf der Pariser Weltausstellung 1878 von Gustave Eiffel bei der Konstruktion des Kuppelbahnhofs Pate gestanden. Zusätzlich erhielt die Bahnhofsanlage eine gärtnerische Gestaltung. Die westlich beginnende Rampe in Richtung Kleiststraße überspannte ein großes Wasserbecken, welches sich als Märchenbrunnen mit Delphinen und groteskem wasserspeiendem Ungeheuer präsentierte. Mit dem Bau des Hochbahnhofes Nollendorfplatz war es Anfang unseres Jahrhunderts gelungen, den Stadtraum als vornehme Wohngegend nicht nur zu erhalten, sondern sogar als Anziehungspunkt für weitere repräsentative Gebäude zu entwickeln.

1.13 Der Bau der Tunnelstrecke

Der Weiterbau als Unterpflasterbahn unter der Kleiststraße, dem Wittenbergplatz und der Tauentzienstraße bis zum Bahnhof Zoo auf Schöneberger und Charlottenburger Gebiet begann am 14. Juli 1900. Zur Beschleunigung der Arbeiten, jetzt im Tunnelbereich, war man dazu übergegangen, von beiden Seiten, vom Nollendorfplatz und vom Zoo aus, jeweils in Tag- und Nachtschichten zu arbeiten.

26

26
Am Hochbahnhof Hallesches Tor wurde mit architektonischen Elementen versucht, die Optik des Bahnhofs aufzuwerten.

27
Der Hochbahnhof Schlesisches Tor in einer historischen Aufnahme.

28
Der belebte Potsdamer Platz. Unter dem oberirdischen Verkehrsknoten baute man 1901 den 1907 schon wieder geschlossenen ersten U-Bahnhof. Der heutige Bahnhhof Potsdamer Platz liegt einige Meter weiter unter dem Leipziger Platz und trug deshalb bis 1923 auch diesen Namen.

27

Für alle Tunnelbauten war eine Ausführung in offener Bauweise mit dem „Berliner Verbau" vorgesehen. Probleme bereitete während der gesamten Tunnelbauphase erwartungsgemäß die Bodenbeschaffenheit und der Grundwasserspiegel. Die Sohle des U-Bahn-Tunnels war etwa bis 7 m Tiefe geplant, da aber das Grundwasser in Berlin bereits in einer Tiefe von 2 bis 4 m ansteht, mußte es vor dem Bau erheblich abgesenkt werden. Der Tunnelkörper bestand aus einem in den Untergrund und das Grundwasser eingebetteten Betongefäß, das durch eine Schicht aus bis zu fünf Lagen mit Bitumen dicht verklebter fester Dachpappe gegen Wasser abgedichtet wurde. Die Tunneldecke erhielt mit querliegenden Doppel-T-Trägern eine konstruktive Versteifung und mit einer dreifachen Abdeckung aus Dachpappe eine Dichtung gegen das Oberflächen- oder auch „Tageswasser".

Nur im Tunnelbereich des Potsdamer Platzes fand die offene Bauweise keine Anwendung, denn der geforderte Tunnelanschluß für spätere Verlängerungen bedingte eine auf 13 m festgelegte Tieflage. Man benutzte dafür das Druckluftverfahren mit Senkkasten (siehe Kapitel 6).

28

Funktional, zweckmäßig und individuell

Die Hochbahngesellschaft hielt sich bei der Anlage der Berliner Untergrundstrecken stark an das bereits seit Jahren erfolgreiche Vorbild der Budapester U-Bahn. Allerdings modifizierte man die Abmessungen der Tunnelquerschnitte und der Bahnhöfe gegenüber dem ungarischen Projekt. Die Breite der Tunnelabschnitte fiel etwas größer aus, durchschnittlich 6,24 m, und die durchschnittliche Bahnhofsbreite gestaltete sich dafür kleiner mit

29

29
Endlich ging die Schnellbahn unter die Erde. Grund genug, auch von diesem Ereignis Postkarten anzubieten.

einer Verdopplung der Tunnelbreite von 12,64 m. Die Tunnelbereiche unterteilte eine Stützenreihe in der Mittelachse. Hatte man in Budapest zum Teil noch bis zu 8 m breite Bahnsteige angelegt, waren es in Berlin nur noch seitlich angeordnete 3,50 m breite. Als Stützen dienten zusammengenietete Doppel-T-Träger mit kapitellartig ausgebildeten Köpfen. Fliesenverkleidungen und hölzerne Reklametafeln belebten die ansonsten nüchternen, einfach hellen Anstriche auf den Bahnhöfen. Allerdings ließen die unterirdischen U-Bahnhöfe bei ihren vorgeschriebenen Abmessungen nur wenig

30

30
Tunnelsituation am U-Bahnhof Wittenbergplatz im Jahre 1998. Hier in Charlottenburg entstand der erste Tunnel des U-Bahn-Netzes.

1 Spielraum für künstlerische Einflußnahme. Äußeren Anbauten wie Fahrkartenausgaben und Zugängen gehörte die größte Aufmerksamkeit. Sie waren den kritischen Blicken der Passanten und Fahrgäste ausgesetzt und hatten die Aufgabe, eine Art Visitenkarte der Untergrundbahn zu sein. Die Entwürfe für die separaten Fahrkartenhäuschen und Portale übertrug man Alfred Grenander, der damit erstmals nicht nur künstlerische Überarbeitungen, sondern eigene architektonische Vorstellungen zu Papier bringen konnte. Grenander erwies sich als moderner Architekt, der mit einer Absage an traditionelle Stile und Formen verstärkt Materialeigenschaften und Funktionalität in die Gestaltung einbezog. Sehr individuelle, eigenwillige und durchaus umstrittene Portalstützen, Stationsschilder, Treppenumwehrungen und Kassenhäuschen entstanden, die heute nicht mehr vorhanden sind. An großzügige Empfangshallen oder Bahnhofsgebäude dachte man bei der Hochbahngesellschaft in den Pionierjahren der Unterpflasterbahn noch nicht, wiederum ein Zugeständnis an das schon sehr belastete Budget. Jedoch wichtiger als prachtvolle Repräsentationsbauten waren sicher schnelle und sichere Verkehrslösungen für die immer weiter wachsende Stadt.

Die Berliner Bauweise

Die Tunnelstrecken in Berlin entstanden hauptsächlich in der von dem Ingenieur Rudloff bei der Hochbaugesellschaft entwickelten Berliner Bauweise mit dem sogenannten „Berliner Verbau". Er besteht aus senkrecht gerammten Doppel-T-Trägerbohlwänden, die die Baugrube seitlich begrenzen und den Druck des Erdreichs in der Bauphase abfangen. Die gegenüberliegenden Rammträger wurden außerdem mit horizontalen Balken versteift. Die auf diese Weise gesicherte Baugrube konnte jetzt an verkehrsreichen Stellen, speziell an Straßenkreuzungen und Hauszufahrten, einfach und sicher überbrückt werden. Der unterirdische Bau behinderte also kaum den Oberflächenverkehr.

In der Anfangsphase des U-Bahn-Baus beließ man die Doppel-T-Träger nach Abschluß der Arbeiten im Boden, wo sie bei Reparaturarbeiten teilweise bis heute noch gefunden werden. Später entwickelte man Methoden, bei denen die teuren Träger wieder aus dem Untergrund gezogen und dadurch wiederverwendet werden konnten.

32

1.14 Die Ministerfahrt

Im ersten Jahr nach der Jahrhundertwende waren 6 km Viaduktstrecke fertiggestellt, und im Herbst hatte ein erster Probezug seine vielbeachteten Fahrten aufgenommen. Nach 5 ½-jähriger Bauzeit war die gesamte Bahnanlage fertiggestellt und zugleich der Betrieb in allen seinen mannigfaltigen Teilen technisch und betrieblich vorbereitet. Die Strecke umfaßte 10,1 km.

31
Impressionen aus dem Untergrund. Tunnelabschnitt im Bereich des Bahnhofs Wittenbergplatz. Deutlich zu sehen, die Stützen aus genieteten Doppel-T-Trägern.

32
Berliner Verbau. Senkrecht gerammte Doppel-T-Trägerbohlwände begrenzen die Baugrube, und horizontale Balken versteifen den Verbau.

33
Die Stammstrecke im Dezember 1902.

Am 15. Februar 1902 fand die Eröffnung und Inbetriebnahme der Strecken mit einer Sonderfahrt, der sogenannten Ministerfahrt, statt. Sie führte vom Potsdamer Platz zum Bahnhof Zoologischer Garten, von da zum Stralauer Tor und dann zurück zum Potsdamer Platz. Ab dem 18. Februar verkehrten die Züge planmäßig für die Öffentlichkeit, allerdings zunächst nur von Potsdamer Platz bis Stralauer Tor. Eine „Besichtigungsfahrt" in den ersten Tagen kostete in der III. Klasse 30 Pf und in der II. Klasse 50 Pf. Die eigentlichen Fahrpreise waren denen auf der Stadtbahn angeglichen und betrugen in der III. Klasse 10, 15 oder 20 Pf, in der II. Klasse 15, 20 oder 30 Pf. Bald hatten die Berliner das neue Verkehrsmittel entdeckt und begannen seine Schnelligkeit, Sicherheit und Bequemlichkeit zu schätzen. Noch dazu, weil Schritt für Schritt im Laufe eines halben Jahres die restlichen Streckenabschnitte „ans Netz" gingen. Bereits am 14. Dezember konnte dann sogar die erste Verlängerung zum Knie eröffnet werden, so daß sich die Gesamtlänge der im Jahre 1902 fertiggestellten Hoch- und Untergrundbahn auf 11,2 km erhöhte. Mit der vollständigen Inbetriebnahme wurde sichtbar, daß eigentlich aus nur einer Stammstrecke mit Abzweig drei Linien entstanden waren:

33

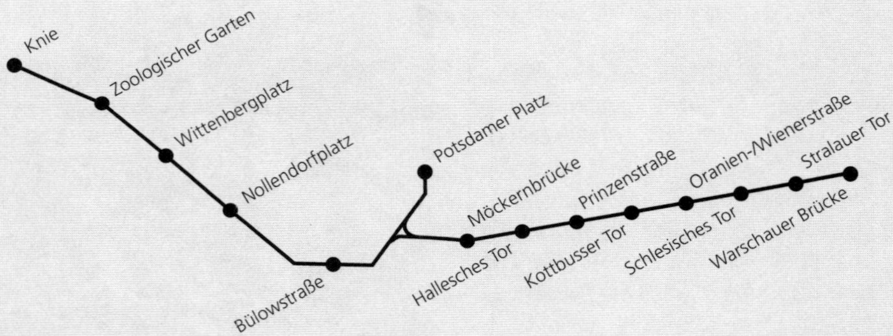

Die Stammstrecke in Zahlen

Am 15.Februar 1902 wurden 10,1 km Strecke eröffnet.
Davon lagen:

in Berlin	*6,1 km*
in Charlottenburg	*1,7 km*
	(14.12.1902 – 2,8 km)
in Schöneberg	*0,2 km*
auf Eisenbahngelände (Gleisdreieck)	*1,7 km*
Gelände der Hochbahngesellschaft	*0,4 km*
Davon lagen:	
auf eisernen Viadukten	*7,3 km*
auf gemauerten Viadukten	*0,9 km*
im Tunnel	*1,7 km*
auf Rampen	*0,5 km*

Am 14. Dezember 1902 betrug die Gesamtlänge der Strecke 11,2 km.
Fahrgäste:
1902 registrierte man 20.003.200 Fahrgäste
1903 registrierte man 32.136.100 Fahrgäste
Fahrzeiten:
Linie A – Warschauer Brücke–Möckernbrücke–Potsdamer Platz: 14 Minuten Fahrzeit – Reisegeschwindigkeit 28 km/h
Linie B – Zoo–Bülowstraße–Potsdamer Platz: 9 Minuten Fahrzeit – Reisegeschwindigkeit 30 km/h
Linie C – Warschauer Brücke–Möckernbrücke–Bülowstraße–Zoo: 19 Minuten Fahrzeit – Reisegeschwindigkeit 28 km/h

Linie A – Warschauer Brücke–Möckernbrücke–Potsdamer Platz,
Linie B – Zoo–Bülowstraße–Potsdamer Platz,
Linie C – Warschauer Brücke–Möckernbrücke–Bülowstraße–Zoo.

Schon vor der eigentlichen Eröffnung der Stammstrecke reiften in der Hochbahngesellschaft die Erweiterungspläne des Hoch- und U-Bahn-Netzes. Die Verlängerung in Richtung Westen bis Knie entstand fast nahtlos im Zuge der Bauarbeiten Nollendorfplatz–Zoo. Im Osten, an der Warschauer Brücke sahen die Bedingungen nicht so günstig aus. Nicht nur, daß hier der Druck der Stadt Berlin und reicher Bürger fehlte, von der Hochbahngesellschaft eine Verkehrsanbindung dieser Stadtgebiete einzufordern, wie am Bahnhof Knie. Vielmehr hatten Berechnungen ergeben, daß das zu erwartende Verkehrsaufkommen nördlich und östlich der Eisenbahnanlagen den Bau einer Schnellbahnverbindung nicht rechtfertigen würde. Um aber dennoch die abseits liegenden Gebiete jenseits des Eisenbahngeländes zu erschließen und der an der Warschauer Brücke endenden Hochbahn weitere Fahrgäste zuzuführen, entschloß man sich bei der Hochbahngesellschaft zum Bau und Betrieb einer ebenerdigen Straßenbahn, der sogenannten Flachbahn. Da sie mit wenig Aufwand errichtet wurde, stand sie den Fahrgästen bereits 1901 zur Verfügung.

Natürlich existierten auf den Schreibtischen der Hochbahngesellschaft auch Pläne, die U-Bahn ab Potsdamer Platz in Richtung Norden zum Stadtzentrum hin zu verlängern. Obwohl solche Entwürfe „allerhöchste" Zustimmung fanden und durchaus „im öffentlichen Interesse" lagen, blieb die Genehmigung zum Weiterbau seitens des Magistrats von Berlin verwehrt, da er eigene U-Bahn-Ideen verwirklicht sehen wollte.

1.15 Verkehrs- und Betriebsdienst

Im Gegensatz zur Straßenbahn enthielt der Zustimmungsvertrag für die Hoch- und Untergrundbahn mit der Stadt Berlin von 1895 keine Verpflichtung zum Strombezug von den städtischen

34
Historische Aufnahme der Ministerfahrt vom 15. Februar 1902.

Elektrizitätswerken. Ausgehend von der damaligen Erkenntnis, daß elektrische Bahnen in dieser Dimension mit Gleichstrom zu betreiben seien, existierten zwei Möglichkeiten des Strombezugs für die Hochbahngesellschaft. Die erste Variante sah den Bezug von Wechselstrom und dessen Umwandlung in Gleichstrom in mehreren Unterwerken entlang der Strecken vor. Die zweite Möglichkeit bestand darin, den benötigten Gleichstrom unmittelbar in einem Hauptkraftwerk mit Dampfmaschinenantrieb selbst zu erzeugen. Natürlich war die zweite Lösung für die Elektrofirma Siemens reizvoll, und so entschied man sich für diesen Weg. Um große Spannungsverluste zu vermeiden, mußte das Kraftwerk einen zentralen Standort erhalten, den man im Bereich des Gleisdreiecks in der Trebbiner Straße unmittelbar am Gleiskörper der Hochbahn mit Eisenbahnanschluß von der Anhalter Bahn und Wasseranschluß vom Landwehrkanal fand. Das Kraftwerk entstand im Zuge der Hochbahnbauarbeiten gleich mit, ein 80 m hoher Schornstein überragte die Anlage. In einem ersten Bauabschnitt kalkulierte man die Leistung der drei Borsig-Dampfmaschinen und den dazugehörigen Siemens-Dynamoaggregaten jeweils mit 800 kW bei einer Betriebsspannung von 780 V. Die Gesamtmaschinenleistung war mit 2.400 bis 3.000 PS bemessen. Doch bereits 1902 rüstete die Hochbaugesellschaft mit einer Expansions-Verbund-Dampfmaschine um 1.500 PS auf. Mit einer weiteren in Auftrag gegebenen Dynamomaschine waren 7.500 PS möglich. Unterirdische Kabel versorgten die einzelnen Teile des Bahnnetzes mit Betriebsstrom. Die Strecken existierten als fünf unabhängige

35
Betriebshof und -werkstatt an der Rudolfstraße entstanden im Zuge der Instandsetzungsarbeiten und Modernisierungen am U-Bahnhof Warschauer Straße wieder neu. Aufnahme von 1997.

36
Bau der Berliner Hoch- und Untergrundbahn (Beginn der Arbeiten 1896); hier im Bild Siemensmitarbeiter beim Tunnelbau in der Tauentzienstraße.

Strombezirke:

Warschauer Brücke – Kottbusser Tor
Kottbusser Tor – Gleisdreieck
Gleisdreieck – Potsdamer Platz
Potsdamer Platz – Nollendorfplatz
Nollendorfplatz – Zoologischer Garten

Von den unterirdischen Speiseleitungen gelangte der Strom in die Stromschienen, die aus gewöhnlichen Eisenbahnschienen bestanden, aber in 18 cm Höhe über der Schienenoberkante auf Hartgummi-Isolatoren gelagert waren.

Nördlich der Oberbaumbrücke, an der Rudolfstraße entstand auf einem von der Stadt Berlin zur Verfügung gestellten Grundstück der Betriebshof mit einer angeschlossenen Betriebswerkstatt, die 1901 mit der Endmontage der bestellten und jetzt schrittweise gelieferten Wagen ihre Arbeit aufnahm. Die Wagen wurden in der zweietagigen Halle bei Bedarf über einen Aufzug von der unteren Werkstatt in die obere Wagenhalle umgesetzt. Von dort gelangten sie über Verbindungsgleise auf die Strecke.

Bereits 1899 war der Wagenpark für die künftige neue elektrische Schnellbahn bestellt worden. Relativ enge Kurven bedingten große Vierachswagen mit Drehgestell. Brücken- und Tunnelfahrten verlangten unbedingt geschlossene Einraumwagen ohne offene Plattformen, wie sie die Straßenbahnen hatten. Übrigens der Seitenblick zur elektrischen Straßenbahn war offensichtlich, hatte doch ihr Wagenprofil die niedrige und schmale Ausführung der U-Bahn-Tunnel bestimmt und damit auch die Abmessungen der künftigen Hoch- und U-Bahn-Wagen. 1901 standen 42 Triebwagen (39 Sitzplätze, 26 Stehplätze) und 20 Beiwagen (44 Sitzplätze, 26 Stehplätze) für die Betriebseröffnung bereit. Geliefert hatten die Wagen die Kasseler Firma Van der Zypen & Charlier, die Breslauer AG für Eisenbahnwagen und die Wagenbauanstalt Hamburg. Motorwagen und Anhänger, Holzaufbauten auf einem U-Eisenrahmen, hatten grundsätzlich den gleichen Grundriß mit einer Länge von 12 m, einer Breite von 2,26 m und einer Höhe von 3,18 m. Die ersten Wagen aus der Eröffnungszeit gingen als Typenreihe A in die Verkehrsgeschichte ein. Vor allem 3-Wagen-Züge in der Zusammenstellung Triebwagen – Beiwagen – Triebwagen waren geplant, aber auch 4-Wagen-Züge mit einem weiteren Beiwagen oder doppelte 3-Wagen-Züge galten als möglich. An 8-Wagen-Züge wagte zu diesem Zeitpunkt niemand zu denken, eine bedauerliche und folgenreiche Unterschätzung des künftigen Verkehrsaufkommens. Die III. Wagenklasse (Triebwagen) präsentierte man in gelb mit Raucher- und Nichtraucherteil. Die II. Klasse (Beiwagen) war dunkelrot und grundsätzlich Nichtraucher.

35

1

2. Kapitel

Streckenverlängerungen 1903 bis 1913

2.1 Die neue Verkehrsgesellschaft

Zum Jahresbeginn 1903 übernahm die Hochbahngesellschaft die Anlagen, Ausrüstungen und den Wagenpark der Hochbahn von der Firma Siemens & Halske.

Siemens hatte sich den Betrieb im Eröffnungsjahr vorbehalten, um das einwandfreie Funktionieren des neuen Verkehrsmittels sichern zu können. Bei der Behebung aller auftretenden „Kinderkrankheiten" hatte man auf diese Weise kurze Entscheidungs- und Zugriffswege. Die Philosophie des Unternehmens zielte jedoch nicht darauf, selbst ein Verkehrsträger zu werden. Vielmehr ging es um die Lösung des elektrotechnischen Problems bis hin zur Praxistauglichkeit. Dieses Ziel war nun erreicht. Als Hersteller elektrischer Ausrüstungen hatte Siemens sich selbst einen Markt geschaffen.

Die Hochbahngesellschaft hatte durch den Anfangsbetrieb im Restjahr 1902 den Beweis für die Richtigkeit der zunächst nur theoretischen Überlegungen und Planungen erhalten, ohne selbst die technische und betriebliche Verantwortung übernehmen zu müssen. Sie beschäftigte die bisherigen Beamten und Angestellten weiter.

Neben dem alltäglichen Betrieb, der nun in ihrer Verantwortung lag, war die Hochbahngesellschaft weiter damit beschäftigt, die Stammstrecke – mit den drei „Ästen" von Warschauer Brücke, Knie und Potsdamer Platz – zu verlängern und möglichst bald ein Netz zu entwickeln. Wegen der lang andauernden Verhandlungen mit den Behörden, der komplizierten Planungen und zum Teil schwierigen Bauausführungen sowie nicht zuletzt wegen der erheblichen notwendigen finanziellen Mittel zog sich diese Netzbildung über einen Zeitraum von zehn Jahren hin. In der Rückschau nehmen sich die zwischen 1903 und 1913 neu eröffneten Strecken deshalb wie Einzelmaßnahmen aus, in Wirklichkeit waren sie jedoch Teile einer sich allmählich vollendenden Gesamtplanung.

Die Hochbahngesellschaft blieb in der nun anbrechenden Dekade ihrem Namen treu und plädierte stets für Hoch- statt Untergrundbahnen. Das Hauptargument waren die geringeren Baukosten und der dadurch leichter rentabel zu gestaltende Betrieb. Die Städte und auch die Öffentlichkeit sprachen sich jedoch überwiegend gegen Hochbahnen aus und konnten sich mit dieser Auffassung auch weitgehend durchsetzen.

2.2 Zügig nach Charlottenburg

Am schnellsten gelang die Verlängerung der Stammstrecke nach Westen. Erstens war die Stadt Charlottenburg an Schnellbahnverbindungen sehr interessiert, und zweitens handelte es sich hier um noch fast unbebautes Gelände, wo viel weniger Bausubstanz, aber auch viel weniger andere Verkehrsbeziehungen und -unternehmen zu berücksichtigen waren.

Das primäre Interesse Charlottenburgs lag im Anschluß seines Stadtzentrums mit dem Rathaus an die U-Bahn. Noch 1902 war hierfür die Verlängerung von Zoologischer Garten nach Knie (Ernst-Reuter-Platz) eröffnet worden. Eigentlich hätte sich nun die gerade Verlängerung durch die Berliner Straße (Otto-Suhr-Allee) bis zum Wilhelmplatz (Richard-Wagner-Platz), an dem das Charlottenburger Rathaus bis heute steht, angeboten. Dieser Weg versprach die meisten Fahrgäste, weil er durch bereits damals dicht bebautes Gelände geführt hätte. Jedoch wäre so ein Parallelverkehr mit der Berlin-Charlottenburger-Straßenbahn entstanden, zwei Verkehrsträger in einem Straßenzug wurden damals als wenig sinnvoll und vor allem unrentabel erachtet. Deshalb entschloß man sich, die Strecke über die zum Ausbau vorgesehene Bismarckstraße zu führen, um dann in einem Bogen nach Norden den Wilhelmplatz (Richard-Wagner-Platz) zu erreichen. Der Umweg versprach stadtplanerisch und zumindest für das zukünftige Fahrgastaufkommen einen gewissen Erfolg, denn die bisher unbebauten Grundstücke abseits der damaligen Zentren erfuhren mit dem U-Bahn-Anschluß eine deutliche Aufwertung, was auf eine Bebauung in absehbarer Zeit hoffen ließ. Vorausschauend wurde deshalb ein Zwischenbahnhof auf der Bismarckstraße geplant, obwohl dieses Gebiet am Anfang eigentlich nur aus Feldern und Ödland bestand. Der Bahnhof erhielt

1
Der alte, 1974 geschlossene Bahnhof Richard-Wagner-Platz.

DEUTSCHE OPER

zunächst den Arbeitstitel Krumme Straße (heute Deutsche Oper).

Nachdem alle landespolizeilichen Genehmigungen eingetroffen waren und die Bismarckstraße verbreitert war, begannen die Bauarbeiten. Ende 1904 reichte der Tunnel vom Knie (Ernst-Reuter-Platz) bis zum Bahnhofsanfang Krumme Straße, 1905 folgte die Ausführung der Trasse unter der Seesenheimer und der Spreestraße, und am 14. Mai 1906 konnte schließlich der 1,4 km lange Abschnitt Knie (Ernst-Reuter-Platz)–Wilhelmplatz (Richard-Wagner-Platz) in Betrieb gehen.

Noch während dieser Bauarbeiten einigte man sich über eine zweite Verlängerung, nämlich eine U-Bahn-Strecke nach Westend (heute Teil der U2). Am Bahnhof Krumme Straße wurde eine Projektänderung notwendig, denn hier zweigte nach den neuen Plänen die Westend-Linie ab. So entstand der erste viergleisige Abzweigungsbahnhof in Berlin. Die beiden äußeren Gleise sollten der Westend-Linie dienen. Dadurch mußten die beiden inneren Gleise der Wilhelmplatz-Linie über das nördliche Gleis nach Westend hinweggeführt werden. Die beiden Bahnsteige erhielten damals übrigens Tageslicht durch Oberlichter im mittigen Rasenstreifen der Bismarckstraße.

3

4

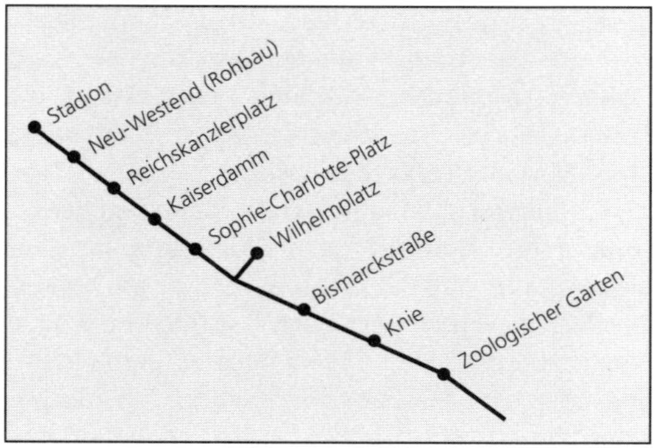

Der erste Umsteigebahnhof

Die in Planung und Ausführung ältere Strecke zum Wilhelmplatz (Richard-Wagner-Platz) bestand, im Gegensatz zur Westend-Linie, nur aus einer Station. Obwohl sie zunächst als Hauptstrecke geplant war, bildete sie in der Praxis dann nur einen Abzweig von der Westend-Linie. Die „Stummelstrecke" und der Bahnhof Wilhelmplatz (seit 1935 Richard-Wagner-Platz) existierten bis 1974. In den darauffolgenden Jahren entstanden parallel eine neue Strecke und ein neuer Bahnhof im Zuge der heutigen U7. Der 1978 eröffnete Bahnhof Richard-Wagner-Platz ist also nicht identisch mit dem 1906 eröffneten und liegt auch nicht exakt an derselben Stelle.

Die Idee der Generäle

Bei der Entstehung der Westend-Linie waren Stadtplanung und U-Bahn-Bau erstmals unmittelbar miteinander verbunden. Bereits um die Jahrhundertwende hatte es aus militärischen Gründen Pläne gegeben, den Straßenzug Unter den Linden/ Charlottenburger Chaussee (Straße des 17.Juni)/ Bismarckstraße in Richtung Westen bis zum Truppenlager Döberitz auszubauen. Die Stadt Charlottenburg griff diese „Anregung", die Kaiser Wilhelm II. zugeschrieben wird, auf und beschloß 1902 die bereits erwähnte Verbreiterung des Straßenzuges.

Die Idee der Militärs hatte auch erhebliche zivile Vorteile. Der Westen Charlottenburgs erhielt einen Entwicklungsimpuls. Dieser Westen bestand zumeist aus unbebautem Gelände, aber auch aus der bereits

2
Heutige Ansicht des Bahnhofs Deutsche Oper, der unter dem damaligen Namen Bismarckstraße der erste Abzweigungsbahnhof bei der U-Bahn war.

3
Stützenkopf am Bahnhof Deutsche Oper.

4
Die Verlängerungen nach Westend (heute U 2) und zum Wilhelmplatz (heute nicht mehr vorhandener alter Bahnhof Richard-Wagner-Platz) im 1912 erreichten Ausbauzustand.

5
Die Kaiserdammbrücke über die Eisenbahn mit untergehängter U-Bahn-Trasse. Das Bild entstand 1961 bei einer Brückenverlängerung, die durch den Bau der Stadtautobahn notwendig wurde.

in den sechziger Jahren des vorigen Jahrhunderts von den Bauunternehmern Werckmeister und Quistorp gegründeten Siedlung Neu-Westend, die sich bis dahin wegen schlechter Verkehrsanbindung nur schleppend entwickelt hatte.

Für die Hochbahngesellschaft stellte sich der ursprüngliche „Umweg" nach Charlottenburg über die Bismarckstraße nun als sehr günstig heraus. Ihre Trasse zeigte bereits nach Westen, in die neue Entwicklungsrichtung. Es begannen Verhandlungen über eine Streckenverlängerung. Für die privaten Grundstücksbesitzer sprach die unter Führung der Deutschen Bank gegründete Neu-Westend-AG für Grundstücksverwertung. Interesse hatten auch der Königliche Forstfiskus – wegen des Grunewalds – und natürlich die Stadt Charlottenburg.

In einer Beziehung war die Situation völlig neu. Man verhandelte über ein Verkehrsbedürfnis, das erst noch entstehen sollte, nicht über eines, das bereits existierte, sieht man einmal von der bestehenden kleinen Siedlung Neu-Westend ab. Die Hochbahngesellschaft nahm dann wie folgt Stellung: „Wir stellen uns bei der Weiterführung der Bahn in wenig bebaute Gegenden auf den Standpunkt, daß wir zwar zunächst einen unmittelbaren Nutzen daraus nicht erstreben, gegen einen Schaden aber gesichert sein müssen, und daß uns daher die Interessenten für ein etwaiges Betriebsdefizit während der Jahre, in denen sich der Verkehr erst allmählich entwickelt, sowie für eine mäßige Verzinsung des Kapitals aufzukommen haben." [5]

Eine verständliche Ausgangsposition für die nun beginnenden Verhandlungen. Die Neu-Westend-Gesellschaft regelte schließlich den Ausgleich der Betriebsdefizite, die Verzinsung der Kapitalien und die Überlassung der benötigten Geländeflächen. Am 23. Juni 1906 konnte der Vertrag unterzeichnet werden. Da aber nur Betriebsdefizite der Westend-Linie ersetzt werden sollten, mußte für sie von Anfang an bei der Hochbahngesellschaft gesondert Buch geführt werden.

5

Auch die Stadt Charlottenburg wurde für die neue Linie kräftig zur Kasse gebeten. Neben einem Baukostenzuschuß von 1,425 Millionen Mark in bar mußte sie die Mehrkosten für einige besonders aufwendige Bauwerke (u.a. Lietzen- und Eisenbahngraben) übernehmen sowie eventuelle Schadenersatzansprüche der Berlin-Charlottenburger-Strassenbahn gegen die Hochbahngesellschaft befriedigen, die sich eventuell aus den Fahrgastverlusten der Straßenbahn ergaben.

Die Hochbahngesellschaft übertrug die Bauarbeiten wieder an Siemens & Halske, die ihrerseits den eigentlichen Tunnelkörper durch die bereits erwähnte Gesellschaft für Bau von Untergrundbahnen ausführen ließ. Die Lieferung und Installation der elektrischen Ausrüstung verblieb bei Siemens.

Die Westend-Strecke begann am heutigen Bahnhof Deutsche Oper (Planname Krumme Straße), dessen Ausbau zum ersten Umsteigebahnhof schon beschrieben wurde. Der Bahnhof ging dann unter der Bezeichnung Bismarckstraße 1906 in Betrieb, ist aber nicht identisch mit dem heutigen Bahnhof Bismarckstraße, der erst mit dem Bau der U7 nach dem zweiten Weltkrieg entstand. Der erste zu errichtende Bahnhof nach Deutsche Oper war damals Sophie-Charlotte-Platz. Hinter Sophie-Charlotte-Platz mußte der sogenannte Lietzengraben durchquert werden. Dabei handelt es sich um einen alten Spreearm, in dessen Zug auch der Lietzensee liegt. Solche alten Spreearme finden sich vielfach im Stadtgebiet, meist führen sie kein sichtbares (Oberflächen-)Wasser mehr, haben jedoch einen sehr feuchten und wenig tragfähigen Untergrund.

Spreearm und Bahngraben

Der Tunnel mußte im morastigen Boden des Lietzengrabens auf einen weit in den Untergrund reichenden Pfahlrost gegründet werden. Unmittelbar im Anschluß führt die Strecke dann über den Eisenbahngraben der Ringbahn hinweg und steigt nach dem Bahnhof Kaiserdamm zum Reichskanzlerplatz (Theodor-Heuss-Platz) an, der in den ersten Planungen noch ganz schlicht als Platz B geführt wurde. Der Platz bildete den Mittelpunkt von Groß-Westend, der Bahnhof wurde dementsprechend repräsentativ gestaltet. Die farbigen Terrakotten der Zugangshallen stammen aus den Königlichen Majolika-Werkstätten Cadinen.

Am Reichskanzlerplatz fand die neue Linie vorläufig ihren Abschluß. Allerdings wurden weitere 350 m Tunnel unter der Reichsstraße für eine geplante Verlängerung gleich mitgebaut. Am 16. März

Über und unter den Gräben der Eisenbahn

In der Erweiterungsphase von 1903 bis 1913 trat dreimal das Problem auf, mit den U-Bahn-Strecken den tiefen und breiten sogenannten Ringbahngraben der S-Bahn bzw. Eisenbahn zu überwinden. Interessanterweise kam es dabei zu drei grundsätzlich verschiedenen Lösungen.

Auf der Strecke nach Westend (heute U2) war der Ringbahngraben so tief, daß der Bahnkörper der U-Bahn in Form einer Galerie unten an die Straßenbrücke des Kaiserdammes gehängt werden konnte. Noch heute kann man zwischen Sophie-Charlotte-Platz und Kaiserdamm einen kurzen Moment die Gleisanlagen und die mittlerweile hinzugekommene Stadtautobahn unter der „Untergrundbahn" beobachten. Am Bahnhof Nordring (heute Schönhauser Allee) reichte die Höhe für das Unterhängen nicht aus. Da die Strecke aber ohnehin als Hochbahn gebaut wurde, bot sich die Viaduktlösung auch für die Kreuzung der Ringbahn an. Über deren Graben und über der Ebene des Straßenverkehrs erhebt sich heute der Bahnhof Schönhauser Allee. Für die ebenfalls geprüfte Variante der unterirdischen Kreuzung waren damals Mehrkosten von 3,5 Millionen Mark veranschlagt worden.

In Schmargendorf auf der Strecke nach Dahlem (heute U1) wählte man schließlich die sehr teure Untergrundlösung, wodurch die Sohle des Bahnhofes Heidelberger Platz etwa 9 m unter der Oberfläche zu liegen kam. Dafür hatte man dann aber die in Berlin sonst kaum vorhandene Möglichkeit, die Bahnhofshalle mit über 5 m hohen Gewölben zu überspannen.

6
Die U-Bahnhöfe der ersten Jahre erhielten Seitenbahnsteige, wie hier am Theodor-Heuss-Platz.

6

1908 befuhr der Kaiser die neue Strecke, in Anlehnung an die „Ministerfahrt" von 1902 sprach man von der „Kaiserfahrt". Die offizielle Eröffnung der Strecke fand am 29. März 1908 statt. Im Gefolge der nun ausgezeichneten Verkehrsanbindung erlebte das westliche Charlottenburg in den nächsten Jahren einen wahren Bauboom.

Die neue Werkstatt

Fünf Jahre später gab es in Westend eine weitere Streckenverlängerung zu feiern, die Zufahrt zur neuen Betriebswerkstatt. Mit den umfangreichen Streckenverlängerungen zwischen 1903 und 1913 wuchs zugleich der Wagenpark der Hochbahngesellschaft erheblich an. Wenn auch die Bauherren und Finanzierungsmodelle auf den verschiedenen Strecken nicht die gleichen waren, so betrieb die Hochbahngesellschaft doch alle Strecken. Für die Wartung und Reparatur der Wagen stand zunächst nur die Betriebswerkstatt in der Rudolfstraße (am Bahnhof Warschauer Brücke) zur Verfügung, später kam die Schöneberger Werkstatt hinzu. Um das Problem nun aber durchgreifend zu lösen, suchte man eine Fläche, auf der eine große Hauptwerkstatt angelegt werden konnte. So wie Berlin zu dieser Zeit schon entwickelt und bebaut war, konnte eine solche Fläche nur weit außerhalb der Stadt gefunden werden. Sozusagen auf der grünen Wiese, wenn es auch in diesem Falle eigentlich grüner Wald war. Schon 1906 kam die Hochbahngesellschaft im Zusammenhang mit der Erweiterung nach Westend mit der preußischen Forstverwaltung in Kontakt. Die Forstverwaltung wollte damals gerade ihre am nördlichen Rand des Grunewalds liegenden Flächen möglichst gewinnbringend vermarkten. Dies geschah dann einerseits durch den Verkauf von Grundstücken, andererseits aber auch durch die Anlage eines Sportparkes mit Pferderennbahn und Sportstadion. Der Sportpark lag aber weit außerhalb von Charlottenburg und noch weiter entfernt von Berlin.

7

7
Die Wagenhallen 1 und 2 (in Bau) der Betriebswerkstatt Grunewald 1924.

Sollte das Projekt ein Erfolg werden, brauchte man unbedingt eine gute Verkehrsverbindung. Hier trafen sich dann die Interessen der Forstverwaltung und der Hochbahngesellschaft. Letztere kaufte 14 ha Wald am Westrand von Westend für die Anlage eines „Rangier- und Reparaturbahnhofes" und verpflichtete sich zugleich, ihre Strecke zur neuen Betriebswerkstatt so zu verlängern, daß eine Haltestelle „Sportpark" eingerichtet werden konnte, wofür die Forstverwaltung dann einen Zuschuß von 200.000 Mark zahlte.

Charlottenburg akzeptierte eine Verlängerung auf seinem Territorium, verlangte aber für die ersten 10 Jahre nicht unbedingt einen Personenverkehr. Trotz des nur bedingten Interesses gab sogar Charlottenburg ebenfalls 200.000 Mark Zuschuß für die Strecke, auf der außerhalb von Sportveranstaltungen wohl niemand einen nennenswerten Personenverkehr erwartete. Auch die ersten Genehmigungen für die Strecke sprechen nur von Betriebs- und Bedarfsfahrten. Der 300 m lange Tunnelstumpf unter der Reichsstraße wurde verlängert und die Strecke über die Schwarzburgallee (heute Olympische Straße) bis auf das Werkstattgelände geführt. Für den heutigen Bahnhof Neu-Westend errichtete man zunächst nur den Rohbau.

Am 3. November 1912 war die Strecke fertig, rechtzeitig also zur Eröffnung der Hauptwerkstatt, die im Januar 1913 stattfand. Im Sommer 1913 folgte dann im Sportpark die Einweihung des Deutschen Stadions, das etwa an der Stelle des heutigen Olympia-Stadions lag und 27.000 Zuschauer faßte. Zeitgleich ging der sehr einfach gehaltene Bahnhof Stadion in Betrieb, der bis 1922 keinen regelmässigen Linienverkehr erlebte. Die heutige bauliche Situation am Bahnhof Olympia-Stadion (Ost) entstand erst bei späteren Umbauten in Vorbereitung der Olympischen Spiele von 1936.

2.3 Der lange Weg in die Innenstadt

Die Stammstrecke und die Verlängerungen nach Westend und zum Wilhelmplatz in Charlottenburg hatten für die eigentliche Berliner City noch keinen Nutzen gebracht. Dabei war allen Beteiligten klar, daß erst eine Verlängerung in die Berliner Innenstadt den bisherigen Strecken ihren vollen Sinn geben würde. Doch die Fortführung vom Potsdamer Platz in die Stadt erwies sich als technisch und politisch sehr kompliziert.

Privat oder städtisch?

Die Stadt Berlin strebte ein Netz von Untergrundbahnlinien an, an dessen Knotenpunkten die Fahrgäste zwar umsteigen konnten, an denen jede Linie jedoch ihre separate Trasse benutzte (Prinzip der Turmbahnhöfe). Nach Auffassung der Stadt sollte nun am Potsdamer Platz die Stammstrecke ihren Endpunkt behalten und der Verkehr Richtung Innenstadt in eine kommunal gebaute und betriebene Strecke umsteigen. Mit dieser Idee stand die Stadt in einer Konkurrenzsituation zur privaten Hochbahngesellschaft, die eine Streckenverlängerung ohne Umsteigen der Fahrgäste favorisierte.

Über beiden Kontrahenten stand jedoch der Staat, hier in Person des Polizeipräsidenten. Dieser versagte den städtischen Plänen seine Zustimmung und verwies auf eine mögliche Verlängerung der Stammstrecke ab Potsdamer Platz. Die Befürworter stadteigener Verkehrsmittel sahen darin eine bewußte Förderung der Privatwirtschaft und eine ebenso bewußte Behinderung der städtischen Selbstverwaltung. Man kann aber nicht verkennen, daß der Polizeipräsident mit einer umsteigefreien Verlängerung am Potsdamer Platz die verkehrstechnisch bessere Variante wählte.

Die Konkurrenten Siemens/Hochbahngesellschaft einerseits und die Stadt Berlin andererseits fanden sich durch diese staatliche Entscheidung plötzlich am gemeinsamen Verhandlungstisch wieder, denn die genaue Streckenführung war festzulegen. Man war sich grundsätzlich einig, daß die Strecken im Zentrum unter der Erde liegen sollten. Eine ursprünglich geplante Verlängerung nach Norden zum Stettiner Bahnhof (Nordbahnhof) mit Berührung des Bahnhofs Friedrichstraße hatte die Hochbahngesellschaft wieder aufgegeben. Für die Verkehrsbedürfnisse der Stadt war eine Verbindung vom Potsdamer Platz zum Spittelmarkt sinnvoller. Diese Strecke versprach auch ein höheres Fahrgastaufkommen und damit eine bessere Rentabilität.

Es hätte nun nahe gelegen, den kürzesten Weg vom Potsdamer Platz zum Spittelmarkt zu wählen, also die Unterfahrung der Leipziger Straße. Hiergegen wehrte sich jedoch die Stadt, man befürchtete zu große Störungen durch die Bauarbeiten auf dieser stark befahrenen Straße und eventuell sogar die Gefährdung der Geschäftshäuser und speziell ihrer Fundamente.

Turmbahnhöfe

Alle am Bau der U-Bahn Beteiligten strebten eine möglichst schnelle Netzbildung an, weil das neue Verkehrsmittel so den größten Nutzen für die Fahrgäste und für die Reduzierung des Oberflächenverkehrs brachte. Intensiv wurde damals die Gestaltung der Knotenpunkte und die damit zusammenhängende Organisation des Umsteigeverkehrs diskutiert.

Letztlich abgelehnt wurde die Variante, bei der die Züge verschiedener Richtungen an derselben Bahnsteigkante und damit auf demselben Gleis halten sollten. Vor bzw. hinter den Umsteigebahnhöfen hätten sich die Linien dann über Weichen wieder getrennt.

Vor allem wegen der Unfallgefahr bei gemeinsamer Benutzung eines Gleises durch verschiedene Linien erhielt die heutige Variante der Netzbildung den Vorzug. Hierbei kreuzen sich die Strecken grundsätzlich auf verschiedenen Ebenen und befahren dadurch, voneinander völlig unabhängig, ihr jeweils eigenes Gleis. An den Kreuzungspunkten wurden dann zwei Bahnhöfe gebaut, die im Idealfall kreuzförmig übereinander liegen. Die Umsteigewege sind auf diesen Turmbahnhof genannten Konstruktionen relativ kurz. Der erste Turmbahnhof war Gleisdreieck, der einzige Turmbahnhof Berlins in Hochlage. Klassische Beispiele sind auch Hermannplatz oder Osloer Straße.

8

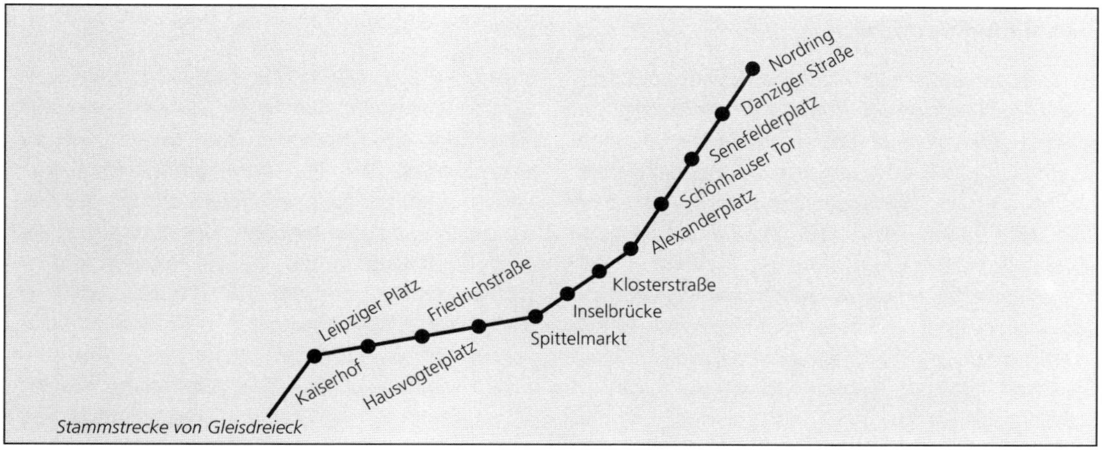

8
Die erste Strecke in die Berliner Innenstadt ist heute der nördliche Teil der Linie U 2. Der Plan zeigt die Situation von 1913. Umsteigen am Alexanderplatz und in Stadtmitte (damals Friedrichstraße) war noch nicht möglich.

Als Parallelweg zur Leipziger Straße wurde deshalb der Straßenzug Voßstraße–Mohrenstraße vorgeschlagen. Bei dieser Variante erwiesen sich die jeweiligen Endstücke als schwierig, also westlich der Weg vom Bahnhof Potsdamer Platz zur Voßstraße und östlich der Abschnitt von der Mohrenstraße zum Spittelmarkt.

Am westlichen Ende ergab sich der glückliche Umstand, daß die Aschinger AG und die Firma A. Wertheim große Neubauten am Leipziger Platz planten. Von beiden Unternehmen erhielt die Hochbahngesellschaft die Zusage, die Unterfahrung zu gestatten und schon beim Neubau den Raum für den zukünftigen Tunnel auszusparen.

Das östliche Problem erwies sich als wesentlich hartnäckiger. Die engen, verwinkelten Straßen und die zukünftige Weiterführung zum Alexanderplatz mit der dann notwendigen Spreequerung bereiteten viel Kopfzerbrechen. Etliche Vorschläge wurden diskutiert und wieder verworfen, wobei vor allem seitens der Hochbahngesellschaft immer wieder die kostengünstigere Hochbahn oder zumindest Hochbahnabschnitte favorisiert wurden. Um 1904 schienen die Verhandlungen endgültig festgefahren, zumal jetzt auch die Große Berliner Straßenbahn wegen der zu erwartenden Konkurrenz Protest gegen die geplante U-Bahn einlegte. Für einen eventuellen Verkehrsentzug forderte sie außerdem schon mal vorbeugend Schadenersatz. In der Sache hatte der Protest der Großen Berliner Straßenbahn keinen Erfolg, aber er verbesserte das sehr abgekühlte Verhandlungsklima um die U-Bahn-Verlängerung. Die Stadt war erbost über den Vorstoß der Straßenbahn und orientierte sich deshalb stärker an der Hochbahngesellschaft, man hatte jetzt einen gemeinsamen Gegner.

Zähe Verhandlungen

Im Herbst 1905 unterbreitete die Hochbahngesellschaft einen neuen Vorschlag, der im wesentlichen der heutigen Streckenführung der U2 vom Potsdamer Platz über Spittelmarkt und Alexanderplatz bis zum Bahnhof Schönhauser Allee entsprach. Die Ausführung als kostengünstige Hochbahn im Norden war dabei der finanzielle Ausgleich für den außerordentlich teuren Südabschnitt.

In der neuen Einigkeit zwischen Stadt und Hochbahngesellschaft benötigte der jetzt vorliegende Plan nur ein halbes Jahr bis zur Vertragsreife und passierte in dieser Zeit auch die Stadtverordnetenversammlung. Am 18. April 1906 wurde unterschrieben, sechs lange Jahre hatte man für die Verhandlungen benötigt.

Die Hochbahngesellschaft schloß den nun schon üblichen Vertrag mit Siemens & Halske ab, und die Bauarbeiten begannen im Sommer 1906 am Potsdamer Platz. Zunächst mußten die Umsetzgleise der Stammstrecke von ihrer nördlichen Ausrichtung nach Osten umgeschwenkt werden. In diesem Zusammenhang wurde der alte Bahnhof Potsdamer Platz geschlossen und ein neuer Haltepunkt an der heutigen Stelle errichtet.

Hausunterfahrungen

Die unterirdischen Streckenabschnitte der Berliner U-Bahn liegen größtenteils unter Straßen und folgen deren Verlauf. Dadurch konnte in geringer Tiefe und mit einer oben offenen Bauweise gearbeitet werden, die wesentlich preiswerter ist als der tiefe, aber dafür auch straßenunabhängige Schildvortrieb.

In Einzelfällen kam es jedoch immer wieder vor, daß ein bestehendes Haus der geplanten Linienführung im Weg stand; das wurde dann im Kellergeschoß unterfahren. Hierfür kaufte der U-Bahn-Betrieb das Grundstück samt Haus oder ließ sich – gegen teils erhebliches Entgelt – ein unterirdisches Wegerecht ins Grundbuch eintragen.

Das Gebäude wurde dann abschnittsweise abgefangen und erhielt neue Kellermauern und Fundamente, die aber so angeordnet waren, daß ein Freiraum für den Tunnel verblieb. Der Tunnelkörper selbst ist in den meisten Fällen ein völlig eigenständiges Bauwerk. Mit dieser Entkopplung werden Schallübertragungen und Erschütterungen im Gebäude weitgehend vermieden.

Wichtige Erfahrungen für Hausunterfahrungen sammelte man 1906/07 auf der Spittelmarktlinie (U2) zwischen Potsdamer Platz und Kaiserhof (heute Mohrenstraße), denn hier waren auf engstem Raum gleich drei Unterfahrungen notwendig. Das inzwischen nicht mehr existente Hotel Fürstenhof am Potsdamer Platz befand sich zu jener Zeit gerade im Bau, der Raum für den Tunnel konnte deshalb bereits bei der Errichtung des Gebäudes freigehalten werden. Der Tunnel ist hier 18 m breit und mußte mit zusätzlichen Mittelstützen versehen werden. Die strengen Auflagen der Hotelbesitzer hinsichtlich des Schallschutzes konnten offensichtlich erfüllt werden, es sind später keine Klagen der Hotelleitung oder von Hotelgästen bekannt geworden.

Die zweite Unterfahrung auf diesem Abschnitt befand sich unter dem Kaufhaus Wertheim am Leipziger Platz, bei dem ebenfalls der Tunnelraum schon beim Bau ausgespart wurde. Unter dem Reichsmarineamt schließlich gab es eine echte Unterfahrung eines bestehenden Hauses mit Abbruch der alten Kellermauern. Die Admiralität hatte ein völlig störungsfreies Arbeiten in ihren Räumen verlangt. Nicht nur vom fertigen Tunnel, nein, schon vom Bau durften also keine nennenswerten Erschütterungen ausgehen. Die Arbeiten waren dadurch langwierig und kompliziert, u.a. wurden die alten Kellermauern per Hand abgetragen und nicht etwa weggestemmt.

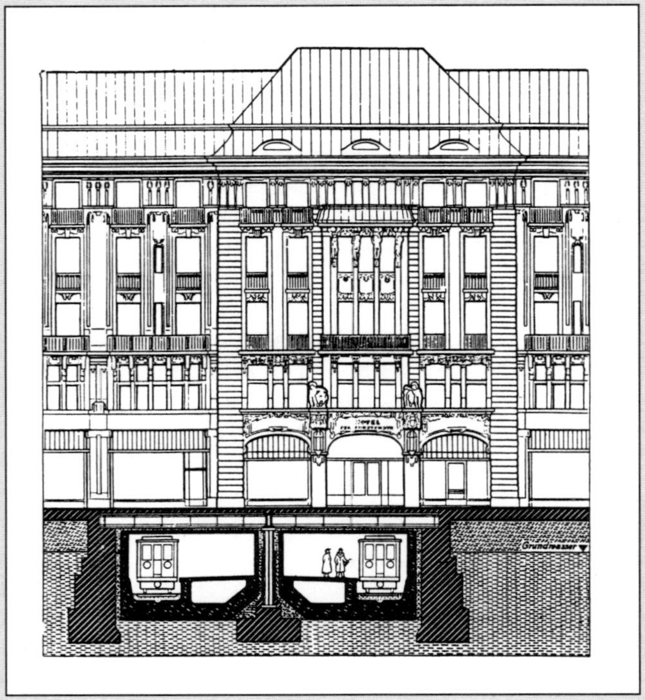

9
Die Hausunterfahrung am Hotel Fürstenhof. Die Hausfundamente und die Tunnelkörper sind jeweils eigenständige Konstruktionen.

10

10

Der heutige U-Bahnhof Potsdamer Platz entstand 1907; der Vorgängerbau wurde im Zuge der Verlängerung zum Spittelmarkt stillgelegt und abgerissen.

U
U
Hausvogteiplatz

Im Verlauf der Mohrenstraße entstanden die Bahnhöfe Kaiserhof (Mohrenstraße) und Friedrichstraße (Stadtmitte). Am Gendarmenmarkt schwenkt die Trasse in die Taubenstraße, wobei das Haus Tauben-/Ecke Markgrafenstraße im Keller angeschnitten werden mußte. Der nächste Bahnhof liegt unter dem Hausvogteiplatz, damals Zentrum der Berliner Bekleidungsindustrie. Dort schwenkt die Trasse auf die Linie der alten Stadtbefestigungen im Zuge der Niederwall- und Wallstraße ein. Viele Ingenieure hatten vom Bau eines Tunnels in der nur 9,5 m breiten Niederwallstraße abgeraten, weil sie Gefährdungen für die Fundamente der bestehenden Häuser fürchteten. Die Untergrundbahn-Baugesellschaft ging das Wagnis trotzdem und mit Erfolg ein. Allerdings mußten die Tunnelwände wegen der geringen Baufreiheit außerordentlich dünn gehalten werden. Erstmals verwendete man deshalb keine reinen Betonwände, sondern schlankere Kombinationen aus einem Stahlskelett mit Betonausfachung.

Erfahrungen mit der Enge

12

11
U-Bahn-Ausgang am Hausvogteiplatz mit Blick in die Taubenstraße.

12
Beim U-Bahn-Bau in innerstädtischer Enge mußte oft bis nahe an die Hausfundamente gebaut werden.

13
Von der Mühlendammbrücke sind die zugemauerten Lichtöffnungen des Bahnhofs Spittelmarkt noch zu erkennen.

14
In der Niederwallstraße mußte mit jedem Zentimeter gegeizt werden, weshalb statt Vollbetonwänden erstmals Stahlskelette mit Betonausfachung entstanden. Das Bild zeigt eine ähnliche Situation im Jahr 1921.

13

14

15

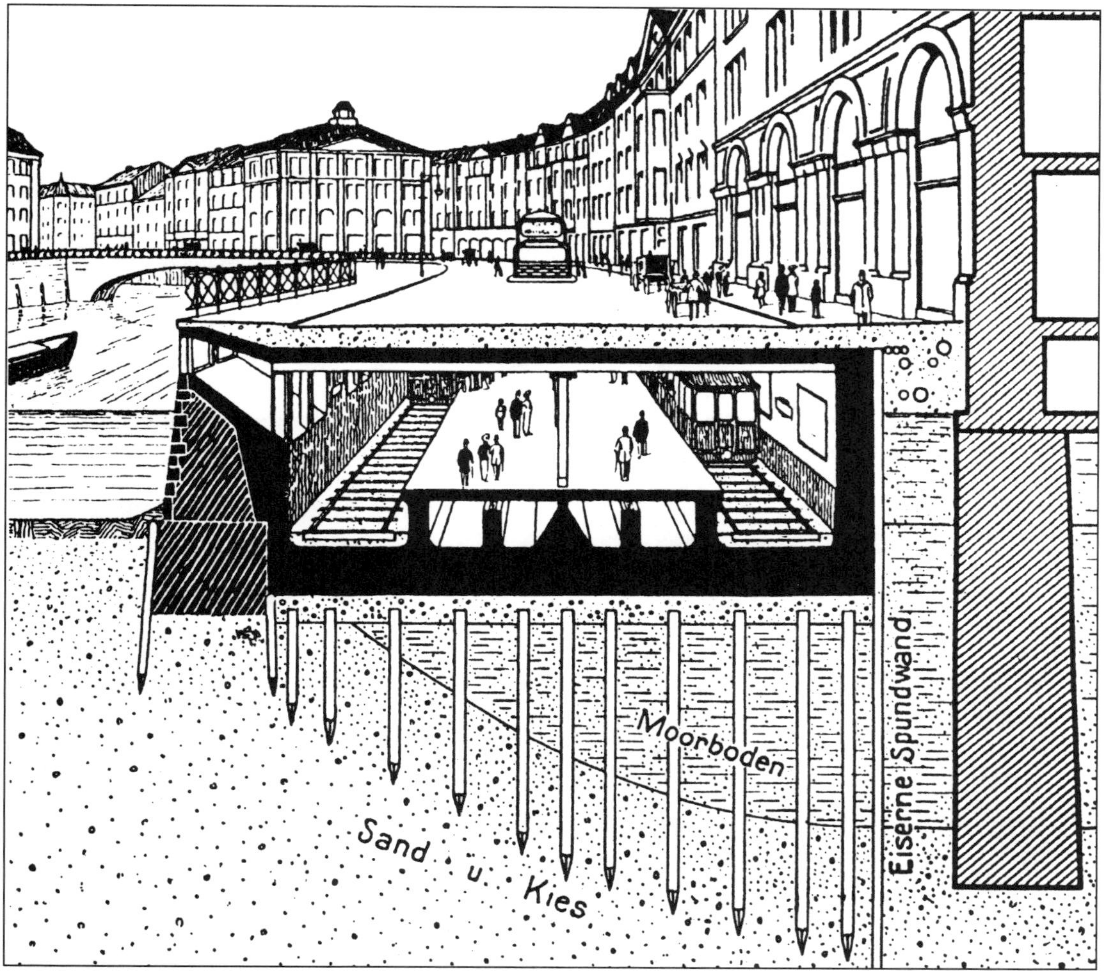

15
Schnitt durch den Bahnhof Spittelmarkt mit Ufermauer, Pfahlgründung bis in den tragenden Untergrund und eiserner Spundwand als Baugrubenbegrenzung zu den Hausfundamenten.

Hinter dem Spittelmarkt entstand der Bahnhof gleichen Namens. Er liegt unmittelbar an der Spree, zu der er sich damals in einer Art durchbrochener Galerie öffnete, die später zugemauerten Öffnungen sind auch heute noch von der Mühlendammbrücke aus zu erkennen.

Der Boden war hier sehr morastig, so daß eine Pfahlgründung notwendig wurde. Zum Schutz der wieder sehr nahe an der Baugrube stehenden Häuser auf der anderen Straßenseite rammte man dort eine Spundwand 16 m tief ein.

Trotz der immensen technischen Probleme beim Bauen in der innerstädtischen Enge benötigte man nur gut zwei Jahre für den ersten Bauabschnitt der Verlängerung. Am 1. Oktober 1908 wurde die 2,2 km lange Strecke bis zum Spittelmarkt eingeweiht. Der U-Bahn-Bau im alten Stadtzentrum hatte sich als möglich erwiesen, womit eine große psychologische Hemmschwelle durchbrochen war. Die Verkehrsbedeutung der neuen Strecke von den westlichen Vororten in die City überstieg bald die der Stammstrecke von Potsdamer Platz nach Warschauer Brücke.

Eine technische Neuheit auf dieser Strecke waren die Mittelbahnsteige. Gegenüber den bisher verwendeten Seitenbahnsteigen erwartete man Personal-

16
Zwischen Märkischem Ufer und Klosterstraße unterquert die U-Bahn-Trasse die Spree. Die historische Aufnahme zeigt die relativ flache Lage der Tunneldecke unter dem Fluß.

einsparungen, weil nun ein Angestellter beide Richtungen abfertigen konnte. Außerdem wurden Baukosten für die Treppen gespart, und schließlich erschien diese Lösung auch für die Fahrgäste übersichtlicher und angenehmer.

2.4 Der Norden bekommt eine U-Bahn

Trotz der Erfolge der Spittelmarktlinie ruhten die Aktivitäten für eine weitere Verlängerung zunächst. Erst 1913 fuhr die U-Bahn zum Alexanderplatz bzw. bis zum Nordring (Schönhauser Allee). Im März 1910 begann Siemens & Halske mit den Arbeiten an diesem zweiten und dritten Abschnitt der Innenstadtlinie, wobei wieder die Gesellschaft für den Bau von Untergrundbahnen als Spezialfirma einbezogen wurde.

Hinter dem Spittelmarkt verläuft die Trasse zunächst in unmittelbarer Nähe zur Spree, wodurch eine aufwendige Baugrubenabdichtung notwendig wurde. Zugleich war ein Gefälle auszuführen, damit der Tunnel unter das Höhenniveau des Flußbettes der Spree kam. In etwa 6,5 m Tiefe entstand der Bahnhof Inselbrücke (heute Märkisches Museum), der wegen seiner Tieflage mit einem imposanten hohen Bogen überspannt werden konnte.

Anschließend schwenkt die Trasse unter der Spree hindurch zur Klosterstraße ab, wo der gleichnamige Bahnhof entstand, der nach den damaligen Vorstellungen der Anfangspunkt einer Linie unter der Frankfurter Allee sein sollte. Der Bahnsteig war deshalb für drei Gleise geplant, was seine auffällige Breite von fast 17 m erklärt. Das nie realisierte mittlere Gleis hätten die Züge von und nach der Frank-

16

Unter der Spree hindurch

Gegen Ende des Jahres 1910 war der Streckenneubau vom Spittelmarkt in Richtung Alexanderplatz (U2) hinter dem Bahnhof Inselbrücke bis zur Spree vorgedrungen. Für deren Untertunnelung gab es bisher nur den Stralauer Tunnel als Vorbild, der im sogenannten Schildvortrieb erbaut worden war. Nach vielfachen Diskussionen entschloß man sich jedoch, zwischen Märkischem Museum und der Klosterstraße in offener Bauweise weiterzuarbeiten, weil der Tunnel so relativ flach unter dem Fluß liegen konnte. Die Wassertiefe beträgt hier etwa 3,5 m, die tiefste Stelle des 125 m langen Tunnels liegt etwa 11 m unter dem Wasserspiegel.

Da aber die Spree ein fließendes Gewässer ist und auch der Schiffsverkehr nicht behindert werden durfte, verlangte die offene Ausführung den Bau in zwei Abschnitten. Zunächst begrenzte man den südlichen Flußabschnitt mit Fangdämmen, die aus zwei Spundwänden bestanden, in deren Zwischenraum Lehm eingestampft wurde. Eine dritte Spundwand stand zusätzlich innerhalb der Fangdämme. Der so entstandene Bauraum wurde durch Abpumpen des Fluß- und Grundwassers trockengehalten. Nach dem Ausschachten entstand der Tunnel als stark bewehrte Betonröhre mit 1 m Wand- und 1,3 m Sohlenstärke. Vier Lagen bituminöse Pappe dichten den Tunnel ab. Eine weitere Betonschicht sichert die Abdichtung gegen mechanische Verletzungen. Im Flußbett schützen außerdem Eisenbleche und eine Lage Basaltschotter gegen Beschädigungen, etwa durch Schiffsanker. Das offene Ende des Tunnels erhielt eine provisorische Doppelwand.

Die nördliche Tunnelhälfte sollte nun anschließend in der gleichen Weise ausgeführt werden, wobei allerdings der wassergeschützte Bauraum das Ende des schon fertigen südlichen Tunnelstutzens umfassen mußte, denn im zweiten Bauabschnitt mußten ja beide Teile miteinander verbunden werden. Oberhalb und seitlich des Tunnelstutzens gelang die Abdichtung auch, aber das Wasser hatte einen Weg unterhalb des fertigen Tunnelstücks gefunden. Allmählich unterspülte das Wasser die Bettung des Tunnels, der schließlich etwa 16 m von seinem provisorischen Ende entfernt brach. Durch die Bruchstelle gelangte das Wasser in die fertigen Tunnelröhren bis zum Leipziger Platz vor, der Betrieb mußte für fast eine Woche eingestellt werden. Menschen kamen bei diesem Unglück nicht zu Schaden.

Als Konsequenz aus dem Wassereinbruch führte man dann einen dritten Bauabschnitt aus. Nachdem der nördliche Tunnelstutzen fertig war, entstand in der Mitte des Flusses ein Ringfangdamm, in dieser Insel-Baugrube wurden dann das gebrochene Tunnelstück repariert und anschließend beide Tunnelenden miteinander verbunden.

Eine weitere Konsequenz aus dem Unglück war der Einbau von Wehrkammern für diesen und alle späteren Unterwassertunnel. Bei einem eventuellen Wassereinbruch kann so der Schaden örtlich begrenzt werden.

17
An allen Unterfahrungen der Spree oder der verschiedenen Kanäle befinden sich Wehrtore. Im geschlossenen Zustand verhindern sie im Falle eines Wassereinbruchs, daß größere Abschnitte des Tunnelsystems geflutet werden. Das Foto zeigt eines der wenigen Wehrtore, die hochgeklappt waagerecht an der Tunneldecke anliegen. Überwiegend stehen die Tore senkrecht über dem Tunnel und werden gerade heruntergefahren.

furter Allee befahren, wodurch ohne Treppenbenutzung eine bequeme Umsteigemöglichkeit entstanden wäre. Spätere Planänderungen verhinderten aber diese Lösung. Das mittlere Gleis und seine Tunnelöffnungen sind heute abgedeckt. Die Rampen für eine kreuzungsfreie Trennung beider Linien im anschließenden Tunnel wurden 1910/11 mit errichtet. Der Tunnel zwischen Klosterstraße und der Linie unter der Frankfurter Allee kam aber erst in den fünfziger Jahren zustande, als die Ostberliner U-Bahn eine Verbindung zwischen ihren beiden Linien (heute U2 und U5) benötigte.

Auf dem Weg zum Alexanderplatz waren in den Jahren 1911 bis 1913 wieder Hausunterfahrungen notwendig, die betroffenen Gebäude stehen jedoch heute nicht mehr. Da die Pläne für die heutige U5 unter der Frankfurter Allee damals schon existierten, entstand auf dem Bahnhof Alexanderplatz mit dem heutigen Bahnsteig der U2 auch der Unterbau für den Ost-West-Bahnsteig (heute U5). Aus dem gleichen Grund erhielt der Nord-Süd-Bahnsteig außergewöhnliche 16m Breite, um später die Umsteigetreppen anordnen zu können. 19

18

18
Auf dem Bahnsteig des ursprünglich dreigleisig geplanten Bahnhofs Klosterstraße ist noch heute die Bahnsteigkante für das dritte Gleis zu sehen.

19
Umsteigeverkehr auf dem ältesten Bahnsteig (U 2) der heute umfangreichen Bahnhofsanlage unter dem Alexanderplatz.

1
2
Fahrausweise

21

20
Der Hochbahnhof Danziger Straße (heute Eberswalder Straße) am 3. August 1913, dem Tag seiner Eröffnung.

21
Mit Oberlichtern und überwiegend geschlossenen Seitenwänden unterscheiden sich die Hochbahnhöfe der Pankower Strecke deutlich von den älteren Konstruktionen auf der Stammstrecke.

So vorausschauend der U-Bahn-Bau in Berlin und speziell am Alexanderplatz auch betrieben wurde, so gab es damals doch für die heutige U8 keine Vorbereitungen, weil die Streckenführung noch anders geplant war. Auch eine immer wieder diskutierte U-Bahn nach Weißensee fand keine Berücksichtigung. Dadurch waren von 1926 bis 1930 nochmals erhebliche Umbauten notwendig, erst in dieser Zeit erhielt die Bahnhofsanlage ihre heutige Form.

Im weiteren Verlauf führt die Strecke der heutigen U2 vom Alexanderplatz zur Schönhauser Allee durch das sogenannte Scheunenviertel. Hier kombinierte man U-Bahn-Bau mit Stadtsanierung, bei der Anlage neuer Straßenzüge waren die Belange des Bahnbaus bereits berücksichtigt und die eigentlichen Tunnelarbeiten erheblich erleichtert worden. Zum Beispiel waren bereits 1907 300 m Tunnel im Zuge des Straßenbaus vorsorglich mitgebaut worden.

Hinter dem Bahnhof Schönhauser Tor (Rosa-Luxemburg-Platz) war unter der heutigen Torstraße eine eventuelle spätere Streckenkreuzung geplant. Die unterirdische Brückenkonstruktion für diese Kreuzung wurde zwar eingebaut, aber nie benutzt.

Die anschließenden Tunnelabschnitte in der Schönhauser Allee verursachten keine Probleme, weil die Straße ausreichend breit ist. Am Bahnhof Senefelder Platz war sogar Platz für ein seitlich vom Bahnsteig angeordnetes unterirdisches Gleichrichterwerk, in dem Wechselstrom zu Gleichstrom für die Stromschiene umgeformt wird.

Die letzten Viadukte

Im weiteren Verlauf steigt die Trasse dann über eine Rampe wieder zu einer Hochbahnstrecke an. Mittlerweile bevorzugte man zwar die unterirdische Streckenführung, doch hatte, wie schon erwähnt, die Hochbahngesellschaft die preiswertere Hochbahn an dieser Stelle stets als Kompensation für den teuren unterirdischen Bau zwischen Potsdamer Platz und Alexanderplatz verlangt.

22

Auf dem Viadukt in der Schönhauser Allee.

23

Majoliken im südlichen Eingangsbereich des Bahnhofs Klosterstraße.

Der Viadukt in der Schönhauser Allee unterscheidet sich deutlich von seinen Vorgängern in Kreuzberg. Man verwendete durchgängig genietete Vollwandträger für die Eisenkonstruktion und baute in einem sachlich-funktionalen Stil ohne Schmuckelemente. Wie schon am Gleisdreieck erhielten die Stahlhallen der Bahnhöfe Nordring (Schönhauser Allee) und Danziger Straße (Eberswalder Straße) keine seitlichen Fenster, dafür jedoch Oberlichter.
Erstmals gab es auf einer längeren Strecke durchgehend sachliche Bahnhofsgestaltungen im Stile von Grenander. Wie schon am Wittenbergplatz, so hatte er aber auch hier ein Schmuckkästlein eingefügt. Den südlichen Eingang am Bahnhof Klosterstraße versah er mit Bildschmuck und Majoliken, die seit der Restaurierung in den achtziger Jahren wieder zu betrachten sind.

2.5 Die erste stadteigene U-Bahn, aber nicht in Berlin

Privatwirtschaftliche U-Bahn-Erbauer oder -Betreiber interessieren sich natürlich nur für verkehrsreiche, damit lukrative und damit rentierliche Strecken. Oder sie suchen zumindest finanzielle Garantien für ihre Rendite, wie dies in Westend der Fall war. Mit beiden Kriterien stand es in Schöneberg schlecht. Die Gemarkung war nur dünn besiedelt, potente Investoren gab es nicht. Schöneberg nahm sein Schicksal selbst in die Hand und baute die erste städtische, also öffentlich-rechtliche U-Bahn im Großraum Berlin.

Die Idee war erstmals im Winter 1902/03 in der Stadt Schöneberg diskutiert worden. Bald begannen erste Gespräche mit der Hochbahngesellschaft. Doch die Interessen beider Partner stimmten nicht überein.

Schöneberg wollte das eigene Territorium mit der Bahn erschließen, diese Bahn am Nollendorfplatz mit der Stammstrecke verbinden und sich schließlich auch eine Möglichkeit der Fortführung über Nollendorfplatz durch die Motzstraße in das Berliner Zentrum erhalten. Die kühnsten Überlegungen reichten dabei bis nach Weißensee. Gerade die Motzstraße benötigte aber auch die Hochbahngesellschaft für die damals im Planungsstadium befindliche Verstärkungsstrecke Gleisdreieck–Kurfürstenstraße–Nollendorfplatz. Außerdem hielt sie eine Einfädelung von Schöneberger Zügen in die Stammstrecke am Nollendorfplatz überhaupt nicht für sinnvoll.

Da die Einigung nicht zustande kam, beschloß Schöneberg die U-Bahn mit der heutigen Linienbezeichnung U4 in eigener Regie zu bauen. Und zwar zunächst auf dem Abschnitt Nollendorfplatz–Hauptstraße (Innsbrucker Platz) und – ebenfalls zunächst – ohne Einfädelung in die Stammstrecke der Hochbahngesellschaft.

Der erste Spatenstich fand am 8. Dezember 1908 unter großer Anteilnahme der Schöneberger Bevölkerung in volksfestähnlicher Atmosphäre statt. Der Bauauftrag war wiederum der Firma Siemens & Halske übertragen worden, die bei diesem Vorhaben auch tatsächlich alle Arbeiten selbst ausführte und mit Ausnahme der Abdichtungsarbeiten keine Subunternehmer band.

Die Gelder für die neue U-Bahn stammten in der Anfangszeit aus der sogenannten Stadtparkanleihe, die für den Ausbau des heutigen Rudolph-Wilde-Parks am Schwarzen Graben aufgenommen worden war. Dies war im Grundsatz eine Zweckentfremdung, die aber offensichtlich von der Öffentlichkeit akzeptiert wurde. Eine gewisse Verbindung beider Projekte war immerhin gegeben, da man mit dem Aushub für die Tunnelbauten die ersten Ter-

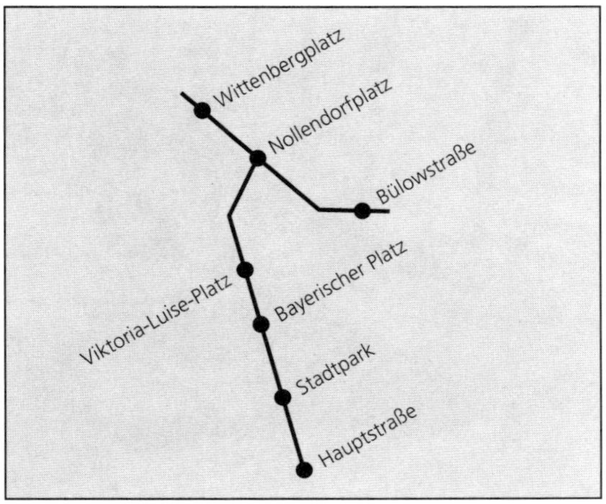

24
Die U-Bahn-Strecke nach Schöneberg (heute U 4) wurde am 1. Oktober 1910 eingeweiht. Am Nollendorfplatz gab es damals noch keine gemeinsamen Bahnsteige mit der Stammstrecke der Hochbahn.

raingestaltungen am zukünftigen Park vornahm. Später gab es dann eine „echte" Untergrundbahnanleihe.

Verbesserte Bauweisen

Auch in Schöneberg arbeitete man mit dem sogenannten Berliner Verbau, der hier jedoch einige Abwandlungen erfuhr (Wiedergewinnung der Doppel-T-Träger, Baugrubenabdeckung). Neu organisiert wurde bei diesem Bauvorhaben auch der Abtransport des ausgehobenen Erdreiches. Hierzu diente eine Lorenbahn in der Baugrube selbst. Benzolgetriebene Lokomotiven zogen die Wagen mit dem Aushub rückwärts aus der Baugrube zum Fenngelände am Schwarzen Graben.

Mehr als die Hälfte der Tunnel dieser Strecke liegen im Grundwasser, teilweise bis zu 7 m tief. In diesen Abschnitten saugten Pumpen während der Arbeiten das Wasser ab. Auf einer 15 cm dicken ersten Betonschicht der Tunnelsohle baute man die Dichtung gegen das Wasser aus drei Lagen imprägnierter Pappe und sieben Isolieranstrichen auf. Weitere 5 cm Beton schützten zunächst diese Dichtung. Die letzte Lage aus 80 cm Stampfbeton brachte dann die notwendige Stabilität, aber vor allem das notwendige Gewicht. Denn nach der Fertigstellung wurden die Pumpen abgeschaltet, wodurch die Tunnel heute im Grundwasser liegen und einem erheblichen Auftrieb ausgesetzt sind.

Auf der Betonsohle entstand als nächster Schritt eine eiserne Skelettkonstruktion aus Seiten- und Mittelstützen sowie Querträgern, die nach dem damaligen Stand der Technik noch miteinander verschraubt werden mußten. Die Technik des Verschweißens setzte sich erst später durch. Die Wände und die Decke dieser Konstruktion wurden anschließend, jeweils mit ihrer Dichtung gegen das Wasser, betoniert. In der Mischung aus Stahlträgern

25
Schöneberger Baugrube mit Lorenbahn. Oben die Querversteifung des Berliner Verbaus.

26

26
U-Bahn-Baustelle am Bayerischen Platz.

und Betonwänden sind unschwer die Erfahrungen aus der Niederwallstraße in der Berliner Stadtmitte wiederzuerkennen.

Aufwendige Gründung

Eine bautechnische Besonderheit stellt der Bahnhof Stadtpark (Rathaus Schöneberg) dar. Er liegt mitten im Schwarzen Graben und damit auf sehr morastigem Boden. Üblicherweise wurden solche nichttragfähigen Untergründe mit abgeteuften Holzpfählen, die eine dicke Betonplatte trugen, überbaut. Hier fürchte man aber, der moorsaure Boden würde eine solche Konstruktion auf Dauer zerstören. Deshalb wurden quer zum Graben eiserne Spundwände bis in den tragenden Grund gerammt, die drei Arbeitskammern von 1,50 m Breite ausbildeten. Aus diesen Kammern förderte man den Moorboden, legte eine Schicht Klinker seitlich sowie als Sohle und baute hierauf die Dichtung. Der anschließend verfüllte Beton kommt also nicht mit dem Wasser in Berührung. Die so gebildeten drei Betonmauern tragen dann die Eisenbeton-Gründungsplatte des Bahnhofs.

Nach nur zwei Jahren Bauzeit konnte die 3 km lange Strecke am 1. Dezember 1910 in Betrieb genommen werden. Nach Kaiser- und Ministerfahrt auf den anderen Strecken fand die Eröffnung hier allerdings in zurückhaltenderem Rahmen statt. Sie war überschattet vom Tod des Schöneberger Bürgermeisters Rudolph Wilde, der sich für den Bau der Bahn besonders engagiert hatte und dessen Namen heute die Parkanlage am Schwarzen Graben trägt.

Da noch immer die Idee existierte, die Schöneberger U-Bahn-Züge in die Stammstrecke einzufädeln, waren alle betrieblichen Einrichtungen, speziell die Abmessungen der Tunnel, auf die Betriebs- und Verkehrsorganisation der Hochbahngesellschaft

27
Bis in die zwanziger Jahre gab es am Nollendorfplatz keine Gleisverbindung zwischen der Hochbahn und der Schöneberger Bahn. Durch den überdeckten Gang, rechts im Bild, stiegen die Fahrgäste von einer Linie zur anderen um. Auf dem Foto von 1921 steht bereits der Bauzaun für den Umbau.

27

abgestimmt. Die Tunnel sind in den lichten Maßen auf der graden Strecke 6,24 m breit und 3,30 m hoch. Alle Bahnhöfe erhielten etwa 13 m breite Mittelbahnsteige und nur jeweils an einem Ende einen Zugang. Zunächst war ein Verkehr mit 3-Wagen-Zügen vorgesehen, weshalb 45 m Bahnsteiglänge ausreichend erschienen, jedoch war eine Verlängerung auf 95 m vorbereitet.

Bahnhofsgestaltung

Der südlichste neue Bahnhof, Hauptstraße (Innsbrucker Platz), der bis heute die Endstation der Linie U4 ist, sollte eigentlich nicht das Ende dieser Strecke sein, was dann auch seine eher schlichte Gestaltung erklärt. An den Bahnhof schlossen sich stadtauswärts drei sogenannte Kehrgleise und die Zufahrt zur heute nicht mehr vorhandenen Betriebswerkstatt an. Wegen des nicht zustande gekommenen gemeinsamen Betriebes mit der Hochbahngesellschaft mußte die Schöneberger U-Bahn völlig autark betrieben werden. Dazu gehörten eigene Wagen, ein eigenes Umformerwerk für die Umwandlung des vom Elektrizitätswerk Südwest am Tempelhofer Weg gelieferten 6600 V-Drehstroms zu 780 V Gleichstrom und die bereits erwähnte eigene Betriebswerkstatt. Durch den Bau des Stadtautobahntunnels am Innsbrucker Platz 1971, das sei hier in einem weiten zeitlichen Vorgriff erzählt, mußte die Kehranlage stillgelegt werden, zeitgleich entstand im Rohbau ein zweiter Bahnsteig am Innsbrucker Platz, der Bestandteil der Pläne einer U10 ist.

Der architektonisch interessanteste Bahnhof auf dieser Strecke war und ist sicherlich Stadtpark (Rathaus Schöneberg). Er liegt genau in der Senke, die durch den Schwarzen Graben gebildet wird. Die U-Bahn erreicht hier das Tageslicht, ohne daß die Strecke aufwärts geführt werden mußte. Durch die seitliche Verglasung hat der Fahrgast einen überraschenden Ausblick in die Parkanlage. Über dem

Kehrgleise

An vielen Unterwegs- und Endbahnhöfen im Berliner U-Bahn-Netz gibt es sogenannte Kehrgleise, die zum Richtungswechsel der an der jeweiligen Station endenden Züge dienen.

Nachdem die Fahrgäste aus dem ankommenden Zug ausgestiegen sind, befährt der Zug ein Abstellgleis im Tunnel, daß er anschließend umgekehrt – daher der Name – wieder verläßt. Über Weichen wird er dabei auf die Bahnsteigkante in Gegenrichtung geführt und steht dann dort zur Abfahrt bereit.

28

28
Historisches Foto der heute nicht mehr vorhandenen Kehranlage hinter dem Bahnhof Innsbrucker Platz, rechts führte ein Gleis zur Betriebswerkstatt weiter.

Bahnhof verläuft längs die Innsbrucker Straße, deren notwendige Breite hier die besondere Bahnsteigbreite von 16,20 m zur Folge hatte.

Umsteigebahnhof vorbereitet

Am Bahnhof Bayerischer Platz nahm man schon bei der Erbauung ein erhöhtes Verkehrsaufkommen an, weshalb er sofort mit 95 m Länge gebaut wurde. Einerseits gab es schon damals eine dichte Bebauung rund um den Platz, andererseits hatten die Aufsichtsbehörden hier die Vorbereitung eines Umsteigebahnhofes vorgesehen. Die Schöneberger erhielten deshalb die Auflage, den Bahnhof Bayerischer Platz als Brücke auszuführen. Diese Brücke lag zunächst völlig nutzlos im Erdreich und kostete damals 70.000 Mark zusätzlich, doch beim Bau der heutigen U7, die hier heute die U4 kreuzt, zahlte sich diese Vorleistung aus.

Der nächste Bahnhof in Richtung Norden, Viktoria-Luise-Platz, erhielt eine gediegene Gestaltung, passend zur oberirdischen Architektur. Wesentlich einfacher war dann wieder die Bauweise am Nollendorfplatz. Das heute nicht mehr existierende Bahnhofsbauwerk sollte schließlich nur provisorischer Endpunkt sein, entweder für eine eigenständige Verlängerung oder für eine Einfädelung in die Stammstrecke der Hochbahngesellschaft. Als Übergang zur Hochbahn diente damals ein überdachter Gang am östlichen Ende des Untergrundbahnsteigs nach Schöneberg, ein unmittelbarer Ausgang zur Oberfläche befand sich außerdem an dessen Westende. Mit dem Bau der Entlastungsstrecke (über Kurfürstenstraße, Fertigstellung 1926) für die Hochbahn wurde auch die Bahnhofsanlage am Nollendorfplatz völlig umgestaltet.

Die Stadt Schöneberg war zwar Initiator, Bauherr und Eigentümer der Strecke zur Hauptstraße (Innsbrucker Platz), übertrug jedoch deren Betrieb auf die Hochbahngesellschaft. Dadurch sparte man den Aufbau eines eigenen Verkehrsbetriebes und nutzte

29
In der Senke des Schwarzen Grabens liegt der Bahnhof Rathaus Schöneberg, die seitlichen Fenster bieten schöne Ausblicke auf den Rudolph-Wilde-Park.

30
Die Bahnhöfe der Schöneberger Strecke erhielten nur an einer Seite Zugänge, auf deren Gestaltung allerdings Wert gelegt wurde.

29

30

die mittlerweile eingespielte Organisation der Hochbahngesellschaft. Der Betrieb der Hoch- und Untergrundbahnen im Großraum Berlin blieb ein einheitliches Ganzes. Da außerdem eine Tarifgemeinschaft vereinbart wurde, waren die verschiedenen Besitzverhältnisse für den Fahrgast überhaupt nicht zu bemerken.

2.6 Wilmersdorfer und Dahlemer Bahn

Bei allen bisher beschriebenen Streckenneubauten bzw. -verlängerungen existierte bereits ein Verkehrsbedürfnis oder wurde doch zumindest in absehbarer Zeit erwartet. Jede neue Strecke bedeutete deshalb mehr Fahrgäste und damit auch mehr Einnahmen aus dem Fahrscheinverkauf. Unter den damaligen Verhältnissen, die ja noch durch einen sehr geringen Autoverkehr gekennzeichnet waren, konnte die Hochbahngesellschaft allein aus diesen Mitteln die Investitionen refinanzieren und zugleich den Aktionären eine Dividende zahlen. Wo dies nicht gesichert war, traten, wie schon gezeigt, andere für eventuelle Verluste ein, in Westend etwa die

31

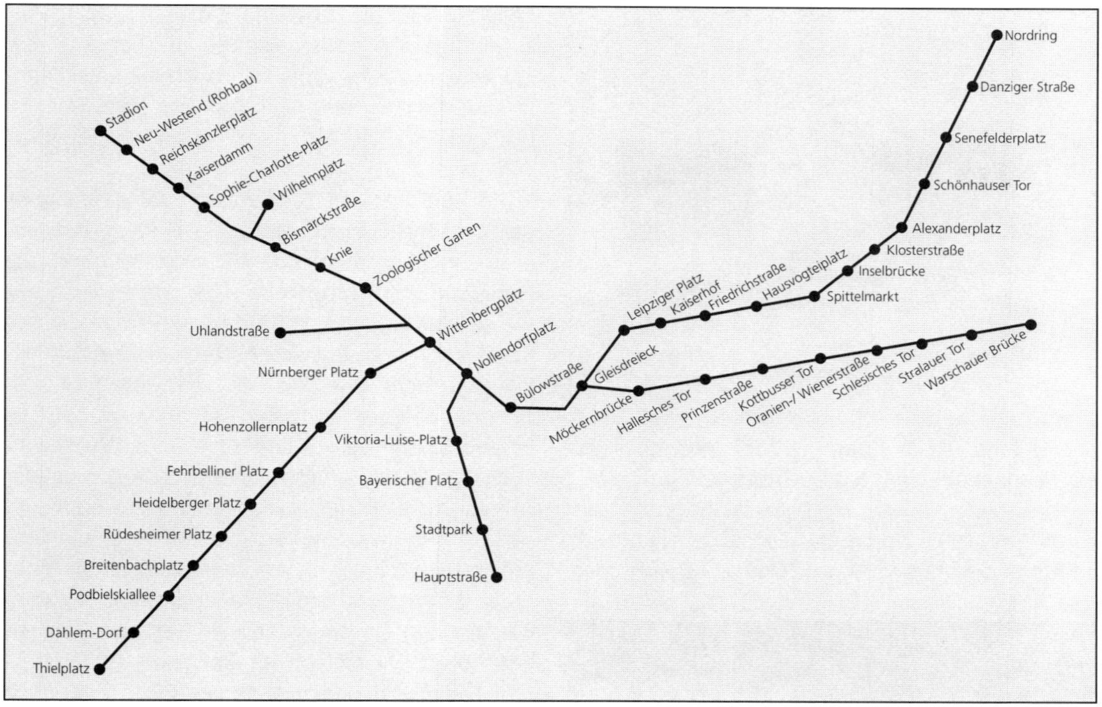

31

Als letzte Teilstücken vor dem ersten Weltkrieg wurden am 12. Oktober 1913 die Erweiterungen nach Uhlandstraße (heute U15) und Thielplatz (heute U1) in Betrieb genommen. Der gesamte Verkehr in Ost-West-Richtung mußte über den Abschnitt Nollendorfplatz–Bülowstraße–Gleisdreieck geführt werden, die Entlastungsstrecke über Kurfürstenstraße (heute Teil der U1) war damals schon im Bau, wurde jedoch erst in der Weimarer Republik fertig.

Neu-Westend-Gesellschaft oder in Schöneberg die Stadt Schöneberg als Eigentümer.

Für den Betriebsdienst brachte die vermehrte Anzahl von Fahrgästen aber auch erhebliche Probleme. Man hatte nun im Westen die drei „Äste" von Westend und dem Wilhelmplatz (Richard-Wagner-Platz) in Charlottenburg sowie von Schöneberg. Im Osten bzw. Norden standen diesen die Stammstrecke von Warschauer Brücke und die Innenstadtlinie von Nordring (Schönhauser Allee) gegenüber. Die Fahrgäste aus allen Richtungen bündelten sich aber wie in einem engen Flaschenhals zwischen Nollendorfplatz und Gleisdreieck (über Bülowstraße, heute U2) auf einer einzigen Strecke, deren Überlastung damals schon abzusehen war. Es entstand die schon unter dem Stichwort Gleisdreieck beschriebene Idee, parallel zu dieser „Taille" eine Entlastungsstrecke über Kurfürstenstraße (heute U1) zu bauen. Neue Fahrgäste und damit neue Einnahmen waren hiermit nicht zu gewinnen, ebensowenig stand ein Geldgeber oder Verlustgarant bereit, denn mit der Strecke wurden keine neuen Gebiete erschlossen. Den Neubau der Entlastungsstrecke mußte die Hochbahngesellschaft allein finanzieren, wegen der hohen Grunderwerbskosten wurde mit 20 Millionen Mark gerechnet. Man versuchte deshalb, einen Zuwachs an Fahrgästen an anderen Stellen zu erreichen, aus diesen Plänen gingen dann schließlich die heutige U15 zur Uhlandstraße und der südliche Teil der U1 hervor.

Im Sommer 1907 trat die Hochbahngesellschaft an die Stadtgemeinde Wilmersdorf mit einem neuen U-Bahn-Projekt in Richtung Südwesten heran. Danach wollte die Hochbahngesellschaft eine Strecke bis zum Nürnberger Platz bauen, wenn Wilmersdorf gleichzeitig auf eigene Kosten die Anschlußstrecke bis Rastatter Platz (Breitenbachplatz) ausführen würde. Die noch junge, aber aufstrebende Stadt Wilmersdorf war an der heutigen Bundesallee, am Hohenzollerndamm und am Fehrbelliner Platz bereits gut besiedelt, hatte aber keine Schnellbahnanbindung in die Berliner

32
Das innere des repräsentativen Zugangsgebäudes am Wittenbergplatz nach einer zeitgenössischen Zeichnung.

33
Die Bahnhofshalle nach der stilgerechten Sanierung in den achtziger Jahren.

32

Innenstadt. Da man sich außerdem seit 1899 selbst mit U-Bahn-Plänen trug, fiel der Vorschlag der Hochbahngesellschaft auf fruchtbaren Boden.

Unterstützend kam die Entwicklung in Dahlem hinzu. Seit 1901 wurde die ursprünglich landwirtschaftlich genutzte Königliche Domäne Dahlem parzelliert und für die Bebauung vorbereitet. Die hierfür zuständige Königliche Kommission hatte großes Interesse an einem Schnellbahnanschluß und stimmte einer Verlängerung von Rastatter Platz (Breitenbachplatz) bis Thielplatz auf ihre, d.h. auf Staatskosten, bald zu.

33

Im südlichen Wilmersdorf und auf dem Gebiet der Domäne Dahlem hatte die U-Bahn also vor allem siedlungsfördernden Charakter, denn die Bebauung war noch gering. Hier gab es auch nur wenig Auseinandersetzungen um die genaue Streckenführung. Das war nördlich des Fehrbelliner Platzes anders, denn die Strecke mußte hier über Charlottenburger Territorium geführt werden. Charlottenburg sah aber Wilmersdorf – und perspektivisch wohl auch Dahlem – als Konkurrenten bei der Ansiedlung einkommensstarker Bewohner an und versuchte deshalb, die neue Strecke zu verhindern. Die Auseinandersetzungen waren äußerst langwierig und führten schließlich sogar zur (abgelehnten) Beantragung einer einstweiligen Verfügung gegen das Projekt. Die vielfältigen Einwände, Änderungsvorschläge und Stellungnahmen sollen hier nicht wiedergegeben werden, zumal sie alle nicht wirksam wurden, weil sich der allererste Vorschlag – wieder einmal – am Ende durchsetzte. Als Charlottenburg im Sommer 1910 endlich einlenkte, hatte es als Gewinn aus dem Verhandlungspoker die Zusage für eine ursprünglich gar nicht geplante Strecke unter dem Kurfürstendamm (heute U15 zur Uhlandstraße) und damit einen nennenswerten Gewinn, wie die spätere Entwicklung dieses damals im Werden begriffenen Geschäftszentrums zeigt. Bautechnisch verlangten die nun zwei neuen Verlängerungen einen völligen Umbau des Bahnhofs Wittenbergplatz.

Umbau am Wittenbergplatz

Die Arbeiten begannen im Sommer 1910, also gerade sechs Jahre nach Fertigstellung des ersten Bahnhofs an dieser Stelle.

Der alte, 1902 eröffnete Bahnhof Wittenbergplatz hatte dem damaligen Standard entsprechend zwei Seitenbahnsteige. Jetzt wurden sechs Gleise vorbereitet, jedoch zunächst nur fünf davon ausgeführt. Da der Betrieb von und nach Charlottenburg nicht behindert werden sollte, legte man zunächst

34

34
Das Bahnhofsgebäude am Wittenbergplatz mit Blick zur Gedächtniskirche, Situation nach dem Umbau von 1910–13. Längs zur Tauentzienstraße befinden sich die Eingänge, im nördlichen und südlichen Quergebäude führen die Treppen zu den nebeneinander liegenden drei Bahnsteigen hinab.

beiderseits der befahrenen Tunnel die neuen Bahnsteige an und verschwenkte anschließend die Westend-Gleise auf diese neue Führung. Danach wurden die mittleren Tunnelabschnitte erneuert und die Stammbahn wieder in ihre alte Lage gebracht, wodurch die Züge nach Westend/Ruhleben heute die inneren Gleise befahren. Im Richtungsverkehr am gleichen Mittelbahnsteig verkehren die Züge von und nach Wilmersdorf/Dahlem. Diese Trasse verläuft zunächst gemeinsam mit der Stammbahn und schwenkt dann unter dem Gleis von Westend hindurch in die Nürnberger Straße.

Ganz außen auf dem Bahnhof Wittenbergplatz fahren die Züge von und nach Uhlandstraße vom südlichen Seitenbahnsteig. Der zweite (nördliche) Seitenbahnsteig wurde zwar vorbereitet, aber nie ausgeführt.

Mit dem Umbau des Bahnhofes sollte auch die oberirdische Platzanlage völlig neu gestaltet werden. 1909 legte Alfred Grenander erste Entwürfe für den Bahnhofsneubau und die Platzgestaltung vor. Vielleicht mehr als Demonstration ihrer Eigenständigkeit als aus Ablehnung der Grenanderschen Planungen traten die Städte Wilmersdorf und Charlottenburg noch im gleichen Jahr mit jeweils eigenen Vorstellungen an die Öffentlichkeit. Grenanders Projekt mit einer sehr aufwendig gestalteten Eingangshalle war zwar heftig umstritten, doch am 28. Oktober 1909 hatte der königliche Polizeipräsident den Bau ausdrücklich empfohlen, und dieser Empfehlung wagte sich niemand zu widersetzen. Die architektonische Gestaltung des U-Bahnhofs sollte in „hervorragend vornehmer Weise" ausgeführt werden und entsprach damit der neuen Bestimmung des Wittenbergplatzes als exklusives Geschäftszentrum des Westens. Das repräsentative Eingangsgebäude gliederte sich in einen zeltdachüberspannten Mittelbau mit fast quadratischem Grundriß und vier niedrigeren seitlichen Querarmen mit Giebelabschluß. Säulen schmückten die beiden Eingangsbereiche und erzeugten jeweils den Eindruck eines Portikus. Das neoklassizistische Gebäude ermöglicht durch seine Gliederung eine klare Abgrenzung der einzelnen Verkehrsbereiche. Der Zugang von der Straße ist über die in Ost-West-Richtung liegenden Flügel organisiert. Die großzügige Bahnhofshalle wird

35
Hinter dem Bahnhof Wittenbergplatz schwenkt die Wilmersdorfer Bahn unter der Strecke nach Westend und Uhlandstraße hinweg in die Nürnberger Straße. Das Bild zeigt den Beginn des Gefälles in Richtung Wilmersdorf, rechts das Gleis nach Westend/Ruhleben

durch den Mittelbau und die Nord-Süd-Gebäude gebildet, von hier gelangt man zu den Bahnsteigen. Im gesamten Innenraum sowie auf den Bahnsteigen finden sich zahlreiche Beispiele und Details der für Grenander so typischen Architekturauffassung – einer Verbindung von Zweckmäßigkeit und Ästhetik.

Das Bahnhofsgebäude wurde im zweiten Weltkrieg stark beschädigt und später zunächst nur sehr vereinfacht wieder aufgebaut. Speziell die innere Gestaltung im sachlichen, ja fast kahlen Stil der Wirtschaftswunderjahre lehnten viele Berliner ab. Nach einer sensiblen Sanierung in den achtziger Jahren präsentiert sich die Anlage nun wieder in Grenanders ursprünglicher Intention.

Bahnhofspaläste in Wilmersdorf

Kehren wir zum Baugeschehen des Jahres 1910 zurück.

Hinter dem Bahnhof Wittenbergplatz senkt sich die Strecke nach Wilmersdorf ab und schwenkt dann unter den Gleisen in Richtung Zoologischer Garten und Kurfürstendamm in die Nürnberger Straße ein. Der Kurvenführung stand allerdings zunächst die Eckbebauung im Wege. Man hätte das Gebäude nun unterfahren können, doch der Eigentümer fand es lukrativer, mit einem kräftigen finanziellen Zuschuß der Hochbahngesellschaft die alte Substanz abzureißen und an der gleichen Stelle den Tauentzien-Palast zu errichten. Im Gegenzug durfte der U-Bahn-Tunnel zeitgleich in den Fundamenten des Neubaus errichtet und später betrieben werden.

35

Der erste Bahnhof war damals Nürnberger Platz, der jedoch heute, nach dem Bau der U9, nicht mehr vorhanden ist. An dieser Stelle wechselte zwar der Bauherr der Strecke, nicht jedoch der Baubetrieb. Denn die Vereinbarung zum Bau der Wilmersdorfer-Dahlemer-Bahn lautete dahin, daß Wilmersdorf und Dahlem ihre jeweiligen Streckenabschnitte zwar auf eigene Kosten errichteten, die Ausführung jedoch Siemens & Halske bzw. die Gesellschaft für den Bau von Untergrundbahnen komplett übernahmen. Der Wechsel des Bauherrn zeigt sich bis heute an der Ausgestaltung der Stationen. Während – maßgeblich beeinflußt vom Architekten Grenander – bei der Hochbahngesellschaft zunehmend der sachliche Stil bevorzugt wurde, setzte Wilmersdorf auf eine üppige, ja man muß wohl sagen beinahe überladene Gestaltung der Bahnhöfe. Man hatte Geld in Wilmersdorf und wollte es auch zeigen. Zu besichtigen ist die alte Pracht auf den Bahnhöfen Hohenzollernplatz, Fehrbelliner Platz (nur unterer Bahnsteig), Heidelberger Platz, Rüdesheimer Platz und Breitenbachplatz (damals Rastatter Platz). Die heute auf dieser Linie liegenden Bahnhöfe Augsburger und Spichernstraße entstanden erst in den siebziger Jahren.

Die Strecke führte bei der Erbauung unter großzügigen Alleen entlang oder sogar durch unbebautes Gebiet und konnte deshalb in einfacher, offener Weise errichtet werden. Problematisch war die Streckenführung von der Spichernstraße in den Hohenzollerndamm, da beide Straßen nicht exakt aufeinanderzuführen. Bei einer linearen Streckenführung hätten Häuser unterfahren oder niedergelegt werden müssen, wofür man dann doch Kosten und Aufwand scheute. Statt dessen entstanden hier zwei enge Kurven.

Südlich des Fehrbelliner Platzes mußte das Fenn durchquert werden. Hierbei handelt es sich um die Fortsetzung des von einem alten Spreearm gebildeten Sumpfgeländes, das schon auf der Schöneberger Strecke erheblichen Aufwand verursacht hatte.

36

36
Imposante Gewölbe am Bahnhof Heidelberger Platz, der wegen der unmittelbar anschließenden Unterquerung der Ringbahn in etwa 8,50 m Tiefe liegt.

37

37
Deckenkonstruktion am Bahnhof Breitenbachplatz.

38

38
Bahnhof Hohenzollernplatz mit Wandbildern zur Geschichte des Geschlechts der Hohenzollern.

Der tragfähige Boden fand sich hier in 15 bis 20 m Tiefe. Eine Pfahlgründung mit rund 1200 Pfählen trägt Brücke, in deren Untergeschoß die U-Bahn fährt. Auf der oberern Brückenebene verläuft die Barstraße, die Konstruktion ist insofern ein Pendant zum Bahnhof Rathaus Schöneberg auf der heutigen U4, jedoch hier ohne Bahnhof. Die ursprünglich sehr repräsentative Anlage mit Wandelgängen verlor später ihren Schmuck und liegt heute fast unsichtbar hinter Buschwerk verborgen.

Am Breitenbachplatz erreichte die neue Strecke das Territorium der Domäne Dahlem, womit aber-

Im Einschnitt nach Dahlem

39
Die Barstraße und darunter die U-Bahn überqueren gemeinsam den Schwarzen Graben. Im Foto von 1950 sind die Seitenwände der U-Bahn-Trasse noch offen. Die Brücke ist heute fast völlig zugewuchert.

40
Auf Dahlemer Gebiet bot sich die kostengünstige Bauweise als Einschnittbahn an, da das Gelände damals noch überwiegend unbesiedelt war.

41
Historische Aufnahme der U-Bahn im Grünen am Thielplatz.

39

40

mals ein neuer Bauherr mit eigenen Ideen zum Zuge kam. Die Felder der Domäne waren nicht nur leer, sie wurden während der U-Bahn-Planungen auch gerade erst als Bauland parzelliert. Der Platz für die Trasse konnte großzügig bemessen werden.

Der überwiegende Teil der Strecke entstand deshalb in einem Graben. Diese in der Fachsprache Einschnittbahn genannte Bauweise ist erheblich billiger als der Tunnelbau, sofern man genügend Land zur Verfügung hat. Die Möglichkeit der späteren Deckelung wurde in Dahlem zwar vorgesehen, doch wird sie kaum je realisiert werden, da der Abschnitt heute unter Denkmalschutz steht. Heute verkehren die Züge auf dieser Stecke bis Krumme Lanke, diese Verlängerung entstand aber erst in der Weimarer Republik und wird deshalb auch später beschrieben.

Die drei damals schon gebauten Bahnhöfe auf Dahlemer Gebiet, Podbielskiallee, Dahlem-Dorf und Thielplatz, erhielten einfache, pappegedeckte Dächer auf Mittelstützen für die Bahnsteige, wie sie auch von den Vorortbahnsteigen der S-Bahn

41

bekannt waren. Bei den Empfangsgebäuden bemühte man sich um eine architektonische Anpassung an die ländliche Umgebung. So assoziiert der Eingang zum Bahnhof Podbielskiallee ein märkisches Torhaus, in Dahlem-Dorf wurde auf eine traditionelle Fachwerkkonstruktion mit Reetdach zurückgegriffen, am Thielplatz schließlich erinnert das Entree an ein Landhaus. Der Vorortcharakter wird bei diesen Bahnhöfen auch durch die sonst bei der U-Bahn nicht übliche Einbeziehung des Bahnhofvorplatzes in die Gestaltung unterstrichen.

Da die U-Bahn in Dahlem dem Siedlungsbau vorausfuhr, war zunächst mit einem geringen Fahrgastaufkommen zu rechnen. Der Verkehr wurde deshalb in der Anfangszeit mit kurzen Pendelzügen zwischen Thielplatz und Fehrbelliner Platz organisiert, erst ab hier fuhren die langen Züge, die sich in die Stammstrecke einfädelten. Am Bahnhof Thielplatz entstand für die kurzen Pendelzüge eine Wagenhalle, die später aber der Streckenverlängerung weichen mußte. Die Bahnhöfe in Dahlem hatten für diesen geringen Verkehr auch nur einseitige Zugänge, der zweite Zugang am Thielplatz entstand erst in den achtziger Jahren. Das geringe Verkehrsaufkommen bewirkte einen defizitären Betrieb, den man bis dahin – zumindest über einen längeren Zeitraum – noch nicht gekannt hatte. Die Verluste liefen jedoch nicht bei der privaten Hochbahngesellschaft, die den Betrieb durchführte, auf, sondern beim Besitzer, also dem Preußischen Staat.

In welchem Maße der Umbau am Wittenbergplatz, die Kurfürstendamm-Linie und die Strecke nach Wilmersdorf/Dahlem als ein einheitliches Projekt betrachtet wurden, zeigte sich auch bei ihrer gemeinsamen Eröffnung am 12. Oktober 1913. Die insgesamt rund 10 km auf zwei neuen Strecken gingen gemeinsam, also nicht in Teilstrecken, in Betrieb.

42

42
Das reetgedeckte Bahnhofsgebäude in Dahlem im Jahre 1954.

1

3. Kapitel

U-Bahnen in Groß-Berlin 1914 bis 1930

Es war ein sehr glücklicher Umstand, daß alle Erweiterungen der Stammstrecke, sieht man einmal von der Entlastungsstrecke über Kurfürstenstraße ab, gerade im letzten vollständigen Friedensjahr 1913 fertig wurden. Der erste Weltkrieg und die Nachkriegsnot erschwerten in den darauffolgenden Jahren den U-Bahn-Bau erheblich. Erst im Januar 1923 konnte wieder eine neue Strecke in Betrieb genommen werden.

Rückblickend wird die Entwicklung in den Jahren von 1903 bis 1913 deshalb manchmal erste Ausbauphase genannt. So logisch diese Bezeichnung auch aus heutiger Sicht erscheinen mag, die damaligen Zeitgenossen hätten sie kaum verstanden. Für sie waren Netzplanung und -ausbau ein kontinuierlicher Prozeß. Die ersten Ideen für die Neubaustrecken, die zwischen 1923 und 1930 in Betrieb gingen, waren schon vor dem ersten Weltkrieg, ja teilweise schon im 19. Jahrhundert entwickelt worden. Das große Ziel war immer noch die Bildung eines echten Netzes mit mehreren Umsteigemöglichkeiten, das man bis 1913 nicht erreicht hatte, weil sich die bisherigen Streckenverlängerungen überwiegend an der Ost-West-Richtung orientierten. 1930, in der – rückblickend – zweiten Ausbaustufe, wurde dann endlich ein echtes Netz geschaffen. Alle Bauvorhaben dieser Zeit waren eng miteinander verknüpft und gemeinsam von den politischen und wirtschaftlichen Ereignissen beeinflußt. Es waren mithin keine Einzelprojekte, erzählt werden können sie jedoch wieder nur nacheinander.

3.1 Der erste Weltkrieg

Noch im Herbst 1916 attestierte der Geheime und Stadtbaurat F. Krause, daß der 1914 begonnene Krieg „für die Bauausführung (auf der heutigen U6 – d.A.) zum Teil vorteilhaft, zum Teil nachteilig" war. [6] Als Vorteile nennt er das geringere Verkehrsaufkommen auf den Straßen, das bei Sperrungen für unterirdische Bauvorhaben zu berücksichtigen war, sowie die größere Duldsamkeit der Haus- und Ladenbesitzer gegenüber Bauarbeiten. Nachteile sind für ihn der Abzug von Arbeitskräften, Pferden und Kraftwagen durch das Militär.

Die Nachteile müssen später massiv überwogen haben, denn im weiteren Verlauf des Krieges werden schließlich alle Bauarbeiten eingestellt.

Ab 1915 kam es außerdem zu Personalengpässen im Verkehrs- und Betriebsdienst der Hoch- und Untergrundbahnen, weshalb in diesem Jahr erstmals auch Frauen als Bahnsteigschaffnerinnen und Zugbegleiterinnen eingesetzt wurden. Zugleich gab es erhebliche Probleme in der Versorgung mit Schmierstoffen und Ersatzteilen sowie schließlich auch Kohlen für die Bahnstrom-Kraftwerke. Die Wartung der Anlagen wurde auf ein Minimum reduziert, zur Stromeinsparung entstand außerdem die heute noch übliche Form der automatischen Tunnelbeleuchtung. Hatte man in den ersten Jahren die Tunnel noch ständig beleuchtet, so schalten sich die Lampen seit jener Zeit nur ein, wenn die Stromschiene ohne Spannung ist und somit die Zugbeleuchtung auf batteriebetriebenes Notlicht reduziert wird.

Im Vergleich zu den anderen Verkehrsträgern überstand die U-Bahn den Krieg noch mit den wenigsten Problemen. Der Busverkehr ging stark zurück, da viele Busse für Kriegszwecke eingezogen worden waren. Die Straßenbahn mußte wegen Personalmangels vielfach die Zugfolge und die Abstände der Haltestellen erweitern. Die Haltestellenabstände ließen sich bei der U-Bahn nun nicht so einfach erweitern. Infolgedessen verschoben sich die Fahrgastströme stark zugunsten der U-Bahn, von 1913 bis 1918 trat nahezu eine Verdoppelung ein. Die Hochbahngesellschaft versuchte diesen Andrang mit engeren Zugabständen aufzufangen, trotzdem kam es in den Hauptverkehrszeiten zu überfüllten Zügen. Ironischerweise half gerade dies 1916 bei der Einführung eines umfassenden Rauchverbots in den Zügen, das man nun leicht mit Sicherheitsbedenken in der drückenden Enge begründen konnte. Ein erster Anlauf im Jahr 1913 hatte sich, zumindest in der III. Wagenklasse, nicht durchsetzen lassen.

Der starke Fahrgastzuwachs und eine Tarifanhebung im Frühjahr 1918 sorgten – bei allem Mangel an Material – für eine ausgezeichnete finanzielle Situation der immer noch privatwirtschaftlichen Hochbahngesellschaft. Die Bilanz zum 31. Dezember 1918 weist Rücklagen von 12,2 Millionen Mark

1
Verkehr am Rosenthaler Platz.

und einen Reingewinn von 4 Millionen Mark aus. Die Bilanz für das gesamte Land sah hingegen ganz anders aus. Der Krieg endete nicht nur mit einer militärischen Niederlage, sondern hinterließ auch eine überwiegend auf Kriegszwecke ausgerichtete, auf einen schnellen Wiederaufbau kaum vorbereitete Wirtschaft. Über allem schwebten außerdem die nicht unerheblichen Reparationsforderungen der Siegerstaaten des ersten Weltkriegs.

Am Schluß des Krieges standen aber auch die Novemberrevolution, das Ende der Monarchie in Deutschland und die Konstituierung der Republik. Diese politische Umgestaltung des Staates hatte auch Auswirkungen auf die Stadt Berlin und ihren Verkehr.

3.2 Die Entstehung von Groß-Berlin

Als 1902 die erste „U-Bahn" auf Hochbahnviadukten durch Berlin fuhr, war das heutige Stadtgebiet noch ein Konglomerat aus vielen Städten, Dörfern und Gutsbezirken. Seit 1870 war dieses Siedlungsgebiet jedoch zunehmend enger bebaut worden und dadurch ineinandergewachsen. Die Grenzen existierten noch in den Plänen, jedoch kaum noch in der Realität. Die Hoheitsrechte folgten jedoch den Plänen.

Jeder Verkehrsträger mußte mit verschiedenen kommunalen Behörden verhandeln, um seine geplante Strecke bauen zu dürfen. Wie schon beschrieben, diskutierte die Hochbahngesellschaft oft parallel mit dem historischen (Klein-)Berlin, Charlottenburg, Schöneberg und etwa der staatlichen Domäne Dahlem. Die Vielfalt der juristisch selbständigen Verhandlungspartner verhinderte oft schnelle und sinnvolle Lösungen. Als „Notbremse" für den schlimmsten Irrsinn fungierte nach dem damals geltenden Kleinbahngesetz der Polizeipräsident, der dem preußischen Staat unterstand. Am Potsdamer Platz hatte er beispielsweise den Weiterbau der Stammstrecke angeordnet und nicht die (Klein-)Berliner Pläne eines Umsteigebahnhofes befürwortet.

Angesichts des Siedlungskonglomerats um und mit Berlin mußte zusammenwachsen, was zusammengehörte. Schon die preußische Provinzialordnung von 1875 hatte die Bildung von Groß-Berlin vorgesehen. Die Gemeinden im Berliner Umland wehrten sich jedoch gegen ihre Eingemeindung, einerseits weil sie ihre teilweise nicht unerheblichen Steuereinnahmen mit Berlin dann teilen mußten, andererseits fürchteten gerade die konservativen Kräfte wohl auch den hohen Anteil sozialdemokratischer Wähler in Berlin, der in einer Großgemeinde leicht zu einer „roten" Mehrheit führen konnte.

1912 kam es immerhin zur Bildung des sogenannten Verbandes Groß-Berlin, oft kurz Zweckverband genannt. Nach den Zweckverbandsgesetzen von 1911 übernahm er von den beteiligten Kommunen alle Pflichten und Rechte bezüglich der Planung, der Erbauung und des Betriebes der schienengebundenen Verkehrsmittel. Zunächst hatte dies aber keine Auswirkungen auf die U-Bahn. Die bestehenden Linien befanden sich weitgehend im Eigentum der privaten Hochbahngesellschaft, und wo diese nicht Eigentümer war, gab es doch Betreiberverträge, die weiterhin galten. Auch für die neuen Strecken, die in der Zeit der Weimarer Republik gebaut wurden, waren die Zustimmungen und Konzessionen überwiegend schon erteilt, nur in einigen Fällen konnte der Zweckverband noch Veränderungen durchsetzen.

Trotz dieser Einschränkungen zeigten die nächsten Jahre und Jahrzehnte, daß die Existenz nur noch eines Ansprech- und Vertragspartners auch für die Entwicklung der U-Bahn von Vorteil war. 1920 kam es dann, wohl auch unterstützt durch die veränderte politische Lage nach der Novemberrevolution, endlich zur Bildung der Gemeinde Groß-Berlin. Da der Zweckverband schon seit 1912 viele Rechte der Verkehrsplanung zugesprochen bekommen hatte, war dieses historisch unzweifelhaft sehr wichtige Ereignis für den Berliner Verkehr doch von geringerer Bedeutung.

3.3 Die erste U-Bahn von Nord nach Süd – Die heutige U6

In der Ausbauphase vor dem ersten Weltkrieg hatte sich das U-Bahn-Netz vor allem in Ost-West-Richtung entwickelt, wodurch eine echte Netzbil-

2

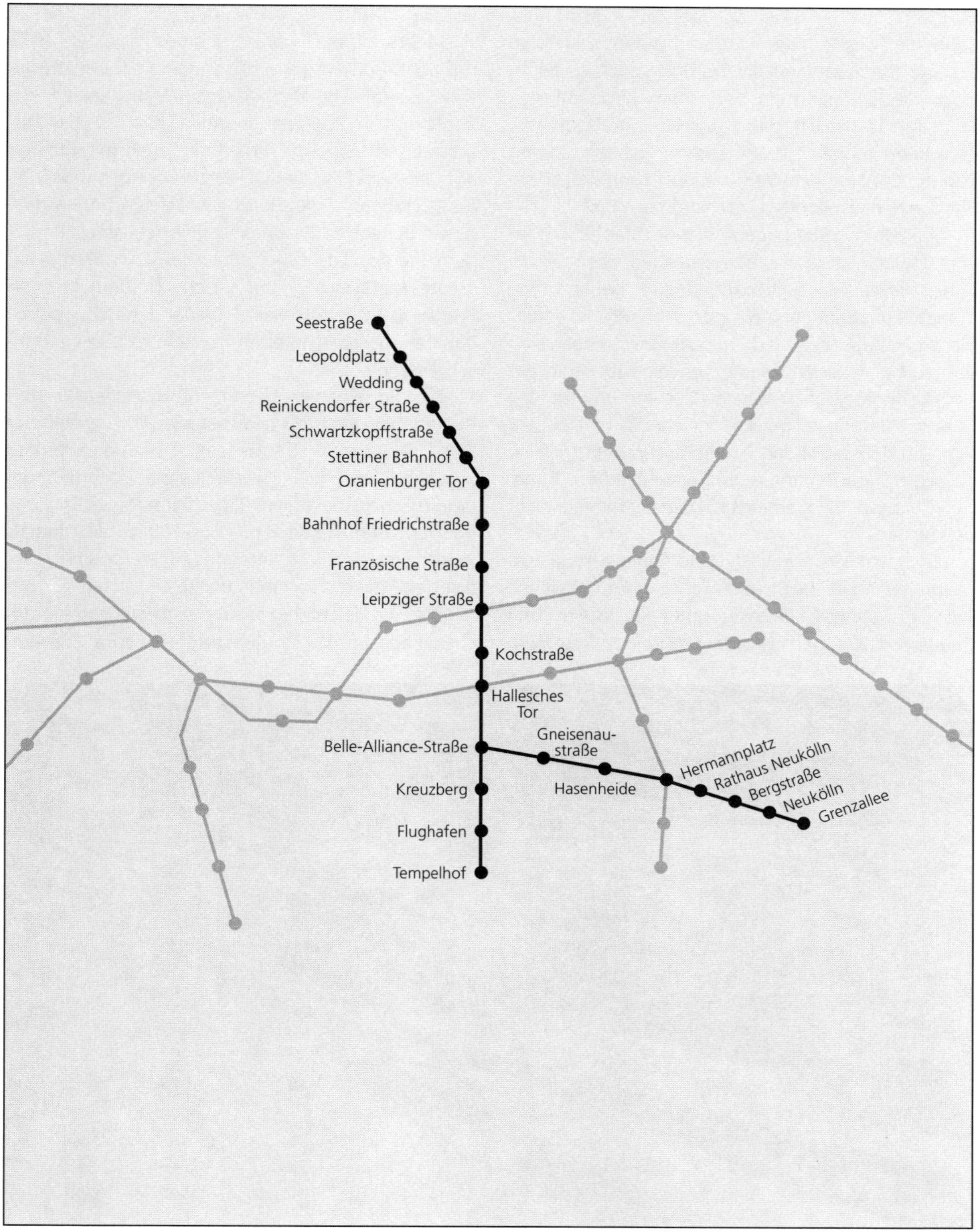

2
Die zwischen März 1923 und Dezember 1930 in Etappen eingeweihte Nord-Süd-Bahn mit ihren beiden südlichen Streckenästen.
Am Hermannplatz ist die Umsteigemöglichkeit, die eigentlich erst mit der GN-Bahn entstand, bereits angedeutet.
Als Bahnhofsnamen sind jeweils die Versionen zur Eröffnung eingetragen.

3
Einer der ältesten Tunnelabschnitte der Nord-Süd-Bahn am Bahnhof Seestraße.

4
Lange Zeit Endstation: Der südliche Zugang zum Bahnhof Seestraße im Jahre 1955.

dung erschwert wurde. Die Idee einer Nord-Süd-Bahn hatte Siemens schon 1881 geäußert und dabei an eine Trasse entlang der Friedrichstraße gedacht. Noch heute kann man mit einem Blick auf den Stadtplan feststellen, daß kaum eine Straße günstigere Bedingungen für ein solches Vorhaben bieten konnte: Die Friedrichstraße verläuft zentral und wie mit dem Lineal gezogen von Nord nach Süd.

Spätestens 1901 begann sich die Stadt Berlin für eine U-Bahn-Strecke unter der Friedrichstraße zu interessieren. Wie schon angedeutet, begann man damals zu überlegen, ob der Schnellbahnverkehr nicht günstiger öffentlich anstatt privat organisiert sein sollte. In diesem Sinne verweigerte Berlin der Hochbahngesellschaft stets die Zustimmung für eine Streckenführung in der Friedrichstraße und behielt sich den Bau selbst vor. Am Ende baute tatsächlich auch die Stadt Berlin hier ihre erste eigene U-Bahn, viel Glück war ihr allerdings bei dieser Premiere nicht beschieden.

Der Rohbau wird noch fertig

Zwischen 1905 und 1910 wurden die Pläne ausgearbeitet. Über die Streckenführung im nördlichen Teil vom Bahnhof Seestraße unter der Müller- und Chausseestraße gab es wenig Auseinandersetzungen. Vielfältig diskutiert wurden jedoch die Trassen im Süden und die Finanzierung des Projektes. 1912 traf dann endlich die Vorkonzession für die Strecke von Seestraße bis Belle-Alliance-Straße (jetzt Mehringdamm) im Zuge der heutigen U6 ein. In den Folgejahren verständigte sich Berlin auch mit Tempelhof und Neukölln über die Verzweigung in Belle-Alliance-Straße und die südliche Weiterführung in zwei Ästen. Zunächst führten diese Teilstrecken bis Kreuzberg (heute Platz der Luftbrücke) bzw. Bergstraße (heute Karl-Marx-Straße). Noch vor dem zweiten Weltkrieg konnten weitere Verlängerungen bis zu den Bahnhöfen Tempelhof bzw. Grenzallee verwirklicht werden.

Die Bauarbeiten begannen mit einem ersten Rammschlag in der Chausseestraße am 2. Dezember 1912. Die ganze Strecke war in mehrere Baulose aufgeteilt, bei denen verschiedene Unternehmen den Zuschlag bekamen. Ein Charakteristikum, das für den öffentlichen Bau heute üblich ist, damals jedoch eine deutliche Veränderung zum bisher praktizierten privaten Bahnbau darstellte.

Bis zum Herbst 1913 war der Tunnel vom nördlichen Ende an der Ungarnstraße bis zum Oranien-

3

U

5
1964 am U-Bahnhof Wedding.

burger Tor ohne besondere Komplikationen im Rohbau fertiggestellt. Auch auf den anderen Abschnitten wurde bereits gearbeitet.

Der im Sommer 1914 beginnende erste Weltkrieg erschwerte dann die Arbeiten, die schließlich sogar ganz zum Erliegen kamen. Auch in der Not der ersten Nachkriegszeit war an einen schnellen Weiterbau nicht zu denken. Im Frühjahr 1919 begannen zwar wieder Bauarbeiten an der Strecke, 1921 gab es dann aber, wohl auch in Anbetracht der mittlerweile erheblichen Inflation, Überlegungen, die vorhandenen Rohbautunnel wieder zuzuschütten. Die Stadt quälte sich schließlich doch durch das Projekt und konnte sogar noch mitten in der Inflation die ersten Teilstücke in Betrieb nehmen.

Hindernisse über Hindernisse

Auch technisch bereiteten die überwiegend nach dem Krieg gebauten Abschnitte im mittleren Teil der Nord-Süd-Strecke erhebliche Schwierigkeiten. Südlich des Oranienburger Tores war an der Weidendammer Brücke die Spree zu queren. Hierzu entstanden noch vor dem Krieg zwei Notbrücken im Zuge der Straße Am Zirkus bzw. der Albrechtstraße. Anschließend wurde die Weidendammer Brücke demontiert und bis zum Wiederaufbau eingelagert. Der Bahntunnel unter der Spree entstand – unter Berücksichtigung der Erfahrungen mit der ersten Spreeunterquerung an der Klosterstraße – in drei Abschnitten. Er liegt heute zwischen den Fundamenten der Weidendammer Brücke, wobei Tunnel und Brücke konstruktiv vollständig voneinander getrennt sind.

Unmittelbar im südlichen Anschluß an die Spreeunterquerung befindet sich sumpfiges Gelände, das erst in 29 m Tiefe tragfähigen Grund aufweist und mit einer aufwendigen Stahl-Fachwerk-Konstruktion zwischen Spundwänden, der sog. Moorbrücke, regelrecht überbrückt werden mußte. Ein nächstes

6

7

6
Bei der Spreeunterquerung im Zuge der Weidendammer Brücke konnte auf die Erfahrungen mit der ersten Flußunterquerung zwischen den Bahnhöfen Klosterstraße und Märkisches Museum zurückgegriffen werden.

7
Wegen der Spreeunterquerung liegt der Bahnhof Friedrichstraße 6,60 m unter der Straße.

Hindernis bildete die Unterquerung der Stadtbahn am Bahnhof Friedrichstraße. Der Tunnel liegt hier unmittelbar neben den Fundamenten der Stadtbahn, deren Betrieb in der Bauphase nicht beeinträchtigt werden durfte. Umfangreiche Abfangungen und sogar nach unten verlängerte Fundamente waren zur Sicherung erforderlich, weil die U-Bahn hier infolge der Spreeunterquerung in 6,60 m Tiefe verkehrt.

8
Blick in den „Mäusetunnel" am Bahnhof Stadtmitte.

Vertane Chance in Stadtmitte

An der Kreuzung Mohren-/Friedrichstraße kam es zur ersten echten Kreuzung zweier U-Bahn-Linien in Berlin. Die Situation wäre eigentlich ideal für das Konzept eines Turmbahnhofes gewesen. Die Hochbahngesellschaft hatte sich auch schon mit der Genehmigung der Strecke von Potsdamer Platz in Richtung Alexanderplatz (heute U2) verpflichtet, eine Unterquerung ihrer Trasse zu dulden, ja sogar baulich vorzubereiten. Die Rede war aber nur von Unterfahrung, nicht von einem Bahnhof unter der vorhandenen Trasse, weil das Konzept der Turmbahnhöfe 1906 noch nicht allgemein anerkannt war.

In den frühen zwanziger Jahren erschien es dann nicht sinnvoll, unter einer befahrenen Strecke einen mindestens 13 m breiten Bahnhof zu errichten. Wirtschaftliche Gründe dürften ausschlaggebend gewesen sein, aber auch technisch wäre dies eine Herausforderung gewesen. Nur der rund 9 m breite Streckentunnel wurde also in der zweiten Tiefenlage unter der vorhandenen Strecke hindurchgeführt. Dahinter steigt die Trasse wieder bis zur einfachen Tiefenlage an, und erst an dieser Stelle liegt der Bahnhof Stadtmitte auf der Nord-Süd-Bahn. Bis heute müssen von der U2 zur U6 umsteigende Fahrgäste hier einen etwa 160 m langen unterirdischen Gang benutzen, der wegen seiner baulichen Anlage und wegen der zumeist sehr eiligen Passanten den Spitznamen „Mäusetunnel" erhielt. Die Chance auf einen Turmbahnhof mit kurzen Umsteigewegen an diesem wichtigen Knotenpunkt war leider vertan worden.

Nur wenig besser konnte die Situation am Halleschen Tor gestaltet werden, an dem die Nord-Süd-Bahn die alte Stammstrecke kreuzt. Der Hochbahn-

Einfache und doppelte Tiefenlage

Wieviel Meter ein U-Bahnhof unter der Erde liegt, hängt zwar von den konkreten Umständen ab, doch haben sich im Laufe der Zeit Begriffe eingebürgert, die bestimmte, sich oft wiederholende Bausituationen bezeichnen.

Liegt der Bahnhof unmittelbar unter der Straße und gelangen die Fahrgäste direkt vom Bahnsteig auf die Oberfläche, dann spricht man von einfacher Tiefenlage. Die Erdüberdeckung kann in diesen Fällen eventuell nur 80 cm betragen, die Schienenoberkante befindet sich rund 4 m unter der Straße.

Später wurde dazu übergegangen, Zwischengeschosse einzurichten. Die Fahrgäste erreichen hier nicht mehr direkt die Oberfläche, sondern müssen zwei Treppen benutzen. Durch die Anlage der Zwischengeschosse können die Ausgänge jedoch an beliebiger Stelle angeordnet werden, z.B. auf dem Bürgersteig anstatt mitten auf der Straße. Bei dieser anderthalbfachen Tiefenlage liegt die Schienenoberkante etwa 7 m unter der Oberfläche.

In doppelter Tiefenlage schließlich befindet sich der untere von zwei übereinander angeordneten Bahnsteigen.

hof und der unterirdische Bahnsteig liegen näher beieinander, aber eben doch nicht übereinander, zusätzlich sorgt hier der Höhenunterschied für relativ lange (Treppen-)Wege. Ein letztes großes Hindernis auf der neuen Strecke war dann die anschließende Unterfahrung des Landwehrkanals, die Abfangungen an der Hochbahn und die Unterfahrung eines alten Torhauses notwendig machte. Immerhin durfte hier die Wasserstraße komplett für den Schiffsverkehr gesperrt werden, was die aufwendige Bauweise in drei Abschnitten ersparte.

Der anschließende Bahnhof Belle-Alliance-Straße (Mehringdamm) entstand als dreigleisiger Verzweigungsbahnhof. Drei imposante Gewölbe überspannten die aus einem Mittel- und einem Seitenbahnsteig bestehende Anlage. Trotz der beeindruckenden, auf Alfred Grenander zurückgehenden Gestaltung des Bahnhofes merkt man doch die Sparsamkeit jener Jahre. Etwa zwei Jahrzehnte vorher hatte man am Abzweigungsbahnhof Deutsche Oper noch vier Gleise gebaut. Die heutige viergleisige Situation am Mehringdamm entstand im Zusammenhang mit dem Bau der U7 1964/65. Bei diesem Umbau wurden die Gewölbe durch die heute vorhandenen flachen Decken ersetzt.

Zwei südliche Äste

Wie schon angedeutet, sollten die beiden Zweigstrecken südlich von Belle-Alliance-Straße einerseits nach Kreuzberg und andererseits nach Neukölln weitergeführt werden. Zunächst wurde der Neuköllner Ast in Angriff genommen (heute Teil der U7). Hinter dem Verzweigungsbahnhof biegt die Strecke mit einer scharfen Kurve in die Gneisenaustraße. Sie ist Bestandteil des sogenannten Generalszuges von der Tauentzienstraße über Kleist-, Bülow-, Yorck- und eben Gneisenaustraße. Im ersten Berliner Bebauungsplan, der 1862 von James Hobrecht erarbeitet und vom Berliner Polizeipräsidenten in Kraft gesetzt worden war, sollte dieser Straßenzug noch eine gerade Linie bilden. Die Bahnanlagen des Potsdamer und Anhalter Bahnhofs haben die Gerade

9

9
Vor der Umgestaltung in den sechziger Jahren besaß der Bahnhof Mehringdamm noch beeindruckende Gewölbedecken.

10

Der großzügig gestaltete Generalszug am Bahnhof Gneisenaustraße, hier noch mit Straßenbahngleisen.

jedoch verhindert, es kam zu der noch immer existierenden Umfahrung unter den Yorckbrücken. Noch heute ist aber die repräsentative und breite Ausgestaltung des damaligen Boulevards zu erkennen. U-Bahn-Bau bereitet hier keine Schwierigkeiten. Über die Bahnhöfe Gneisenaustraße und Hasenheide (heute Südstern) erreichte man bald den Hermannplatz.

Großzügige Gestaltung am Hermannplatz

Hier sollte nun der erste echte Turmbahnhof Berlins entstehen, der noch heute zu den beeindruckendsten und fahrgasttechnisch günstigsten Bahnhofsanlagen im Berliner U-Bahn-Netz gehört. Gekreuzt wird hier die heutige U8, die damals den Projektnamen GN-Bahn (für Gesundbrunnen-Neukölln) trug. Ihr Schicksal, das an späterer Stelle genauer dargestellt werden soll, ähnelt dem der Strecke unter der Friedrichstraße. Schon vor dem ersten Weltkrieg war mit den Arbeiten begonnen, diese dann aber eingestellt worden. Schon lange war also klar, daß am Hermannplatz eine Kreuzung stattfinden mußte, spätestens seit 1915 gab es auch intensive Überlegungen zur Gestaltung dieses Knotenpunktes, in die immer auch die oberirdische Verkehrsführung einbezogen war. Nach 40 Entwürfen und Gegenentwürfen kristallisierte sich schließlich die Lösung heraus. Eine Häuserzeile wurde niedergelegt und so der Platz auf 52 m verbreitert. An der neuen nordwestlichen Platzkante errichtete Karstadt den Vorgängerbau des heutigen Warenhauses, der 1945 zerstört wurde. Zugleich mit dem Warenhaus entstand der U-Bahnhof, an dessen Kosten sich Karstadt beteiligte und dafür einen direkten Zugang von der Bahn zum Kaufhaus erhielt.

Die Nord-Süd-Bahn benutzt den unteren Bahnsteig, dessen Decke kurz unter dem Straßenniveau errichtet wurde. Schlanke Mittelpfeiler stützen die gut 7 m hohe und 140 m lange Halle. Wie ein monumentaler Querriegel durchzieht der relativ niedrige Bahnsteig der GN-Bahn diese Halle. Die

11

12

11
Der untere Bahnsteig am Hermannplatz in einer historischen Aufnahme. Im Hintergrund ist der querliegende Baukörper der oberen Trasse zu erkennen.

12
Detail am Hermannplatz nach der stilgerechten Sanierung in den neunziger Jahren.

13
Rarität unter Berlins U-Bahnhöfen: Die stützenfreie Bahnsteighalle am heutigen Platz der Luftbrücke.

Umsteigewege sind außerordentlich kurz, als zusätzlichen Komfort baute man am Übergang zwischen beiden Bahnsteigen die ersten Fahrtreppen der Berliner U-Bahn ein. Neben der Bahnhofsanlage, teilweise im Keller des Kaufhauses, gibt es eine Verbindungskurve von einer Linie zur anderen, die allerdings nur für Betriebsfahrten vorgesehen ist.

Der untere Bahnsteig am Hermannplatz ging am 11. April 1926 in Betrieb, zeitgleich mit den beiden noch folgenden Bahnhöfen Rathaus Neukölln und Bergstraße (heute Karl-Marx-Straße). Nach den damaligen Plänen endete die Strecke hier, zumindest vorläufig. Die Verlängerung ließ nicht lange auf sich warten, soll aber etwas später beschrieben werden.

Für die Darstellung der Vorgeschichte auf dem Streckenast nach Kreuzberg/Tempelhof muß noch einmal in die Zeit der vielen Einzelgemeinden vor Bildung des Zweckverbandes (1912) bzw. der Stadt Groß-Berlin (1920) zurückgegriffen werden.

Der Abschnitt nach Neukölln galt in den Planungen vor dem ersten Weltkrieg als Hauptstrecke der Nord-Süd-Bahn, der Ast nach Kreuzberg hingegen als Abzweig. Neukölln hatte sich stets sehr offen bei den Verhandlungen gezeigt, während es mit Tempelhof in der anderen Richtung Differenzen gab. So hatte das Dorf das Tempelhofer Feld (heute Gelände des Flughafens Tempelhof) erwerben können, an dem auch Berlin Interesse gehabt hatte. Die Stadt Berlin erwog dann – faktisch als Strafe für Tempelhof –, die südliche Verlängerung gar nicht mehr zu bauen, was aber – wieder einmal – der Polizeipräsident verhinderte.

An den Betriebskosten der Strecke sollte sich Tempelhof, wie auch Neukölln auf dem anderen Streckenast, beteiligen. Da Tempelhof aber keinen Durchgangsverkehr nach Berlin finanzieren wollte, wurde nur ein Pendelverkehr von Belle-Alliance-Straße nach Süden geplant. Heute ist dies die Hauptstrecke der U6. Bei der Unterscheidung zwischen Hauptstrecke und Abzweig wird man zwangsläufig an die Entwicklung am Bahnhof Deutsche Oper erin-

13

nert. Auch dort hatte die Realität die ursprünglichen Überlegungen schließlich umgekehrt.

Die kleinlichen Auseinandersetzungen zwischen Tempelhof und Berlin illustrieren anschaulich, wie notwendig eine Reform des Siedlungsgebietes in den ersten Jahrzehnten unseres Jahrhunderts geworden war. Als die Bauarbeiten nach dem Krieg im September 1924 endlich anfingen, waren Diskussionen dieser Art hinfällig, man lebte seit 1920 in der gemeinsamen Stadt Groß-Berlin.

Am 14. Februar 1926 wurde der erste Bahnhof auf dem „Abzweig" nach Tempelhof eingeweiht: Kreuzberg (heute Platz der Luftbrücke). Der Bahnsteig liegt in anderthalbfacher Tiefenlage, damit die Fahrgäste über ein Zwischengeschoß zu den seitlichen Bürgersteigen gelangen können. Die Tiefenlage nutzte man für eine etwa 6 m hohe Halle, die stützenlos von einer Eisenbetonkonstruktion in Gewölbeform überspannt wird.

Im September 1927 erreichte die Verlängerung den nächsten Bahnhof, der heute Paradestraße heißt. Eröffnet wurde er als Bahnhof Flughafen, den Namen übertrug man aber 1937 auf Kreuzberg, weil dieser Bahnhof näher an den ab 1936 errichteten Abfertigungsgebäuden des Flughafens Tempelhof lag. Bis dahin waren die Fluggäste allerdings unweit des heutige Bahnhofs Paradestraße abgefertigt worden, der U-Bahnhof hatte deshalb ebenfalls ein Zwischengeschoß und vier gleichmäßig über die Bahnhofslänge verteilte Treppen erhalten. Die damalige Situation läßt sich nach späteren Umbauten heute nur noch erahnen.

Zweimal Flughafen

Im weiteren Bauverlauf wurde dann Ende 1929 der lange Zeit als Endstation dienende Bahnhof Tempelhof (damals noch mit dem Zusatz Südring) erreicht. Um Schwierigkeiten bei der Untertunnelung der Ringbahnbrücke zu vermeiden, erhielt der Bahnhof eine sehr tiefe Lage, die für eine rund 7 m hohe, großzügige Halle genutzt wurde. Erstmals in der Geschichte konnten sich Reichsbahn und U-Bahn-Erbauer hier auf ein gemeinsames Empfangsgebäude einigen, das kurze Umsteigewege nun

14

14
Der Platz der Luftbrücke, hier noch mit spärlichem Grün und dem alten Bahnhofsnamen „Flughafen".

Das Bahnhofskonzept auf der Nord-Süd-Bahn

auch zwischen zwei verschiedenen Verkehrsmitteln erlaubte.

Mit Gestaltung und Bauweise der Nord-Süd-Bahn wollte der öffentliche Bauherr eine bewußte Abgrenzung zu den Strecken der Hochbahngesellschaft demonstrieren. Am auffälligsten ist die Abgrenzung durch das hier erstmals verwendete Großprofil der Tunnelanlagen. Manche Detaillösung war aber wohl auch der nicht eben üppigen finanziellen Situation geschuldet. So haben die meisten Bahnhöfe der Strecke sehr sparsame Mittelbahnsteige mit durchschnittlich nur 7 m Breite in einfacher Tiefenlage unmittelbar unter dem Straßenpflaster. Da bei dieser geringen Breite auch nur relativ schmale Treppen möglich waren, baute man an jedem Ende zwei Aufgänge hintereinander. Die Treppen münden an der Oberfläche auf Fußgängerinseln inmitten der Straße, die Fahrgäste der U-Bahn müssen also in jedem Fall eine Straßenhälfte überqueren. Nicht sehr komfortabel, aber natürlich viel billiger als ein Zwischengeschoß.

Auf Schmuck wurde bei den Standardbahnhöfen weitgehend verzichtet. Die Seitenwände der Bahnhöfe erhielten keine keramische Bekleidung, sondern einfachen Putz. Auch sonst dominiert funktionale Schlichtheit. Abweichend von diesem Standardkonzept wurden, wie teilweise schon erwähnt, die Bahnhöfe Seestraße, Friedrichstraße und Belle-Alliance-Straße sowie alle Bahnhöfe südlich hiervon gestaltet.

Die Sparmaßnahme mit den gravierendsten Konsequenzen war die Reduzierung der Bahnsteiglänge auf etwas über 80 m. Die Länge ergab sich damals aus dem vorgesehenen Wagentyp, der rund 13 m lang war. Durch die größere Breite hatten diese Wagen mit 111 Plätzen ein größeres Fassungsvermögen als die etwa gleich langen Wagen der Hochbahngesellschaft (76 Plätze). Man nahm deshalb an, daß ein Verkehr mit 6-Wagen-Zügen auf der Nord-Süd-Bahn ausreichend sein würde, wofür dann die Bahnsteiglängen auch nur ausgelegt waren, gespart wurde schließlich an jedem Zentimeter. Später für die Nord-Süd-Bahn beschaffte Wagen waren dann schon mehr als 15 m lang, ein 80 m langer Bahnsteig reichte plötzlich nur noch für vier Wagen. Damit aber ließ sich der starke Verkehr entlang der zentralen Nord-Süd-Achse kaum bewältigen. Unter großem Aufwand mußten deshalb die Bahnsteige später verlängert werden. In Westberlin geschah dies in den sechziger und siebziger Jahren,

Großprofil und Kleinprofil

Die Hochbahngesellschaft hatte sich bei den ersten Planungen für ihre Wagen an den Maßen der Straßenbahn orientiert und deshalb 2,30 m als maximale Wagenkastenbreite festgelegt. Die Tunnelanlagen der heutigen U1, U2, U4 und U15 wurden für diese Wagenbreite errichtet und bilden das Kleinprofilnetz. Vornehmlich die Stadt Berlin drängte später aber auf bis zu 2,65 m breite Wagen, weshalb die U5, U6, U7, U8 und U9 mit erweiterten Tunnelmaßen im sogenannten Großprofil erbaut wurden. Beide Teilnetze lassen sich nur bedingt miteinander verbinden.

Ein Großprofilzug kann nicht im Kleinprofilnetz fahren. Umgekehrt ist dies möglich, sofern der Stromabnehmer umgerüstet wird. Im Kleinprofilnetz bestreicht dieser die Stromschiene von oben, während im Großprofilnetz das sicherere Bestreichen von unten gewählt wurde.

Bei der Eröffnung der Nord-Süd-Bahn (und später ein zweites Mal in Ostberlin nach 1945) besaß die U-Bahn nicht genügend Großprofilzüge, so daß Kleinprofilzüge eingesetzt werden mußten. Neben dem Umbau der Stromabnehmer war dabei auch der größere Abstand zwischen den schmalen Wagenkästen und der auf das Großprofil ausgelegten Bahnsteigkante zu berücksichtigen. Der Abstand wurde mit durchgehenden seitlichen Bohlen an den Zügen überbrückt, die den Spitznamen „Blumenbretter" trugen.

Übergangsgleise zwischen Groß- und Kleinprofil befinden sich am Alexanderplatz (seit 1952) und am Richard-Wagner-Platz (seit 1978).

15

15
Auch nach der Bahnsteigverlängerung und der damit einhergehenden Sanierung kannn man die sehr einfache und sparsame Gestaltung der Bahnhöfe aus der Inflationszeit, hier Schwartzkopffstraße, noch erkennen.

die Bahnhöfe auf ursprünglich Ostberliner Gebiet wurden sogar erst in den neunziger Jahren verlängert.

Die Nord-Süd-Bahn wurde abschnittsweise in Betrieb genommen:

30. Januar 1923
Stettiner Bahnhof (heute Zinnowitzer Straße)–Hallesches Tor
8. März 1923
Stettiner Bahnhof–Seestraße
19. April 1924
Hallesches Tor–Gneisenaustraße
14. Dezember 1924
Gneisenaustraße–Hasenheide (heute Südstern)
14. Februar 1926
Belle-Alliance-Straße (heute Mehringdamm)–Kreuzberg (heute Platz der Luftbrücke)
11. April 1926
Hasenheide–Bergstraße (heute Karl-Marx-Str.)

Waren schon die Gelder für den Bau der Strecke wegen Krieg und Inflation schwer aufzutreiben gewesen, so scheiterte die pünktliche Beschaffung von Wagen bis zur Eröffnung vollends. Die mittlerweile von der Stadt Berlin gegründete Nord-Süd-Bahn AG schloß deshalb im Dezember 1922 einen Betriebsvertrag mit der Hochbahngesellschaft, die die neue Strecke verwalten und mit ihren Zügen betreiben sollte. Dazu übernahm die Hochbahngesellschaft die Bauwerke, neben den Tunnel- und Bahnhofsanlagen vor allem die Betriebswerkstatt für das Großprofil in der Seestraße sowie die zwei Umformerwerke in Wedding und am Halleschen Tor. Eigentümer blieb die Stadt Berlin über ihre Nord-Süd-Bahn AG. Der Betrieb begann mit 14 Klein- und 4 Großprofilzügen, die Nord-Süd-Bahn AG beschaffte dann in den Folgejahren weitere Großprofilzüge.

Der Betriebsvertrag erinnert in seinen Grundzügen an die Situation bei der Schöneberger und Wilmersdorfer Bahn, die für die U-Bahn-Entwicklung sehr vorteilhaft war. Berlin ersparte sich den Aufbau einer eigenen Betriebsorganisation mit allen eventuellen „Kinderkrankheiten". Noch wichtiger war aber, daß das ganze damalige Netz einheitlich von der Hochbahngesellschaft betrieben wurde.

Denn jetzt konnte man endlich von einem echten Netz sprechen. Mit der neuen Strecke von Nord nach Süd entstanden die Umsteigemöglichkeiten Stadtmitte, Hallesches Tor und perspektivisch auch Hermannplatz. Hinzu kamen zunächst zwei, später vier Knotenpunkte mit der Stadt- und Ringbahn, also der heutigen S-Bahn. Auf mittlerweile 53,3 Netzkilometern beförderte die U-Bahn 1926 etwas über 163 Millionen Fahrgäste.

Baldige Verlängerungen

Nachdem 1926 die ursprünglichen Pläne der Nord-Süd-Bahn verwirklicht waren, plante man in fast nahtlosem Anschluß bereits Verlängerungen. Der weitere Bau über Kreuzberg (Platz der Luftbrücke) nach Tempelhof in den Jahren 1927–29 ist hier schon beschrieben worden. Fast identisch verlief die Entwicklung auf dem Neuköllner Ast.

Die Verlängerungsarbeiten begannen bereits 1927. Auch hier war die Querung der Ringbahn das größte technische Hindernis. Man entschloß sich zu einem vollständigen Umbau am S-Bahnhof Neukölln. Die Bergstraße (Karl-Marx-Straße) wurde verbreitert und erhielt eine völlig neue Ringbahnunterführung, wiederum eine Parallelität zur Situation in Tempelhof. Zugleich mit diesen Bauarbeiten wurde das Empfangsgebäude der Ringbahn verlegt und der Tunnel der U-Bahn gebaut. Dieses umfangreiche Projekt kostete erheblich Zeit, so daß erst am 21. Dezember 1930 die beiden neuen Bahnhöfe Neukölln (wieder mit dem Zusatz Südring) und Grenzallee in Betrieb gingen. Zunächst sollte am Teltowkanal eine weitere Wagenhalle entstehen, deren Gleisausfädelung auch vorbereitet wurde. Doch im Hinblick auf die geplante Weiterführung wurde die Halle nie gebaut. Die südliche Verlängerung entstand dann erst nach dem zweiten Weltkrieg, genauso übrigens wie die nördliche Verlängerung in Richtung Tegel, für die es ebenfalls schon damals Pläne gab.

3.4 Von Gesundbrunnen nach Neukölln – Die heutige U8

Seit man in Berlin und den Vorortgemeinden überhaupt über Hoch- oder Untergrundbahnen

16

Bei Kreuzungen der U-Bahn mit der Ringbahn wurden in den späten zwanziger Jahren oft Straßenverbreiterungen vorgenommen sowie neue Eisenbahnbrücken und Bahnhofsgebäude errichtet. So geschehen an der Frankfurter Allee, in Tempelhof und am abgebildeten Bahnhof Neukölln.

nachdachte, hatte es stets kühne Visionen für stadtumspannende Netze gegeben. Auch als die ersten Linien dann Wirklichkeit wurden und sich die realen technischen und wirtschaftlichen Schwierigkeiten in der Praxis zeigten, ließ die Intensität dieser Planungen kaum nach. Kompetente und weniger kompetente Leute träumten von ihrer jeweiligen Schnellbahnidee, ein paar Striche auf dem Papier waren halt schnell gemacht. Viele dieser Projekte blieben – man muß wohl sagen: zum Glück – unberücksichtigt, etwa die Idee einer „Lufthochbahn" über den Dächern der Stadt vom Verleger August Scherl im Jahre 1909. Andere Überlegungen erreichten aber doch einen gewissen Reifegrad und beeinflußten dann die Verhandlungen über später tatsächlich gebaute Strecken.

Ein Beispiel hierfür ist die zweite realisierte Strecke von Nord nach Süd, die heutige U8. Einerseits hatte die „Continentale Gesellschaft für elektrische Unternehmen" aus Nürnberg 1902 ein bereits kurz erwähntes Schwebebahnprojekt nach dem Vorbild der Bahn in Wuppertal vorgelegt, das von Reinickendorf nach Britz führen sollte. Zum zweiten beschäftigte sich seit der Jahrhundertwende die Stadt Berlin mit einer U-Bahn-Linie von Moabit nach Neukölln (damals noch Rixdorf genannt). Drittens schließlich legte die AEG 1907 das Projekt einer gemischten Hoch- und Untergrundbahn von Gesundbrunnen nach Neukölln vor. In wieder sehr umfangreichen Verhandlungen setzte sich schließlich dieses dritte, damals als GN-Bahn bezeichnete Projekt – wenn auch mit Veränderungen – durch.

Zu einer Schwebebahn konnten sich Berlins Stadtväter nicht durchringen, vorwiegend aus ästhetischen Gründen, aber auch, weil man dann nach Eisenbahn, Straßenbahn sowie Klein- und Großprofil-U-Bahn ein weiteres Bahnsystem in der Stadt gehabt hätte, das wieder nicht mit den bisherigen Bahnen zusammengeführt werden konnte.

Die Moabiter U-Bahn kam nicht zustande, weil der Stadt Berlin im Februar 1910 die Genehmigung zur Unterfahrung des Opernplatzes versagt worden war. Der König hatte Einspruch erhoben wegen eines vorgesehenen, aber nie realisierten Neubaus der Lindenoper, für den die Baufreiheit erhalten bleiben sollte. Die Zeiten waren noch so, daß kommunale Projekte durch Machtworte „von Majestät" blockiert werden konnten.

Vertragsabschluß mit der AEG

Unter diesen Bedingungen intensivierte Berlin seine Verhandlungen mit der AEG, obwohl man eigentlich keine neuen privaten Verkehrsträger und auch keine Hochbahnen mehr wollte, sondern möglichst nur städtische Untergrundbahnen. Nach äußerst zähen Auseinandersetzungen seit 1907 um die Frage der genauen Linienführung, des Bahnhofsabstandes und der Führung als Hoch- oder Untergrundbahn ging dann 1912 alles sehr schnell. Es drohte nämlich der Zweckverband. Magistrat und Oberbürgermeister hatten gewarnt, daß der Zweckverband das Projekt nach seinem damaligen Verhandlungsstande eventuell nicht akzeptieren und auch nicht weiter vorantreiben würde. Am 18. März 1912 wurde der Vertrag über die GN-Bahn geschlossen, wenige Tage später, am 1. April, gründete sich der Zweckverband.

Der Vertrag sah eine Hochbahn von der Schwedenstraße über die Bad- und Brunnenstraße bis zum Humboldthain vor. Dort sollte die Rampe zu den Tunnelabschnitten liegen. Im weiteren Verlauf war die Führung unter der Brunnen-, Rosenthaler- und Münzstraße zum Alex vorgesehen, der aber westlich, etwa an der heutigen Markthalle und unter dem heutigen Fernsehturm, umfahren werden sollte. Im Zuge der Litten-, Brücken- und Neanderstraße (heute Heinrich-Heine-Straße) erreichte der geplante Streckenverlauf dann über die Dresdener und die Kottbusser Straße den Kottbusser Damm. Die Endpunkte waren im Vertrag noch bewußt ungenau beschrieben, da über eventuelle Verlängerungen noch Unklarheit herrschte. Klar war hingegen, daß die neue Linie mit großem Tunnelprofil gebaut werden sollte.

Ähnlich wie einst Siemens die Hochbahngesellschaft für den Betrieb der Hochbahn gegründet hatte, so installierte die AEG jetzt eine Tochtergesellschaft, die AEG-Schnellbahn-Aktiengesellschaft, die in diesem Falle für Bau und Betrieb verantwortlich sein sollte.

Der Bahnbau begann Mitte 1912, doch bis zum Krieg wurden nur einige Teilstücke in der Brunnen-,

17
Die GN-Bahn ging in Etappen zwischen Juli 1927 und April 1930 in Betrieb. Dabei entstanden je drei Umsteigemöglichkeiten zu anderen U-Bahn-Linien bzw. zur S-Bahn.

17

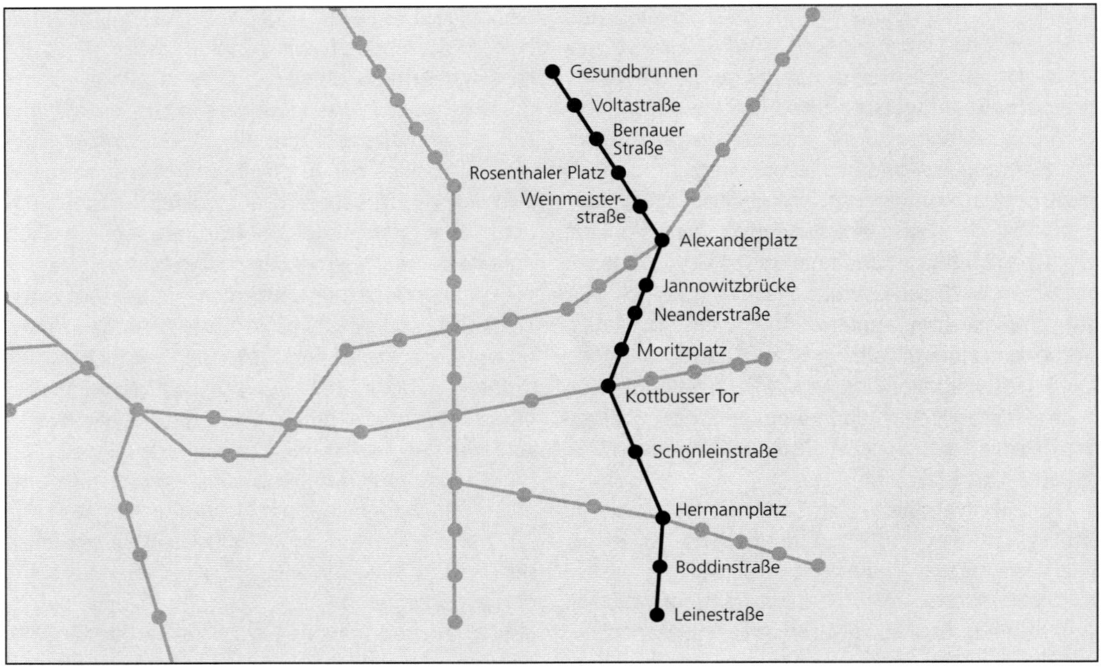

Brücken- und Dresdener Straße sowie rund um den Alexanderplatz fertig. Außerdem entstand die Spreeunterquerung von der Brücken- zur Littenstraße in der Nähe des Bahnhofes Jannowitzbrücke.

Speziell auf der letztgenannten Baustelle wurde auch während des Krieges weiter gearbeitet, doch machte sich der Mangel an Personal im allgemeinen und an Fachkräften im speziellen schmerzhaft bemerkbar. Auch nach dem Krieg blieb die wirtschaftliche Lage für die AEG schwierig. Im Oktober 1919 stellte das Unternehmen alle Arbeiten ein. Als die Stadt die Erfüllung des Vertrages erfolgreich einklagte, mußte die AEG-Schnellbahn AG 1923 in Liquidation gehen. Nach den hierfür vorgesehenen Vertragsbestimmungen übernahm Berlin alle schon vorhandenen Bahnanlagen, etwa 3 km Tunnel mit einer Spreeunterquerung, entschädigungslos. Die städtische Nord-Süd-Bahn AG erhielt den Auftrag zur Fortführung des Projektes, war aber zunächst noch mit dem Bau ihrer eigenen Strecke unter der Friedrichstraße beschäftigt. Erst 1926 wurde an der GN-Bahn weitergebaut.

Die AEG hält nicht durch

Wenn auch der Wechsel des Bauherrn erhebliche Verzögerungen brachte, so konnten zugleich auch einige Verbesserungen an den ursprünglichen AEG-Plänen vorgenommen werden. Zum einen kippte man die von vornherein ungeliebten Hochbahnpläne im nördlichen Streckenabschnitt, zum anderen wurde der Streckenverlauf rund um den Alexanderplatz noch einmal umgeplant.

Eröffnung im Süden

Den schnellsten Zugewinn an Fahrgästen (und damit Einnahmen) versprachen die südlichen Teile der Strecke, weshalb die Arbeiten zunächst hier wieder begannen. Am 17. Juli 1927 ging der Abschnitt Boddinstraße–Schönleinstraße in Betrieb. Zwischen diesen beiden Bahnhöfen liegt der Umsteigepunkt Hermannplatz, der ja bereits mit dem Bau der Nord-Süd-Bahn vorbereitet worden war. Über das ebenfalls schon vorhandene Betriebsgleis unter dem Hermannplatz konnte man der neuen Strecke die Wagen zuführen bzw. die Wagen zur Wartung und Reparatur in die Betriebswerkstatt Seestraße fahren.

In nördlicher Fortsetzung der „Drei-Bahnhofs-Strecke" war zunächst der Landwehrkanal zu unterqueren. Da dieser für die Schiffahrt nur geringe

Betriebswerkstätten

Für die Wartung und Reparatur der U-Bahn-Züge werden sogenannte Haupt- und Betriebswerkstätten benötigt. Betriebswerkstätten halten die Züge einsatzbereit und führen kleinere Reparaturen, speziell an verschleiß- oder vandalismusgefährdeten Teilen aus. Größere Reparaturen und die gesetzlich vorgeschriebene Hauptuntersuchung nach 500 000 km bzw. acht Jahren führen die Hauptwerkstätten aus.

Die heutige Hauptwerkstatt für das Kleinprofilnetz entstand 1912 im Grunewald. Zuvor hatte die jetzige Wagenhalle an der Rudolfstraße (am Bahnhof Warschauer Straße) diese Funktion inne gehabt. Weitere Betriebswerkstätten für das Kleinprofil bestanden zwischenzeitlich in Schöneberg, am Gleisdreieck und in Krumme Lanke. Die Gebäude in Krumme Lanke sind noch vorhanden und werden heute als Wagenhalle genutzt.

Im Großprofilnetz entstand mit der Nord-Süd-Bahn (U6) zusammen die Haupt- und Betriebswerkstatt Seestraße. Die GN-Bahn (U8) erhielt keine eigene Werkstatt, die Wagen dieser Linie wurden ab 1930 in der Betriebswerkstatt Friedrichsfelde am damaligen Ende der Frankfurter-Allee-Linie (U5) gewartet. In der dritten Ausbaustufe ab 1953 entstand die jüngste Betriebswerkstatt im U-Bahn-Netz in Britz (U7).

18
Die Haupt- und Betriebswerkstatt Seestraße mit den nach Kriegszerstörungen wiederaufgebauten Hallen (Foto etwa 1952).

Bedeutung hatte, konnte er völlig gesperrt werden. Der Bahntunnel unter dem Kanal entstand als ein Bauabschnitt in offener Baugrube. Eine Hebeanlage beförderte das Wasser über die Baustelle hinweg.

Am nun folgenden Umsteigepunkt Kottbusser Tor befand sich der Hochbahnhof aus dem Jahr 1902 damals noch etwa 100 m östlich von seinem jetzigen Standort. Zusammen mit dem Bau der GN-

19
Am Kottbusser Tor vor Errichtung der heutigen Bebauung.

20
Beim Bau der GN-Bahn ging man zunehmend zur Einrichtung von Zwischengeschossen über. Dadurch müssen die Treppen nicht mitten auf der Straße münden, allerdings ergeben sich im Zwischengeschoß in einigen Fällen eher unattraktive Gänge.

20

Windungen und Wendungen in Kreuzberg

Bahn entstand der heutige Hochbahnhof Kottbusser Tor. Der Verkehr auf der Hochbahn wurde hierfür nicht unterbrochen, sondern über Hilfsviadukte an der Baustelle vorbei geführt. Mit dem umfangreichen Bahnbau war auch eine vollständige Umgestaltung der oberirdischen Platzanlage und der acht Straßeneinmündungen verbunden. Nach einer abermaligen Umgestaltung und der Errichtung des Neuen Kreuzberger Zentrums in den fünfziger Jahren kann die Situation aus den zwanziger Jahren heute allerdings nicht mehr besichtigt werden. Am 12. Februar 1928 ging der unterirdische Bahnhof Kottbusser Tor in Betrieb, im August 1929 folgte der Hochbahnhof.

Es hätte nun nahegelegen, hinter dem Kottbusser Tor die Strecke unter der Dresdener Straße linear zur heutigen Heinrich-Heine-Straße zu führen. (Auf Stadtplänen ist die heute nur noch in Teilstücken existierende Dresdener Straße gut zu erkennen.) Doch schon die AEG hatte einen kurvenreichen Verlauf über Reichenberger Straße zum Oranienplatz geplant. Außerdem meldete der Wertheim-Konzern Interesse an einer ganz anderen Streckenführung an, weil er 1913 am Moritzplatz ein Warenhaus errichtet hatte, für das ein U-Bahn-Anschluß lukrativ erschien, selbst wenn man für den Umweg 5 Millionen Mark zahlen mußte, wie verschiedentlich berichtet wird.

Es wurde also der Weg vom Kottbusser Tor unter der Ritterstraße in die Prinzenstraße gewählt. Die scharfe Kurve von der Ritter- in die Prinzenstraße machte die längste bis dahin ausgeführte Häuserunterfahrung notwendig (85 m). Unter dem Moritzplatz war dann üppig Platz, der auch ausgenutzt wurde. Der bis zu 19 m breite Bahnsteig ist für den Umsteigeverkehr mit einer damals in vagen Plänen existierenden Moabit-Treptow-Linie vorgesehen. Diese Linie wäre unter der Oranienstraße verlaufen. Ein 40 m langes Tunnelstück wurde 1927/28 gleich mit errichtet, jedoch nie von einer Bahn befahren.

Vom großflächigen Moritzplatz führt die Strecke weiter in die damals außerordentlich enge Neanderstraße. Es war so wenig Raum vorhanden, daß die Zugänge zur U-Bahn erstmals in Berlin in die benachbarten Häuser gelegt werden mußten.

Betrachtet man die heute sehr breite, inzwischen nach Heinrich Heine benannte Straße, so ist dies kaum nachvollziehbar. Am Nordausgang an der Ecke zur Köpenicker Straße ist ein solcher Zugang über ein angrenzendes Gebäude jedoch noch vorhanden.

Die Strecke bis Neanderstraße wurde am 6. April 1928 in Betrieb genommen. Erst zwei Jahre später ging es weiter nach Norden, weil sich die Arbeiten am noch zu beschreibenden Bauabschnitt Alexanderplatz sehr lange hinzogen. Im Süden der GN-Bahn, für die die Betriebsdurchführung in bewährter Weise der Hochbahngesellschaft übertragen worden war, entstand bis zum August 1929 noch eine weitere Station, Leinestraße. Weitere 560 m Tunnel und der Rohbau des heutigen Bahnhofs Hermannstraße wurden zwar noch gebaut, gingen jedoch nicht mehr in Betrieb. Wie am Anfang des Projektes Krieg, Nachkrieg und Inflation die Arbeiten aufgehalten hatten, so verhinderte jetzt der Geldmangel infolge der einsetzenden großen Weltwirtschaftskrise die (südliche) Vollendung. Erst im Sommer 1996 konnte die Lücke zwischen der U8 und dem Südring der S-Bahn geschlossen werden.

Die AEG hatte im Bereich des Alexanderplatzes eine Streckenführung von der Brückenstraße im Zuge der Littenstraße unter der Spree hindurch und anschließend südwestlich des S-Bahnhofes Alexanderplatz – etwa unter dem Standort des Fernsehturms – unter der heutigen Rosa-Luxemburg-Straße zur Münzstraße geplant. Weder an der Jannowitzbrücke noch am Alexanderplatz wären auf diese Weise vernünftige Umsteigemöglichkeiten mit kurzen Wegen entstanden.

Als die Stadt Berlin das Projekt von der liquidierten AEG-Schnellbahn AG übernahm, veränderte

21

21
Erst durch die Planänderungen beim Bauherrnwechsel von der AEG zur Stadt Berlin ergab sich die Umsteigemöglichkeit am Bahnhof Jannowitzbrücke. Man beachte die in den zwanziger Jahren übliche Flachdecke der Bahnsteighalle.

man deshalb die Streckenführung und integrierte die Linie dadurch wesentlich besser in den städtischen Gesamtverkehr. Mit der Umplanung waren allerdings eine Reihe von Bauvorhaben verbunden, deren technische Problemstellungen einzeln zwar alle früher schon einmal gelöst worden waren, jedoch nie in dieser zeitlichen und räumlichen Konzentration gemeinsam.

Noch eine Spreeunterquerung

An der Jannowitzbrücke wurde im Zuge der Brückenstraße eine neue Spreequerung notwendig. Da die alte Straßenbrücke ohnehin nicht mehr den Verkehrserfordernissen entsprach, wurde sie abgerissen. Der Tunnel unter der Spree entstand anschließend in den bewährten drei Bauabschnitten. Der Neuaufbau der Brücke im Verlauf der Brückenstraße und die Errichtung des U-Bahnhofes Jannowitzbrücke waren mit einer vollständigen Umgestaltung der oberirdischen Anlagen verbunden. Unter anderem entstanden völlig neue Bauwerke für den gleichnamigen S-Bahnhof mit gemeinsamen Zugängen zu beiden Schnellbahnen.

Hinter dem U-Bahnhof Jannowitzbrücke schwenkt die Trasse zur Dircksenstraße hinüber, wofür damals eine 95 m lange Unterfahrung mehrerer Häuser notwendig war. Heute befindet sich hier ein unbebauter Parkplatz.

Großer Umbau am Alex

Im Zuge der Dircksenstraße erreicht die heutige Linie U8 den Alexanderplatz, der in den späten zwanziger Jahren vollständig aufgewühlt und zu einem großen Umsteigepunkt zwischen der S-Bahn, vielen Straßenbahnlinien und vier geplanten U-Bahn-Linien (davon aber nur drei realisierte) umgebaut wurde. Das Bauvorhaben hat damals die ganze Stadt bewegt. Alfred Döblin gibt in seinem Roman „Berlin Alexanderplatz" ein stimmungsintensives Zeugnis der damaligen Situation in der Stadt, die von der Bedeutung her vielleicht mit dem Baugeschehen am Potsdamer Platz in unseren Tagen ver-

22
U-Bahn-Bau am Alexanderplatz.

23
Übersicht der geplanten und schließlich ausgeführten Trassenvarianten rund um den Alexanderplatz.

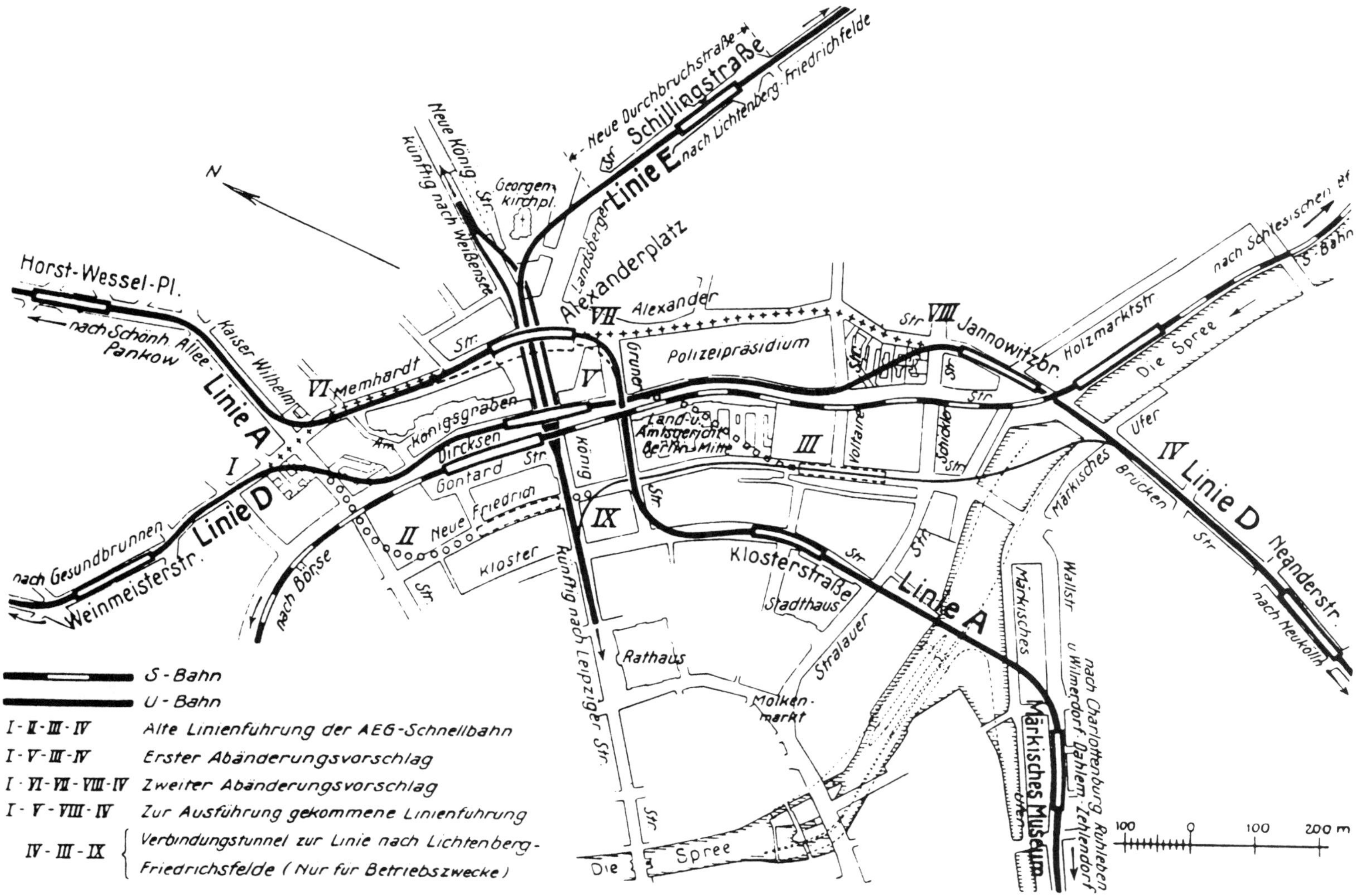
N
Horst-Wessel-Pl.
nach Schönh. Allee
Pankow
Kaiser Wilhelm
Linie A
Linie D
Linie E
Linie A
Linie D
Neue König Str.
künftig nach Weißensee
Georgen kirchpl.
Neue Durchbruchstraße
Str. Schillingstraße
nach Lichtenberg-Friedrichfelde
Landsberger
Alexanderplatz
Alexander Str.
VII
VIII
Jannowitzbr.
Holzmarktstr.
Die Spree
nach Schlesischen Bf
S-Bahn
Polizeipräsidium
Memhardt Str.
VI
V
Grunerstr.
Am Königsgraben
Dircksen Str.
Land- u. Amtsgericht Berlin-Mitte
III
Voltaire
Schicklerstr.
Ufer
IV
Märkisches Brücken Str.
I
Gontard Str.
Neue Friedrich Str.
II
Kloster Str.
IX
König Str.
nach Gesundbrunnen
Weinmeisterstr.
nach Börse
künftig nach Leipziger Str.
Klosterstraße
Stadthaus
Stralauer Str.
Rathaus
Molkenmarkt
Märkisches Ufer
Wallstr.
nach Charlottenburg, Ruhleben u. Wilmersdorf, Dahlem, Zehlendorf
Märkisches Museum
Neanderstr.
nach Neukölln
Die Spree
100 0 100 200 m
S-Bahn
U-Bahn
I-II-III-IV Alte Linienführung der AEG-Schnellbahn
I-V-III-IV Erster Abänderungsvorschlag
I-VI-VII-VIII-IV Zweiter Abänderungsvorschlag
I-V-VIII-IV Zur Ausführung gekommene Linienführung
IV-III-IX Verbindungstunnel zur Linie nach Lichtenberg-Friedrichsfelde (Nur für Betriebszwecke)

24
Nach Abschluß der Bauarbeiten am Alexanderplatz um 1932. Vorn im Bild der Zugang zur heutigen U2.

25
Blick auf die Treppenanlagen des Bahnsteigs der GN-Bahn am Alexanderplatz.

glichen werden kann. Der Unterschied bestand allerdings darin, daß der viel befahrene Alexanderplatz für die etwa dreijährige Bauzeit nicht komplett gesperrt werden durfte, die Arbeiten konnten deshalb nicht in offener Baugrube stattfinden. Der Oberflächenverkehr mußte, wenn auch mit häufigen Verlegungen und Umleitungen, über die Baugruben hinweg auf hölzernen Straßendecken geführt werden. Ebenso durfte der Verkehr auf der Stadtbahn nicht behindert werden.

Die Bahnhofsanlage unter dem Alexanderplatz bildet heute im Grundriß ein riesiges „H". Den einen (nördlichen) Schenkel bildet der schon 1913 eröffnete Bahnsteig der heutigen U2 in einfacher Tiefenlage. Er reicht in einem leichten Bogen vom Alexanderhaus (heute Sparkasse) bis zum Forum-Hotel.

Der zweite (südliche) Schenkel entstand mit dem Bahnhof der GN-Bahn in unmittelbar benachbarter und paralleler Lage zur Stadtbahn. Er liegt in anderthalbfacher Tiefenlage (7,5 m ab Schienenoberkante), weil bei seiner Errichtung bereits das Verteilergeschoß berücksichtigt wurde.

Den „Querstrich" des „H" bilden die beiden Bahnsteige, die heute der Linie U5 nach Hönow dienen und die außerdem von einer Strecke nach Weißensee benutzt werden sollten. Die Linie unter der Frankfurter Allee nach Friedrichsfelde war damals schon im Bau, eine Linie nach Weißensee gab und gibt es bis heute in den Planungsunterlagen. Die beiden außerordentlich tiefen Bahnsteige sind für einen Richtungsverkehr vorgesehen, wie er schon auf den Bahnhöfen Deutsche Oper, Wittenbergplatz oder Mehringdamm organisiert worden war. Auch eine südwestliche Verlängerung in die Innenstadt wurde für die beiden unteren Bahnsteige schon damals diskutiert. Doch erst in den neunziger Jahren wurde diese Citylinie in Angriff genommen. Inoffiziell heißt dieses Projekt heute auch „Kanzlerlinie", weil die Strecke unter dem neuen Regierungsviertel mit dem Bundeskanzleramt hindurch zum Lehrter Stadtbahnhof, dem künftigen Hauptbahnhof Berlins, führen wird.

Die Bahnsteige der Linien nach Friedrichsfelde/Hönow und Weißensee entstanden Ende der zwanziger Jahre rund 13 m unter der Erdoberfläche, ihre Fundamente reichen bis in 15 m Tiefe. Für eine kreuzungsfreie Ausfädelung der Linie nach Weißensee wurden einzelne Tunnelabschnitte sogar bis auf 20 m unter der Erde abgesenkt. Sie reichen noch einige Meter Richtung Norden und sind an ihrem Ende vermauert. In Richtung Innenstadt entstand eine viergleisige Abstellanlage, die bis kurz vor das Rote Rathaus reicht.

Vom Alex zum Gesundbrunnen

Der Alexanderplatz bildete das letzte große Hindernis auf dem Weg der GN-Bahn, der heuti-

26

26
Der Rosenthaler Platz in den dreißiger Jahren. Die Abgänge in der Bildmitte führen nicht zur U-Bahn, sondern zu unterirdischen Toiletten. Ganz links ist ein Zugang zum Zwischengeschoß der U-Bahn zu erkennen.

27

Die Bahnhöfe der GN-Bahn erhielten überwiegend Flachdecken, am Rosenthaler Platz sind die gerundeten Kehlen der Decke noch eine gestalterische – keine statische – Erinnerung an früher übliche gewölbte Deckenkonstruktionen.

27

gen U8, in Richtung Norden. Die anschließenden Tunnel hatte teilweise noch die AEG errichtet, auch der weitere Bau bereitete keine Probleme. Am 18. April 1930 ging der nördliche Streckenabschnitt von der Neanderstraße (Heinrich-Heine-Straße) über die Bahnhöfe Jannowitzbrücke, Alexanderplatz, Weinmeisterstraße, Rosenthaler Platz, Bernauer Straße, Voltastraße bis zum Bahnhof Gesundbrunnen in Betrieb. Die ursprünglichen AEG-Pläne einer Hochbahn waren hier einer unterirdischen Streckenausführung gewichen. Da die U-Bahn nun aber die tief im Einschnitt verkehrende S-Bahn unterqueren mußte, ergab sich die für Berlin außerordentliche Tiefenlage von rund 13 m. Vom ursprünglich geplanten Weiterbau zur Schwedenstraße sprach damals niemand mehr, vermutlich hat die heraufziehende Weltwirtschaftskrise auch hier, wie schon am südlichen Ende, ihre Spuren hinterlassen. Gesundbrunnen blieb nördlicher Endpunkt bis 1977.

Die Bahnhöfe der GN-Bahn

Auch die zweite Nord-Süd-Verbindung der Berliner U-Bahn verbesserte wieder in erheblichem Umfang die Umsteigemöglichkeiten. Bei insgesamt 15 Bahnhöfen gibt es fünf Verknüpfungen zur U- und S-Bahn:

Hermannplatz
(heute U7, damals Nord-Süd-Bahn),
Kottbusser Tor (U1),
Jannowitzbrücke (S-Bahn),
Alexanderplatz (U2, U5, S-Bahn),
Gesundbrunnen (S-Bahn).

Obwohl die GN-Bahn nur wenige Jahre nach der Nord-Süd-Bahn fertig wurde, waren die wirtschaftlichen Rahmenbedingungen in den „Goldenen Zwanzigern" bedeutend günstiger, was man noch heute den Bahnhöfen ansehen kann. So erhielten die Bahnsteige der Großprofil-Linie Längen um 130 m und Breiten von rund 8 m, an den Umsteigebahnhöfen sogar bis 18 m. Sie liegen zumeist in anderthalbfacher Tiefenlage, es gibt also Zwischengeschosse, in denen die Fahrgäste den seitlichen Bürgersteig erreichen können. Die für die Nord-Süd-Bahn typischen Treppen in der Mitte der Straße finden sich auf dieser Linie nur in den Bahnhöfen Voltastraße, Bernauer Straße und Boddinstraße, weil hier die Rohbauten noch vor dem Krieg weitgehend fertiggestellt wurden.

Die Ausgestaltung der Bahnhöfe übernahmen Alfred Grenander und sein Mitarbeiter Alfred Fehse, die ihre sehr sachlich-funktionale Formensprache

28

28
Bei aller Sachlichkeit in der Architektur fanden die Mittelstützen auf der GN-Bahn doch besondere Aufmerksamkeit. Oft sind sie keramisch verkleidet, hier an der Bernauer Straße sogar aus Naturstein.

hier auf einer ganzen Strecke verwirklichen konnten. Selbst Moritzplatz, der vom AEG-Hausarchitekten Peter Behrens gestaltet wurde, ordnet sich in das architektonische Gesamtkonzept ein. Die Bahnhöfe sind mit farbiger Keramik ausgekleidet, die allerdings nicht mehr nach dem Kennfarbenprinzip in einer bestimmten Reihenfolge angeordnet sind. Vielfach erhielten die einfachen oder bei breiten

Alfred Frederik Elias Grenander (1863-1931)

Verschiedene Architekten haben an den Bahnhofsanlagen der Berliner U-Bahn mitgewirkt. Die prägendsten Spuren hat der Schwede Grenander hinterlassen. Er arbeitete seit 1899 für die Berliner Hoch- und Untergrundbahn und schuf die meisten Bahnhofsentwürfe im gesamten Netz. In den zwanziger Jahren erreichte seine extrem sachlich-funktionale Formensprache ihren Höhepunkt (speziell heutige U8).

Von ihm stammt auch das Prinzip der Kennfarben, bei dem jeder Bahnhof eine spezielle Farbe erhielt, die sich dann auf Unterzügen, Stützen und Schilderumrahmungen zeigte, wodurch den Fahrgästen das Erkennen „ihrer" Station erleichtert werden sollte. Die Kennfarben, die sich auf einer Linie in einem bestimmten Rhythmus wiederholten, lassen sich heute beispielsweise noch auf der U6 und dem Nordostabschnitt der U2 erkennen. Später lockerte Grenander selbst dieses strenge Konzept wieder. Auf den Linien U8 und U5 gibt es zwar noch dominierende Farben auf den Bahnhöfen, doch sind ihre Reihenfolge und ihre Farbnuance frei gewählt.

Von Grenander stammen auch eine Reihe anderer Bauten, etwa die Gotzkowskybrücke oder das BVG-Gebäude am Alexanderplatz.

29

29
Bis in die neunziger Jahre mußte in Gesundbrunnen über einen Verbindungsgang von der S- zur U-Bahn umgestiegen werden. Die heute geschlossenen Treppen zu diesem Gang sind im Hintergrund des Bildes noch zu erkennen. Erst mit dem Umbau der S- und Fernbahnsteige zum sogenannten Nordkreuz entstand der direkte Weg zur S-Bahn über die Treppe im Vordergrund.

Umsteigebahnhöfen auch doppelten Stützenreihen ebenfalls keramische Verkleidungen. Die Decken sind überwiegend flach ausgeführt. An die zuvor üblichen Deckenausführungen entweder mit schmalen querverlaufenden Gewölbetonnen, den sog. Kappendecken, oder mit rechteckigen Kassetten erinnern immerhin noch die Kehlen auf einigen Bahnhöfen, etwa am Rosenthaler Platz oder an der Leinestraße.

Tunnelanschlüsse

Die GN-Bahn erhielt als erste Linie keine eigene Betriebswerkstatt. Kurzzeitig gab es provisorische Wartungsmöglichkeiten im Tunnel zwischen den Bahnhöfen Boddinstraße und Leinestraße, später benutzte man das Überführungsgleis am Hermannplatz und wartete die Züge in der Betriebswerkstatt Seestraße. Mit der Fertigstellung der Linie unter der Frankfurter Allee (heute U5) übernahm schließlich die Betriebswerkstatt Friedrichsfelde die Züge der heutigen U8 zur Pflege und Wartung. Als Verbindungsstrecke zwischen der U5 und der U8 diente und dient heute wieder der sogenannte Waisentunnel: Die AEG hatte noch während des ersten Weltkrieges die Spreequerung von der Brücken- zur Littenstraße errichtet. Im Zuge der Umplanungen nach dem Krieg wurde die GN-Bahn dann aber über Jannowitzbrücke geführt. Das dadurch für den Linienverkehr überflüssige Tunnelstück unter der Littenstraße wurde bis zur Abstellanlage der heutigen U5 verlängert und als Betriebs- und Überführungsgleis benutzt (siehe auch 5. Kapitel, Abschnitt 5.3).

Durch die Umplanungen entstand auch die sonderbare Situation, daß die Berliner U-Bahn auf den wenigen hundert Metern zwischen Jannowitzbrücke und Fischerinsel drei im Bau doch sehr teure und aufwendige Spreeunterquerungen besitzt:
im Zuge der Brückenstraße (U8),
von der Brückenstraße zur Littenstraße (Betriebsgleis im Waisentunnel)
und von der Wall- zur Klosterstraße (U2).

Während der Waisentunnel wenigstens noch einen betriebstechnischen Sinn erhielt, wurden beim Bauherrnwechsel auf der GN-Bahn von der AEG zur Stadt sogar Tunnelstücke völlig für den Verkehr aufgegeben. Im Zuge der Dresdener Straße war durch den später geplanten Umweg über Moritzplatz ein im Rohbau fast fertiger Bahnhof überflüssig geworden, der dann als Luftschutzbunker und BEWAG-Umspannwerk genutzt wurde.

3.5 Die Entwicklungen im Kleinprofilnetz und bei der Hochbahngesellschaft

Die BVG ensteht

Wie schon beschrieben, hatte die private Hochbahngesellschaft den ersten Weltkrieg wirtschaftlich relativ gesund überstanden. Dennoch wurde die Lage des Unternehmens in den nachfolgenden Jahren immer komplizierter.

Aus dem Siedlungskonglomerat rund um Berlin war über die Zwischenstation des Zweckverbandes 1920 die Einheitsgemeinde Groß-Berlin entstanden. Man sah sich nun einem einzigen Verhandlungspartner gegenüber, in dessen Gremien die Befürworter des kommunal organisierten Stadtverkehrs in der Mehrheit waren. Groß-Berlin besaß damals schon große Anteile des Straßenbahnnetzes und konnte so, u.a. über den Fahrpreis, der Hochbahngesellschaft erhebliche Konkurrenz machen. Beim Bau beider Nord-Süd-Verbindungen hatte die Stadt zudem hinreichend Kompetenz und Wirtschaftskraft auch auf dem Gebiet der Untergrundbahn bewiesen.

1926 konnte die Hochbahngesellschaft zwar noch 5 % Dividende ausschütten, doch waren die weiteren Aussichten auf Rendite unsicher. An einen Bau neuer Strecken wurde angesichts der Baukosten und wohl auch unter dem Eindruck der AEG-Schnellbahnpleite nicht gedacht.

In dieser Situation wurde am 10. Juli 1926 der sogenannte Hochbahnvertrag geschlossen. Mit mehreren, teils über Jahre gestreckten aktienrechtlichen Transaktionen sicherte sich die Stadt Berlin das Bestimmungsrecht über das gesamte U-Bahn-Netz, an dem sie letztendlich das vollständige Eigentum erwarb. Die Stadt mußte hierfür erhebliche finanzielle Mittel aufwenden, doch schien dies für das große Ziel einer einheitlichen Verkehrsorganisation, die man in diesen Jahren auch bei Bus und Straßenbahn mit Erfolg anstrebte, vertretbar. Die unsichere Zukunft ließ auch die Aktionäre der Hochbahngesellschaft für den Vertrag stimmen, der ihnen statt ungewisser weiterer Dividenden sichere Überweisungen der Stadt bescherte.

Den krönenden Abschluß fanden Berlins Bemühungen um einen einheitlich von der Stadt organisierten Nahverkehr schließlich in der Gründung der „Berliner Verkehrs Aktiengesellschaft" zum 1. Januar 1929, deren Kürzel „BVG" die Berliner Verkehrsbetriebe bis heute benutzen.

Aus eigener Kraft hatte die Hochbahngesellschaft noch zwei Veränderungen im Kleinprofilnetz nach dem Krieg verwirklicht. Seit dem 22. Mai 1922 gab es regelmäßigen Linienverkehr zum Bahnhof Stadion in Westend, der vorher schon errichtete Rohbau des Bahnhofes Neu-Westend wurde in diesem Zusammenhang der Öffentlichkeit übergeben. Bereits mit dem Umbau des Bahnhofs Gleisdreieck war 1912 die sogenannte Entlastungsstrecke geplant worden. Erst 14 Jahre später, am 24. Oktober 1926, fuhren die ersten Züge von Warschauer Brücke kommend ab Gleisdreieck über den Bahnhof Kurfürstenstraße zum Nollendorfplatz (heutige U1). Die lange Bauzeit ist u.a. den technischen Schwierigkeiten an der Rampe von der Dennewitzstraße durch 30 Häuser hindurch hinab zur Kurfürstenstraße geschuldet.

Auch der komplette Umbau der Bahnanlagen am Nollendorfplatz gestaltete sich zeitraubend und aufwendig. Hier bestand seit 1910 der Mangel, daß die Schöneberger Bahn keine direkte Verbindung zur Stammstrecke der Hochbahngesellschaft hatte. Die Schöneberger Bahn wurde deshalb bis unter die Hochbahn verlängert, wo sie eine gemeinsame

30

30
Zugang zum erst 1922 in Betrieb genommenen Bahnhof Neu-Westend.

Die letzten privaten U-Bahn-Neubauten

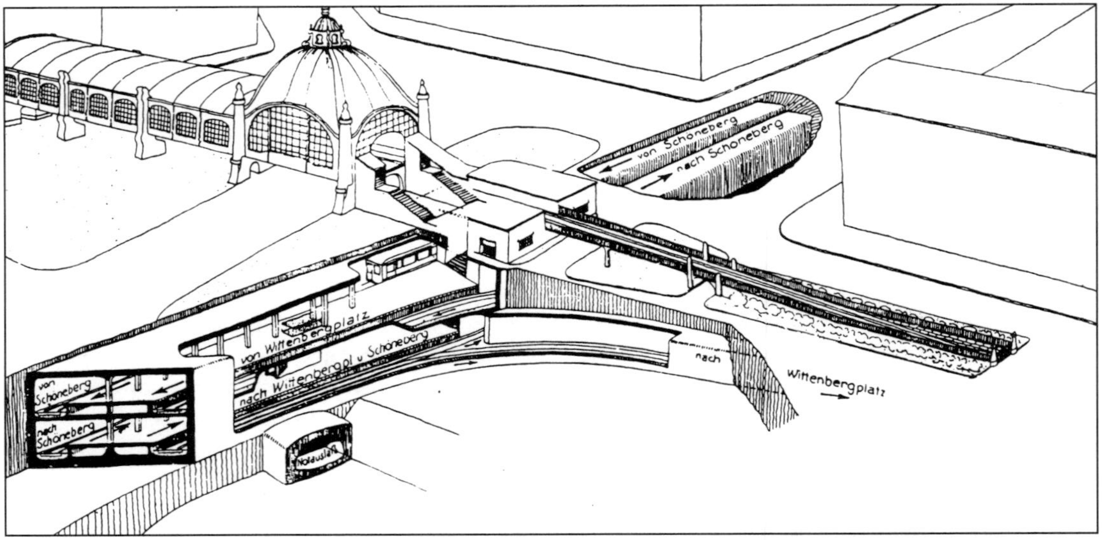

31
Schnittbild durch den Bahnhof Nollendorfplatz nach dem 1926 abgeschlossenen Umbau.

Bahnhofsanlage mit der Entlastungsstrecke erhielt. Aus Platzmangel konnten die beiden Bahnsteige jedoch nicht neben-, sondern nur übereinander angeordnet werden. In einfacher Tiefenlage kommen die Züge vom Innsbrucker Platz an (U4), an der gegenüberliegenden Bahnsteigkante halten die Züge von Wittenbergplatz zur Warschauer Straße (U1). Die Schöneberger Bahn kehrt anschließend in einem Tunnelstumpf und fährt in der zweiten Tiefenlage wieder ein. An diesem unteren Bahnsteig halten außerdem die Züge von Warschauer Straße in Richtung Wittenbergplatz. Es handelt sich also um klassischen Richtungsverkehr, wie etwa am Bahnhof Mehringdamm, hier jedoch in zwei Ebenen. Die Baugrube reichte in der Motzstraße bis zu 11 m in die Tiefe, während der Arbeiten waren umfangreiche Fundamentsicherungen, zusätzlich erschwert durch Grundwasserabsenkungen, notwendig.

Mit dem Umbau entstand eine gemeinsame Eingangshalle für alle drei nun am Nollendorfplatz verkehrenden Linien. Ansonsten blieben die Hochbahnbauwerke damals im wesentlichen unverändert. Der sehr repräsentativ gestaltete Hochbahnhof wurde nach schweren Schäden im zweiten Weltkrieg allerdings nur vereinfacht wiederaufgebaut.

Die Entlastungsstrecke (U1) führt unter der Kleiststraße in Richtung Wittenbergplatz. Parallel dazu befahren die Züge der Stammstrecke (U2) an der gleichen Stelle eine Rampe, so daß beide Linien gemeinsam den Bahnhof Wittenbergplatz erreichen.

Der einzige wirklich neue Bahnhof der Entlastungsstrecke liegt in der Kurfürstenstraße. Die heutige Ausgestaltung entstand zwar erst in den achtziger Jahren, doch die sehr einfache bauliche Anlage des Bahnhofs läßt auch noch heute erkennen, daß die Hochbahngesellschaft im Jahre 1926 schon sehr viel bescheidener bauen mußte, als etwa 20 Jahre zuvor.

Netzerweiterungen der BVG bis 1930

Als die BVG die Verantwortung für den gesamten Nahverkehr übernahm, änderten sich die Planungsprämissen für neue Strecken bzw. Streckenverlängerungen deutlich. Es war nun nicht mehr die Frage, ob und wieviel neue Fahrgäste durch eine Linie hinzugewonnen werden konnten. Vielmehr stand die Erschließung aller Stadtgebiete, in denen Menschen wohnten, arbeiteten oder sich erholen konnten, im Mittelpunkt. Dabei sollten Bus, Straßenbahn und U-Bahn jeweils ihren spezifischen Vorteilen nach eingesetzt, vor allem aber auch sinnvoll miteinander verknüpft werden.

Umfangreiche Planungen begannen, die zwar größtenteils wegen der Weltwirtschaftskrise, der

Machtübernahme der Nationalsozialisten und des zweiten Weltkrieges nicht mehr realisiert werden konnten. Viele Überlegungen der damaligen Zeit fanden dann aber ab 1953 in der sogenannten dritten Ausbauphase ihren Niederschlag.

Drei Streckenverlängerungen im Kleinprofilnetz entstanden unter nunmehr städtischer Regie noch in den späten zwanziger Jahren. Die heutige U2 erhielt an beiden Enden jeweils eine neue Station: Ruhleben und Pankow (Vinetastraße). Die Wilmersdorf-Dahlemer-Bahn wurde vom Thielplatz bis zum Bahnhof Krumme Lanke verlängert.

Keine klassische Netzerweiterung, aber doch ein wichtiger Schritt bei der Verbesserung des Verkehrsangebotes war in jenen Jahren auch die Verlängerung der Bahnsteige auf der Stammstrecke auf 110 m. Bei aufmerksamer Betrachtung kann man an den historischen Bahnhöfen, etwa Bülowplatz, diese Bahnsteigverlängerungen heute noch erkennen. Seit 1929 konnten dadurch auch auf der Stammstrecke 8-Wagen-Züge verkehren.

Spandau und Pankow knapp verpaßt

Bei der Verlängerung nach Ruhleben hatte man eine bessere Anbindung Spandaus im Auge. Eine Streckenführung bis nach Spandau scheiterte an den hohen Kosten der Bahn- und Havelquerungen. An der Charlottenburger Chaussee in Ruhleben bot sich aber die Möglichkeit, wenigstens das Spandauer Straßenbahnnetz günstig mit der U-Bahn zu verknüpfen. Die Arbeiten begannen im Sommer 1928 zunächst mit dem Umbau des immer noch sehr schlichten Bahnhofs Stadion, der zwei Bahnsteige erhielt sowie eine moderne Zugsicherungs- und Signalanlage, die damals in der Fachwelt viel Aufmerksamkeit fand. Das dazugehörige neue Stellwerk beherbergt heute, nachdem es durch einen abermaligen Neubau für den Bahnbetrieb nicht mehr notwendig war, das U-Bahn-Museum Berlins.

Vom Bahnhof Stadion aus führt die Strecke auf einem Damm nach Ruhleben, wo 6,7 m über der Straße der gleichnamige Bahnhof entstand. Der 110 m lange Mittelbahnsteig erhielt eine Überdachung auf Mittelstützen, wie sie schon auf den offenen Abschnitten der Wilmersdorf-Dahlemer-Bahn verwendet worden waren. Ebenerdig entstand eine etwa 17 mal 18 Meter große Eingangshalle, die den Umsteigeverkehr von und zur Straßenbahn aufnahm. Die frühere Situation am 1929 eröffneten Bahnhof läßt sich heute nach eini-

32

32
Plastik des „Schreitenden" auf dem heutigen Bahnhof Vinetastraße.

Nochmals echte Geländeerschließung

gen Umbauten und vor allem nach der Abschaffung der Straßenbahn nur noch teilweise erkennen.

Der Grundgedanke der Verlängerung war auch am entgegengesetzten Ende der Strecke ähnlich. Hier ging es um die Anbindung Pankows an das U-Bahn-Netz. Außerdem hatte sich der Verkehr am Umsteigepunkt Nordring (heute Schönhauser Allee) sehr stark entwickelt. Speziell die Kehranlagen für die Züge zeigten sich einem Zugabstand von anderthalb Minuten kaum noch gewachsen. Der Viadukt wurde im Zuge der Schönhauser Allee verlängert, wobei allerdings die Stützweiten jetzt 28,5 m gegenüber den früheren 12 m betrugen. Kurz hinter der Bornholmer Straße beginnt dann die Rampe zum Bahnhof Pankow (Vinetastraße) in anderthalbfacher Tiefenlage. Vom Zwischengeschoß führen sieben Treppen zu den seitlichen Bürgersteigen und direkt zu den Straßenbahnhaltestellen. Die heute nur noch Vinetastraße genannte Station wurde am 13. November 1930 eingeweiht. Die geplante Verlängerung bis zur Breiten Straße in Pankow kam damals nicht mehr zustande, erst in den achtziger und jetzt wieder in den neunziger Jahren baut man hier weiter.

Am südlichen Ende der Wilmersdorf-Dahlemer-Bahn (heute U1) sprach zunächst vieles gegen eine Streckenverlängerung. Der Dahlemer Abschnitt dieser als Einschnittbahn angelegten Strecke hatte seit seiner Eröffnung laufend Defizite gebracht. Berlin wehrte sich lange dagegen, diese Strecke von der Domäne Dahlem (also letztlich dem preußischen Fiskus) zu übernehmen, was eigentlich 1920 mit der Bildung der Einheitsgemeinde fällig gewesen wäre. 1926 bot sich dann eine günstige Gelegenheit zur Übernahme und Streckenverlängerung in einem. Der preußische Staat war bereit, die Schulden der Teilstrecke zu übernehmen und die Strecke selbst unentgeltlich der Stadt zu übergeben. Gleichzeitig bot der Sommerfeld-Konzern an, für eine Verlängerung nach Krumme Lanke, wo der Konzern umfangreiches Terrain besaß, das Land unentgeltlich zur Verfügung zu stellen und die Baukosten zu übernehmen. Der Konzern erhoffte sich vom Bahnanschluß eine Aufwertung seines Grundbesitzes. Berlin bekam schließlich etwa 3 km U-Bahn schuldenfrei geschenkt und weitere 3 km kostenlos gebaut. Besser geht's kaum. Auf dem neu erschlossenen Gelände wurden gut 23.000 zukünftige Einwohner erwartet, wodurch der Betrieb des südwestlichsten Teils des Netzes endlich rentabel zu werden versprach.

33

33
Historische Aufnahme vom Bahnhof Onkel-Toms-Hütte mit der Ladenstraße.

34

35

34
Sommerfrische auch für die Fahrer von Untergrund(!)-Bahnen, hier am Bahnhof Krumme Lanke.

35
Das Originalgebäude von Grenander am Bahnhof Krumme Lanke (Bild) mußte wegen Baufälligkeit abgerissen werden. Der 1989 eingeweihte Nachfolgebau entspricht jedoch weitgehend seinem Vorgänger.

Die Verlängerung wurde als Einschnittbahn weitergeführt und im Dezember 1929 der Öffentlichkeit übergeben. Auf unbebautem Gebiet der Domäne Dahlem errichtete man hinter dem Thielplatz den Bahnhof Oskar-Helene-Heim. Es folgen Onkel-Toms-Hütte und Krumme Lanke auf dem damaligen Sommerfeldterrain. Auffällig ist speziell der Bahnhof Onkel-Toms-Hütte, der innerhalb eines großen Baublocks liegt und von Ladenstraßen (erst 1931 erbaut) flankiert wird. Tageslicht erhält der Bahnhof über die transparente Bedachung.

Das Bahnhofsgebäude von Krumme Lanke ist eines der späten Werke von Grenander, der hier eine klar und sachlich gestaltete U-förmige Halle anlegte, die wegen Baufälligkeit 1988 allerdings abgerissen werden mußte. Im Sommer 1989 konnte ein weitgehend originalgetreuer Neubau eingeweiht werden. In den Tunnelstümpfen unter dem Bahnhofsvorplatz befindet sich eine Abstellanlage. Weitere Abstellmöglichkeiten bietet die Wagenhalle zwischen den Bahnhöfen Krumme Lanke und Onkel-Toms-Hütte, mit der zusammen auch das Umformerwerk für diesen Abschnitt sowie ein Wohnhaus für Betriebsangehörige entstanden.

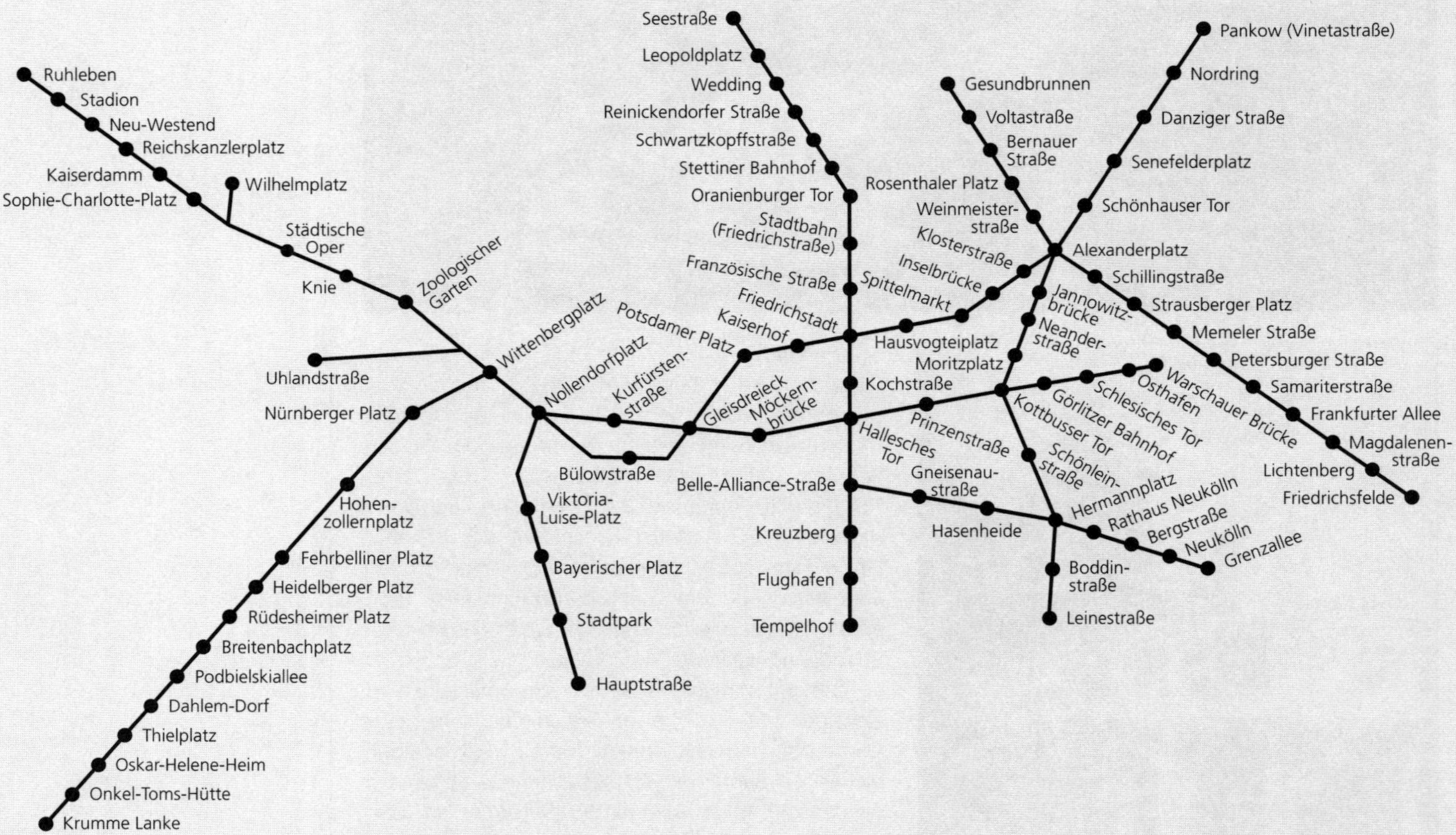
Seestraße
Leopoldplatz
Wedding
Reinickendorfer Straße
Schwartzkopffstraße
Stettiner Bahnhof
Oranienburger Tor
Stadtbahn (Friedrichstraße)
Französische Straße
Friedrichstadt
Kochstraße
Hallesches Tor
Belle-Alliance-Straße
Kreuzberg
Flughafen
Tempelhof
Pankow (Vinetastraße)
Nordring
Danziger Straße
Senefelderplatz
Schönhauser Tor
Alexanderplatz
Schillingstraße
Strausberger Platz
Memeler Straße
Petersburger Straße
Samariterstraße
Frankfurter Allee
Magdalenen-straße
Lichtenberg
Friedrichsfelde
Gesundbrunnen
Voltastraße
Bernauer Straße
Rosenthaler Platz
Weinmeister-straße
Klosterstraße
Inselbrücke
Spittelmarkt
Hausvogteiplatz
Jannowitz-brücke
Neander-straße
Moritzplatz
Kottbusser Tor
Schönlein-straße
Hermannplatz
Rathaus Neukölln
Bergstraße
Neukölln
Grenzallee
Boddin-straße
Leinestraße
Gneisenau-straße
Hasenheide
Prinzenstraße
Görlitzer Bahnhof
Schlesisches Tor
Osthafen
Warschauer Brücke
Ruhleben
Stadion
Neu-Westend
Reichskanzlerplatz
Kaiserdamm
Sophie-Charlotte-Platz
Wilhelmplatz
Städtische Oper
Knie
Zoologischer Garten
Wittenbergplatz
Nollendorfplatz
Kurfürsten-straße
Gleisdreieck
Möckern-brücke
Potsdamer Platz
Kaiserhof
Bülowstraße
Uhlandstraße
Nürnberger Platz
Hohen-zollernplatz
Fehrbelliner Platz
Heidelberger Platz
Rüdesheimer Platz
Breitenbachplatz
Podbielskiallee
Dahlem-Dorf
Thielplatz
Oskar-Helene-Heim
Onkel-Toms-Hütte
Krumme Lanke
Viktoria-Luise-Platz
Bayerischer Platz
Stadtpark
Hauptstraße

3.6 Die U-Bahn unter der Frankfurter Allee

Das letzte große Projekt der zweiten Ausbaustufe der Berliner U-Bahn war die Linie unter der Frankfurter Allee, die heutige U5. Erstmals nahm man hier am 21. Dezember 1930 eine ganze Strecke mit immerhin 7 km Länge geschlossen in Betrieb.

Die Vorgeschichte der Linie beginnt wieder sehr früh. Schon 1908 hatte sich die Hochbahngesellschaft um die Konzession für eine solche Strecke bemüht und 1914 auch erhalten. Die Strecke sollte damals noch an der Klosterstraße von der Trasse Potsdamer Platz–Nordring abzweigen. 1913 war deshalb, wie schon beschrieben, der Bahnhof Klosterstraße für drei Gleise vorbereitet worden.

Zum Bau der Linie war es indessen wegen des ersten Weltkrieges nicht mehr gekommen. Nach dem Krieg aber sollten alle neuen Strecken im Großprofil erbaut werden. Ein durchgehender Zugverkehr aus dem Kleinprofilnetz über die Klosterstraße in die Frankfurter Allee erschien somit sinnlos. Eine Anbindung am Alex war erfolgversprechender, erhielt man sich doch so die bereits erwähnte Möglichkeit, die Frankfurter-Allee-Linie mit der geplanten Strecke aus Weißensee zu vereinen und beide eventuell als selbständige Citylinie bzw. heute Kanzlerlinie weiterzuführen.

Die Konzession für den Bau der Frankfurter-Allee-Linie besaß immer noch die Hochbahngesellschaft, die im März 1927 auch die erneuerte Konzession nach den veränderten Plänen erhielt. Formal war somit die Hochbahngesellschaft erstmals Bauherr einer Großprofilstrecke, praktisch hatte aber zu dieser Zeit, wie schon dargestellt, bereits die Stadt Berlin bei der Gesellschaft den beherrschenden Einfluß. Das vereinfachte natürlich die Koordination des Gesamtprojektes Alexumbau, mit dem Ende Mai 1927 in der Königstraße (Rathausstraße) begonnen wurde und dessen Umfang schon im Zusammenhang mit der GN-Bahn dargestellt wurde.

Neue Straßen für die U-Bahn

Die Strecke unter der Frankfurter Allee erforderte auch oberirdische Veränderungen am Alexander-

37

36
Das Berliner U-Bahn-Netz zum Ende der zweiten Ausbaustufe. Man beachte die am 21. Dezember 1930 eingeweihte Strecke nach Friedrichsfelde (heute U5) sowie die Verlängerungen im Kleinprofilnetz nach Pankow, Ruhleben und Krumme Lanke.

37
Die beiden unteren Bahnsteige am Alexanderplatz. Die Mittelgleise werden von den Zügen der Frankfurter-Allee-Linie benutzt. Auf den äußeren Gleisen war und ist der Verkehr von und nach Weißensee vorgesehen.

39

38
Kehranlage der heutigen U5 am Alexanderplatz.

40
Das Zwischengeschoß am Bahnhof Lichtenberg ist wegen seiner Lage unter dem ohnehin schon tiefen Bahngraben extrem niedrig. Die Lage des U-Bahnhofs ermöglicht dafür kurze Umsteigewege zur S- und Regionalbahn.

41
Aufgeständerte Gleise in der Betriebswerkstatt Friedrichsfelde.

platz, denn der Straßenzug führte damals noch nicht direkt auf den Platz. Dichte Bebauung und enge Straßen des historischen Berlins versperrten hier der Trasse den Weg. Die Stadt entschloß sich, die verwinkelten Straßenzüge aufzuheben und neue Straßenfluchten festzulegen. Die Große Frankfurter Straße (heute Karl-Marx-Allee) wurde bis zur Landsberger Allee verlängert und erreichte mit ihr gemeinsam den Alexanderplatz. Diese Straßenführung ist allerdings heute, nach einer abermaligen und noch großzügigeren Umgestaltung des Alexanderplatzes, nicht mehr zu erkennen.

Der weitere Bauverlauf hinter dem Alexanderplatz war in der relativ breiten und wie mit dem Lineal gezogenen Frankfurter Allee kein Problem. Wie es sich mittlerweile bewährt hatte, wurde der Tunnelbau am S-Bahnhof Frankfurter Allee mit der Erweiterung der alten S-Bahn-Überführung kombiniert. Etwas schwieriger gestaltete sich dann die 100 m lange Unterfahrung der S-Bahn am Bahnhof Lichtenberg.

Der nächste Bahnhof, Friedrichsfelde, sollte für mehrere Jahrzehnte der vorläufige Endpunkt der Strecke sein. Seine Lage ergab sich weniger aus dem zu erwartenden Verkehrsaufkommen als vielmehr aus der Notwendigkeit, für die Strecke eine

40

41
Äußerst karge Sachlichkeit prägt die Architektur der Bahnhöfe unter Karl-Marx- und Frankfurter Allee, hier Schillingstraße.

Betriebswerkstatt einzurichten. Im damals noch dünn besiedelten Friedrichsfelde konnte ein entsprechendes Gelände erworben werden, auf dem sich bis heute die Betriebswerkstatt befindet. Für eine eventuelle Streckenverlängerung wurde damals die Richtung nach Karlshorst und eventuell auch Schöneweide ins Auge gefaßt. Die erste Erweiterung (zu DDR-Zeiten) bis zum Bahnhof Tierpark zeigte auch noch in diese südliche Richtung, Ende der achtziger Jahre war es dann aber wichtiger, die neuen Wohngebiete in Hellersdorf im Osten mit der U-Bahn zu erschließen.

Das Bahnhofskonzept

Die baulichen Anlagen auf der letzten neuen Strecke der zweiten Ausbauphase demonstrieren, welchen Standard man beim U-Bahn-Bau am Ende der zwanziger Jahre erreicht hatte. Die Linie erhielt durchgängig Mittelbahnsteige von 8 bis 9 m Breite und 120 m Länge. Die flachen Decken ruhen auf einer Reihe Mittelstützen. Alle Bahnhöfe, mit Ausnahme von Friedrichsfelde, entstanden in anderthalbfacher Tiefenlage, wobei die Zwischengeschosse nicht nur zum Erreichen der Bahnsteige dienten, sondern auch einer bequemen Unterquerung der Frankfurter Allee. Die tiefe Tunnellage nutzte man, um auf der Oberseite des Tunnels einen begehbaren zentralen Leitungskanal anzuordnen, in dem die Rohre und Kabel von Post, BEWAG, und Wasserwerken verliefen – ein kleines Indiz dafür, wie weit U-Bahn-Bau damals schon als gesamtstädtisches Bauvorhaben verstanden wurde.

Auch in der Bahnhofsausgestaltung folgte die Linie unter der Frankfurter Allee konsequent dem sachlichen Zeitgeist. Das Bedürfnis nach rein zweckmäßiger Architektur verwandelte sich hier allerdings schon in karge Langeweile, die man den Bahnhöfen noch bis heute anmerken kann. Die schlichte Architektur mag auch den Zeitumständen, sprich der Weltwirtschaftskrise, geschuldet sein. Von Mai 1927 bis Ende 1928 konnten weite Teile im Rohbau fertiggestellt werden, der Ausbau zog sich dann aber noch bis Ende 1930 hin.

3.7 Linienbezeichnungen

Es mutet heute sonderbar an, daß die Strecken der Hoch- und Untergrundbahn Berlins in den ersten Jahrzehnten keine Linienbezeichnungen im heutigen Sinne trugen. Gebräuchlich waren vielmehr die Namen der jeweiligen Bauprojekte, etwa „Stammstrecke", „Nord-Süd-Bahn" oder „GN-Bahn". Mit fortschreitender Netzbildung und erhöhter Streckenzahl wurde dies natürlich immer unkomfortabler, wenn man bei einer Streckenbezeichnung wie „Wilmersdorf-Dahlemer-Bahn" überhaupt von sprachlichem Komfort sprechen kann.

Ende der zwanziger Jahre kamen deshalb Buchstaben als Linienbezeichnungen und römische Ziffern für die abzweigenden Linien auf, die sich in der Öffentlichkeit aber wohl nur allmählich durchsetzten. Noch Mitte der dreißiger Jahre entstanden viele Stadtpläne und Liniennetzkarten ohne Bezeichnung der Linien. Bei Straßenbahn und Bus hingegen war eine Numerierung damals längst üblich. Immerhin war die U-Bahn aber nicht das letzte Berliner Verkehrsmittel ohne Linienbezeichnung, die S-Bahn führte sie erst 1984 ein.

Die fünf Großbuchstaben von A bis E bezeichneten die Hauptstrecken im damaligen U-Bahn-Netz. Mit den nachgestellten römischen Ziffern wurden die verschiedenen Abzweige dargestellt. 1930 waren folgende Linien in Betrieb:

Das Netz war von 36 km im Jahr 1913 auf rund 76 km im Jahre 1930 gewachsen. Neben den neuen Verlängerungen waren auch die Kapazitäten auf den bestehenden Linien durch längere Züge und kürzere Zugfolgen (bis zu 90 Sekunden) erhöht worden, so daß 1931 insgesamt 265,5 Millionen Fahrgäste befördert werden konnten.

Kleinprofilnetz

A I	*Pankow–Ruhleben*
A II	*Pankow–Krumme Lanke*
A III	*Städtische Oper–Wilhelmplatz (heute nicht mehr befahren)*
B I	*Warschauer Brücke–Hauptstraße (heute Innsbrucker Platz)*
B II	*Warschauer Brücke–Uhlandstraße*

Großprofilnetz

C I	*Seestraße–Grenzallee*
C II	*Seestraße–Tempelhof (Südring)*
D	*Gesundbrunnen–Leinestraße*
E	*Alexanderplatz–Friedrichsfelde*

42

42

Zwei Zugtypen symbolisieren hier an einem Tag der offenen Tür die erste und zweite Ausbaustufe der Berliner U-Bahn. Links ein Kleinprofilzug der Bauart A, wie er in verschiedenen Modifikationen von 1901 bis in die fünfziger Jahre gebaut wurde. Die ersten Züge für das Großprofil in der Bauart B1 (rechts) hatten wegen ihrer eigenwilligen Frontgestaltung schnell den Spitznamen „Tunneleule" erhalten.

1

4. Kapitel

Größenwahn, zweiter Weltkrieg und Wiederaufbau des zerstörten Streckennetzes

4.1 Große Pläne von 1933 bis 1939

Die Ernennung Hitlers zum Reichskanzler am 30. Januar 1933 veränderte grundsätzlich alle Bereiche des Lebens in Deutschland. In einem 18monatigen Prozeß der „Machtergreifung" entstand unter anderem durch Aufhebung der demokratischen Grundrechte, Verbot aller Parteien, Zerschlagung der Gewerkschaften, Entmachtung der Parlamente und nicht zuletzt durch permanente Propagandaaktionen ein diktatorisches Regime. Ob in Politik, Wirtschaft, Kultur, Bildung oder Verkehr – überall gab es personelle und organisatorische Veränderungen, andere Strukturen, wesentliche Neuerungen. Eine zentral gesteuerte Verkehrspolitik bestimmte die künftigen Streckenplanungen, den Neu- und Ausbau von Verkehrsanlagen, den Betriebsdienst, die Personalentwicklung, die Werbung und vieles mehr. Neben vielen Schwierigkeiten brachte diese Entwicklung aber auch erstmals die Chance für die Stadt, daß die beiden großen Verkehrsgesellschaften, die BVG und die Deutsche Reichsbahn, ihre Maßnahmen koordinierten und aufeinander abstimmten.

Neue Medien

In der Weimarer Republik bewußt ausgelagerte Geschäftsbereiche wie die an Privatfirmen verpachtete Bewirtschaftung der Werbeflächen auf U-Bahn-Anlagen gingen 1933 in BVG-Regie über. Ende des gleichen Jahres entstand eine neue Abteilung, die „Vereinigte Verkehrs-Reklame". Sie verantwortete auch, daß der Rundfunk und das noch junge Fernsehen in die zahlreichen Aktivitäten der Öffentlichkeitsarbeit einbezogen wurden. Im Januar 1937 strahlte das Berliner Funkhaus z.B. das Hörspiel „Rund um die U-Bahn" aus. Sogar eine Filmproduktion zur U-Bahn entstand, am 17. Dezember 1936 fand die Uraufführung des UFA-Spielfilms „Hochbahnhof Gleisdreieck" statt.

Umwälzungen auf allen Gebieten

Die Umwälzungen drangen selbstverständlich bis in den Bereich U-Bahn der BVG vor. Bereits im ersten Halbjahr 1933 begann sich das große Personalroulette zu drehen. Immer wieder wurden Vorstandsmitglieder, Direktoren, Prokuristen und Betriebsleiter abgesetzt und neue ernannt. Auch in

1
Der Wassertorplatz zwischen den U-Bahnhöfen Kottbusser Tor und Prinzenstraße (heute U 1) am 19. September 1933. Einst zierte den Platz noch die Wassertorbrücke über den Luisenstädtischen Kanal.

2

2
Der historische U-Bahnhof Möckernbrücke in einer Aufnahme vom 20. September 1935. Der ursprünglich schmucklose Bau wurde 1936 und 1965 jeweils nach Entwürfen der BVG umgebaut.

3
Am 27. Juli 1913 wurde dieser U-Bahnhof als Schönhauser Tor eröffnet. Seit 1934 hieß er dann Horst-Wessel-Platz (Aufnahme 1937). Heute ist es der U-Bahnhof Rosa-Luxemburg-Platz (U 2).

der Struktur der BVG blieb nichts beim alten. Ein Organisationsplan vom 1. Dezember 1933 unterteilte die technischen Abteilungen in Bauplanung/Bauerhaltung, Stromversorgung, Wagenunterhaltung und Materialbeschaffung. Letztgenannte war völlig neu und sollte in den folgenden Jahren zunehmende Bedeutung erlangen. Erklärtes Ziel der neuen Machthaber war eine weitestgehende wirtschaftliche Autarkie. Benzin und Diesel sollten durch heimische Treibstoffe ersetzt werden. Nach und nach verschwanden an den U-Bahn-Wagen Griffe und Türbeschläge aus Messing. Holz oder Kunststoffe brachte man als Ersatz an. Kupfer mußte durch Aluminium-Stahl-Draht ausgetauscht werden. Auf den Kleinprofilstrecken rüstete man alle Trieb- und Beiwagen anstelle der gußeisernen mit Holzbremsklötzen aus.

Mit der Wiedereinführung der allgemeinen Wehrpflicht im Jahre 1934 wurde auch bei der BVG eine Mobilmachungsabteilung („Mob") geschaffen. Sie entschied für jeden einzelnen der Belegschaft, ob er als „unabkömmlich" (UK-Stellung) eingestuft werden konnte und entsprechende Anträge auf Freistellung vom Wehrdienst bei den militärischen Stellen zu stellen waren. Bereits am 20. September 1937 fand in Berlin eine erste große Luftschutzübung mit Probefliegeralarm statt und im Anschluß daran, einen Tag später, eine allgemeine Verdunkelungsübung, die der Bevölkerung und den Mitarbeitern der BVG erstmals in großem Umfang zeigte, was es bedeutete, in Dunkelheit zu leben und zu arbeiten.

Die neuen Machtverhältnisse bedingten einen Anstieg des allgemeinen Verkehrsaufkommens. Der Bestand an zugelassenen Kraftfahrzeugen erhöhte sich ab 1934 sprunghaft. Der Ausbau Berlins als Reichshauptstadt ging von weiteren Eingemeindungen oder zumindest von Erweiterungen des Wirtschaftsraumes um Berlin aus und stellte damit auch die Ausdehnung des unterirdischen Verkehrsnetzes wieder auf die Tagesordnung. Berlin sollte das gesamte Gebiet bis zum Autobahnring umfassen und unter Einschluß von Potsdam eine 10-Millionen-Stadt werden. Neben mächtigen Straßen in Nord-Süd- und Ost-West-Richtung und umfangreichen Veränderungen im Zentrum plante man an der Peripherie den Bau großer Wohnsiedlungen. Die Verkehrspolitik sah vor, die neuen Wohnstandorte an

3

die Industriegebiete und den Stadtkern umfassend anzubinden. Der Architekt Albert Speer, Generalbauinspektor, erhielt den Auftrag, das Gesicht der Metropole völlig umzuwandeln. Riesige Parteigebäude, Verwaltungs- und Repräsentationsbauten sowie eine gigantische kuppelartige Versammlungshalle, die das Brandenburger Tor um 260 m überragt hätte, gehörten zu den Plänen. Erste Eindrücke von der neuen Bautätigkeit erhielten die Berliner beispielsweise an der Leipziger Straße, wo das Reichsluftfahrtministerium, heute Detlev-Rohwedder-Haus, entstanden war. Abgestimmt auf die Speerschen Pläne und im Stil der Repräsentationsauffassungen begannen 1936 am Flughafen Tempelhof die Bauarbeiten eines Viertelrundes von 380 m Länge, das sich mit einer 49 m tiefen Überdachung zum Flugfeld hin öffnet.

Was da bis zum Jahre 1950 in den weitreichenden Planungen seinen Niederschlag fand, war Ausdruck der Machtvorstellungen und wurde von Hitler bei einer Grundsteinlegung 1938 wie folgt charakterisiert: „Ihr werdet Berlin nicht wiedererkennen!" Wie recht er leider haben sollte! Die Hauptstadt an der Spree war wenige Jahre später tatsächlich nicht mehr wiederzuerkennen.

„Ihr werdet Berlin nicht wiedererkennen!"

Die U-Bahn spielte in dieser „städtebaulichen Umgestaltung der Reichshauptstadt" eine entscheidende Rolle, denn nur sie garantierte den straßenunabhängigen und schnellen Verkehr sowie, für die Machthaber nicht uninteressant, den von jeglichen öffentlichen Verkehrsmitteln freien Blick auf die neuen „repräsentativen" Bauwerke und Stadträume. Den Schnellbahnverbindungen, bei der BVG der U-Bahn, galt die ganz besondere Aufmerksamkeit bei der Bewältigung der künftigen Nahverkehrsaufgaben. In wenigen Jahren sollten u.a. U-Bahn-Linien nach Spandau, Lübars, Pankow, Hohenschönhausen/Falkenberg, Marzahn, Karlshorst, Britz, Marienfelde, Lankwitz, Lichterfelde West und Kleinmachnow entstehen. Doch die großen Pläne, die immer über ein vernünftiges Maß hinausgegangen waren, blieben unrealistische Träume. Der U-Bahn-Bau, der gegen Ende des Jahres 1930 abgeschlossen worden war, stagnierte. Erst im Sommer 1938 begannen zaghaft einige Bauarbeiten für die neuen Linienprojekte. Am Reichstag, am Tempelhofer Damm, unter der Mühlendammbrücke und am Reichskanzlerplatz (heute Theodor-Heuss-Platz) errichtete man jeweils einige Meter Strecke. Zu einer praktischen Ausdehnung des U-Bahn-Netzes kam es aber nicht. Die Bauarbeiten wurden 1940 eingestellt, die Baugruben zugeschüttet und die fertigen Tunnelabschnitte anderweitig genutzt. Die Länge des U-Bahn-Netzes blieb mit rund 76 km (Gleislänge – 209,4 km) unverändert.

4.2 Der Olympiaverkehr

Daran änderten auch die ehrgeizigen Olympiapläne nichts. Vor dem politischen Hintergrund, der Welt ein offenes, friedliebendes Deutschland zu präsentieren, bewarb man sich um die Austragung der XI. Olympischen Spiele im Jahre 1936, und Berlin war tatsächlich auch als Austragungsort für die Zeit vom 1. bis 16. August bestimmt worden. Zahlreiche Sportstätten, das Olympiastadion, das Reichssportfeld sowie das Olympische Dorf in Döberitz vor den Toren der Stadt, entstanden. Neben dem politischen Anliegen wollte die Stadt Berlin selbstverständlich während der Spiele für ihre Leistungskraft und Position als Weltstadt werben. Ausreichende und gut funktionierende Verkehrsverbindungen waren dabei eine der Voraussetzungen für das Gelingen des sportlichen Weltereignisses.

Mit der U-Bahn durch die gesamte Stadt

Da ein erhöhter Verkehrsbedarf für nur etwa 20 Tage realistisch war, entschloß man sich, alle Leistungen aus dem Bestand heraus zu erbringen. Das neue Olympiastadion sollte auf dem Gelände des alten Stadions bei dem Stadtteil Neu-Westend in Charlottenburg entstehen. Da bot es sich an, den bereits existierenden U-Bahnhof Stadion (Linie A, heute U 2), der zwar schon 1913 eröffnet worden war, aber jeweils nur bei Bedarf zu sportlichen Veranstaltungen genutzt wurde, zu einem Olympiabahnhof auszubauen. Der dann in „Reichssportfeld" (heute Olympia-Stadion [Ost]) umbenannte Bahnhof wurde so gestaltet, daß drei Gleise für die Abfertigung des Olympiaverkehrs sowie des durchgehenden Verkehrs zum Bahnhof Ruhleben zur Verfügung standen. Das großzügige neue Empfangsgebäude

Die S-Bahn geht unter die Erde

Ob für die geplante Umgestaltung Berlins in die Reichshauptstadt oder für die Bewältigung des Olympia-Verkehrs, ab 1933 bestimmte eine zentralistische Verkehrspolitik die Entwicklung aller zur Verfügung stehenden Verkehrsmittel. Beide Berliner Schnellbahnen, die U-Bahn der BVG und die S-Bahn der Reichsbahn, wurden koordiniert. Geplante Veränderungen erhielten nur eine Genehmigung, wenn sie jeweils mit dem anderen Verkehrssystem abgestimmt waren. Die ehrgeizigen Pläne einer Nord-Süd-Bahn, ein altes Projekt aus der Zeit des Beginns der Stadtbahn, lagen in der Regie der S-Bahn. Die Träume der Reichsbahn von einem ganzen innerstädtischen Eisenbahnkreuz, die 1933 wieder aufflammten, scheiterten einmal nicht am Geld, sondern an der bereits zu dicht bebauten Innenstadt. Das jetzt realisierbare Projekt sah vor, die Vorortstrecken von Velten, Oranienburg und Bernau über das Stadtzentrum mit Wannsee, Lichterfelde Ost und Zossen zu verbinden. Die Trasse sollte am Brandenburger Tor vorbei führen und einen Bahnhof Unter den Linden erhalten. Zwischen dem S-Bahnhof Stettiner Bahnhof (heute Nordbahnhof) und dem S-Bahnhof Potsdamer Platz war die Anlage als Untergrundbahn vorgesehen. Die Vorteile einer Unterpflasterlösung lagen in diesem dicht bebauten Stadtgebiet auf der Hand. Dennoch wurde der Bau und der künftige Betrieb nicht der U-Bahn zugeordnet, sondern verblieb in der Regie der Reichsbahn. Eine Entscheidung, die sich noch als Problem erweisen sollte. Bereits im Juni 1933 wurde die erste Rate der Geldmittel für den Bau der unterirdischen S-Bahn-Verbindung von Nord nach Süd im Rahmen des Arbeitsbeschaffungsprogrammes bewilligt. Mit der Zusage zu den Olympischen Spielen in der Hauptstadt forcierte man die Arbeiten und eröffnete am Vorabend der Spiele, am 28. Juli 1936, den ersten Teil des im Volksmund als Kellerbahn bezeichneten unterirdischen Abschnittes der S-Bahn, von Stettiner Bahnhof bis Bahnhof Unter den Linden. Die Inbetriebnahme der Reststrecke bis Anhalter Bahnhof verzögerte sich durch einen Tunneleinsturz am Brandenburger Tor.

Während der Olympischen Spiele war die U-Bahn das wichtigste Verkehrsmittel

wurde nach den typischen zeitgenössischen Architekturauffassungen gestaltet. Neben der Auslegung des Bahnhofs „Reichssportfeld" auf große Kapazitäten errichtete man am nächsten stadteinwärts liegenden U-Bahnhof Neu-Westend, der zum Eingang in das Stadiongelände ebenfalls noch geeignet war, einen dahin orientierten zweiten Zugang. Am Eröffnungstag, dem 1. August 1936, trug dann ein BVG-Sportler das Feuer der Olympischen Fackel durch die Stadt, zunächst bis zum Lustgarten, wo eine Vorveranstaltung für junge Sportler stattfand. Im Anschluß daran begann die große Eröffnung der Spiele. Die U-Bahn erwies sich während der zweiwöchigen Spiele mit ihrem über die gesamte Stadt verzweigten Netz als eines der wichtigsten Verkehrsmittel der BVG. Über eine Million Fahrgäste wurden täglich während der Spiele von der U-Bahn befördert, 30 % mehr als üblich. Bei gleichbleibendem Personalbestand fand der Ausgleich zur erhöhten Betriebsleistung vor allem durch eine reguläre Arbeitszeitverlängerung von 192 auf 200 Stunden im Monat (46 Stunden pro Woche) sowie zahlreiche Überstunden statt.

Im Urteil der Zeitgenossen über die Olympischen Spiele von Berlin überwog die Anerkennung. Wer aber wachen Sinnes das Geschehen verfolgte, konnte durchaus die Inszenierung durchschauen. Der registrierte auch die Zeichen und Symbole der faschistischen Durchdringung der deutschen Gesellschaft, die Unterdrückung Andersdenkender und die Kriegsvorbereitung. Der portugiesische Olympiasportler José Beltrao berichtete in einem Interview z.B.: „Während unseres Aufenthaltes (im Olympischen Dorf – d.A.) herrschte reges Leben in jenen Kasernen...Wenn ich nicht die Offiziere und Feldwebel bemerkt hätte, die die Übungen leiteten, hätte man glauben können, daß es sich um Sportvereine handelt." [7]

Man konnte bei und mit der U-Bahn große Verkehrsaufgaben erfüllen, wie der Olympiaverkehr gezeigt hatte, aber zu einer Ausdehnung des Liniennetzes mit einer Vermehrung der Zahl der Bahnhöfe kam es nicht. Verbesserungen erreichte man nur auf dem Weg der betrieblichen Maßnahmen, insbesondere mit der Verdichtung der Zugfolge – alle Linien verkehrten zwischen 16.00 und 20.00 Uhr in 2,5- bis 5-Minuten-Abständen – sowie der Ausnutzung einer höheren Reisegeschwindigkeit. Die 46-Stunden-Arbeitswoche blieb der U-Bahn-Belegschaft auch nach den Spielen bis 1937 erhalten, dann erhöhte sie sich auf 48 Stunden pro Woche.

4.3 Die U-Bahn fährt durch Trümmerlandschaften

Der Ausbruch des zweiten Weltkrieges brachte der gesamten Bevölkerung erhebliche Veränderungen. Durch den Abzug der wehrfähigen Männer aus den Arbeitsprozessen entstanden spürbare Personaldefizite. Oft übernahmen dann Frauen die lebensnotwendigen Tätigkeiten, so auch bei der Bewältigung des Berliner Großstadtverkehrs. Überall, ob im privaten oder dienstlichen Bereich, wurde der Luftschutz eingeführt. Bei der BVG begann der Transport von Gütern. Lastkraftwagen verschwanden nach und nach aus dem Stadtbild, sie wurden für

4

4
In Vorbereitung der Olympischen Spiele 1936 gestaltete man den U-Bahnhof Reichssportfeld umfangreich um.
Heute heißt der U-Bahnhof der U2 Olympia-Stadion (Ost), Aufnahme 1997.

5

5
Im Oktober 1944 war Berlin schon zu großen Teilen zerstört. Aus diesem Grund entstanden auf dem Betriebsgelände Friedrichsfelde Behelfshäuser. Auf dem Gleis im Vordergrund sind neben einem Personenwagen auch Wagen zum U-Bahn-Gütertransport zu sehen.

6

Während die Bautrupps der U-Bahn immer wieder versuchten, den Betrieb aufrechtzuerhalten, fuhren die U-Bahn-Züge ab 1943 zunehmend durch Trümmerlandschaften. Hier gesicherte Viaduktbereiche.

7

Der U-Bahnhof Petersburger Straße am 21. Februar 1944. Nach Bombenschäden mußten häufig Bahnhofseingänge oder ganze Bahnhöfe geschlossen werden. U-Bahn-Züge fuhren bis April 1945.

militärische Zwecke abgezogen. Bald lastete der gesamte städtische Gütertransport auf den Schienen der Straßenbahn sowie auf denen der U- und S-Bahn. Der Beförderungs- und Schleppverkehr wurde mit umgebauten Triebwagen abgewickelt. Bei der U-Bahn montierte man zu diesem Zweck Wagenkästen für Güterloren auf die Drehgestelle von zerstörten U-Bahn-Wagen. Hauptsächlich Lebensmitteltransporte nach Friedrichsfelde sowie Post, Maschinenteile, Papier und Zeitungen in alle Richtungen wurden in den Nacht- und Morgenstunden befördert.

An einen U-Bahn-Neubau von Strecken oder Bahnhöfen war in den Kriegsjahren nicht mehr zu denken. Mehr schlecht als recht wurde lediglich der Bestand der Anlagen erhalten sowie sämtliche verfügbare Baukapazität der Errichtung von Luftschutzräumen unterstellt. Wenn die Sirenen Alarm gaben, mußten alle Tore der U-Bahnhöfe geschlossen werden, da eine Nutzung der Untergrundbahnhöfe als öffentliche Luftschutzräume aufgrund unzureichender Tiefenlage nicht zulässig war. Dabei kam es immer wieder zu dramatischen Szenen, in denen die Bevölkerung dennoch Einlaß in die U-Bahn-Tunnel verlangte, da sie sich bereits wenige Meter unter der Straße oder dem Gehweg sicher und geschützt glaubte. Ab 1943 nahmen die Bombenschäden in der Stadt und natürlich auch an den U-Bahn-Anlagen zu. Um einen reibungslosen Betrieb der U-Bahn weiterhin aufrechtzuerhalten, mußten bald alle vorhandenen Baureserven für die Beseitigung der Zerstörungen eingesetzt werden. Bis Mai 1944 registrierte man 59 Bombenschäden am unterirdischen Liniennetz und 13 Schäden an Hochbahnstrecken. Im Juli 1944 traf es beispielsweise den Streckenabschnitt an der Bülowstraße zwischen Nollendorfplatz und Potsdamer Straße schwer. Eine Luftmine hob den Viadukt hoch und setzte die Pfeiler außerhalb der Fundamente wieder ab. Nach wochenlanger Schadensbeseitigung konnte die Strecke wieder befahren werden. Wie hier am Bülowplatz waren die Bautrupps der U-Bahn ständig bemüht, den Betrieb auf all ihren Strecken in Gang zu halten. Immer wieder wurde unter großen Anstrengungen

8

8

Juli 1944. Schwere Zerstörungen am Streckenabschnitt Bülowstraße. Nach wochenlanger Schadensbeseitigung war aber auch dieser Bereich wieder befahrbar.

9
Die einmal so prachtvolle und belebte Friedrichstraße bot am 12. Januar 1944 einen traurigen Anblick. Hier die Eingangssituation am U-Bahnhof Spittelmarkt.

10
Anlage zum Schließen und Öffnen der Schotts an der Weidendammer Brücke (Linie C, heute U6). Sie funktionierte bis jetzt ohne jede Störung, so auch am 2. Mai 1945. Warum sie allerdings an diesem Tag nicht benutzt wurde, ist unklar. Aufnahme 1998.

9

Wasser im Tunnel!

Am Morgen des 2. Mai 1945 verbreitete sich plötzlich die Meldung, die U-Bahn-Tunnel liefen voll Wasser und Tausende Menschen, die in den unterirdischen Anlagen Schutz vor den Kriegshandlungen gesucht hatten, gerieten zusätzlich in Gefahr. Was war geschehen? Um den alliierten Truppen einen möglichen unterirdischen Weg von Nord-Osten, vom Stettiner Bahnhof genau in das Herz der Hauptstadt zur Reichskanzlei und zu dem darunterliegenden Bunker am S-Bahnhof Potsdamer Platz zu versperren, erging der Befehl, etwa auf der Höhe des Anhalter Bahnhofs die Tunneldecke der Nord-Süd-S-Bahn zum Landwehrkanal zu sprengen, um den unterirdischen Abschnitt der S-Bahn unter Wasser zu setzen. Buchstäblich in letzter Minute, am 2. Mai gegen 7.45 Uhr, wurde der Befehl ausgeführt, obwohl sich in S-Bahn-Wagen und auf den Bahnhöfen Verwundete und Schutzsuchende befanden. Enorme Wassermassen strömten entsprechend dem Gefälle nach Norden. Doch da die unterirdische S-Bahn eben nicht von der U-Bahn verwaltet und betrieben wurde, waren die Kenntnisse über einen möglichen Verlauf des Wassers nur sehr begrenzt. Die wenigen Kilometer bis zum Bahnhof Friedrichstraße überflutete der Landwehrkanal ungehindert und wie geplant den S-Bahn-Tunnel. Die geschlossenen Wehrtore der Spreeunterquerung verhinderten zunächst das Weiterfließen in Richtung Norden, und damit folgte das Wasser nicht mehr den Befehlen, sondern den Gesetzen der Schwerkraft und gelangte durch den Fußgänger-Verbindungstunnel von S- und U-Bahn in das Tunnellabyrinth der U-Bahn. In kürzester Zeit waren die Strecken der Linie C (heute U6) nach Süden bis Mehringdamm sowie nach Norden bis hinter den U-Bahnhof Wedding überschwemmt. Dabei lief das Wasser ab dem Kreuzungsbahnhof Stadtmitte in den Tunnel der Linie A (heute U2). Das Wasser aus dem Landwehrkanal

10

11

11
Berlin war nicht wiederzuerkennen. Der U-Bahnhof Horst-Wessel-Platz (heute Rosa-Luxemburg-Platz, U2) bildete da keine Ausnahme. Aufnahme vom 15. Februar 1944.

erreichte den Potsdamer Platz sowie den Alexanderplatz und bahnte sich dann seinen Weg durch die Tunnel der Linie D (heute U8). Vom Alexanderplatz floß es dann noch die Linie E (heute U5) entlang und überflutete die Strecke bis U-Bahnhof Samariterstraße.

Bombentreffer im Spreebett hatten am 2./3. April 1945 außerdem den unter der Spree liegenden Tunnel zwischen Klosterstraße und Märkischem Museum beschädigt, so daß an dieser zunächst provisorisch reparierten Stelle ein weiterer Wassereinbruch nicht mehr zu verhindern war. Insgesamt rund eine Million m³ Wasser ergossen sich in den Maitagen des Jahres 1945 im innerstädtischen Bereich in das U-Bahn-Netz. Unklar bleibt, warum die an den benannten Strecken zur Spreeunterquerung eingebauten Wehrtore nicht wenigsten einen Teil der Überflutungen verhindert haben. Augenzeugen berichteten, daß sowohl die Schotts an der Weidendammer Brücke der Linie C als auch die zwischen den U-Bahnhöfen Klosterstraße und Märkisches Museum (Linie A) immer funktionierten und geschlossen zu halten waren. Posten vor diesen Wehrtoren sollten die Einhaltung des Befehls absichern. Aus der Literatur wissen wir, daß das eigentlich auch ernst genommen wurde, denn „am 2. Mai 1945 um ein Uhr stehen vor diesem Schott (Weidendammer Brücke) einige Berliner Einwohner und diskutieren mit den Posten, weil sie nach Norden flüchten möchten. Das geht nur nicht. Zwei Uniformierte halten Wache. Sie lassen niemand durch. Sie haben ihre Anweisungen. Das Tor nach Norden bleibt , wenn kein Zug fährt, geschlossen. Und es fährt kein Zug in solcher Nacht, in der womöglich die Russen schon in den Endstationen sitzen.“ [8] Auch wenn diese Passage nicht verbindlich nachgewiesen ist, so bleibt doch die Frage, warum gerade am 2. Mai nach 7.45 Uhr die Wehrtore alle offen waren, berechtigt.

12

12
Über diese Verbindung, wo die Kehranlage der Linie E (heute U5) und der Waisentunnel (Verbindung zwischen Linie D und E, heute U8 und U5) zusammentreffen, gelangte das Wasser des Landwehrkanals auf der Linie D bis U-Bahnhof Rosenthaler Platz und auf der Linie E bis U-Bahnhof Samariterstraße.

13
Übersicht über den größten Wasserstand im U-Bahn-Tunnel. April/Mai 1945.

13

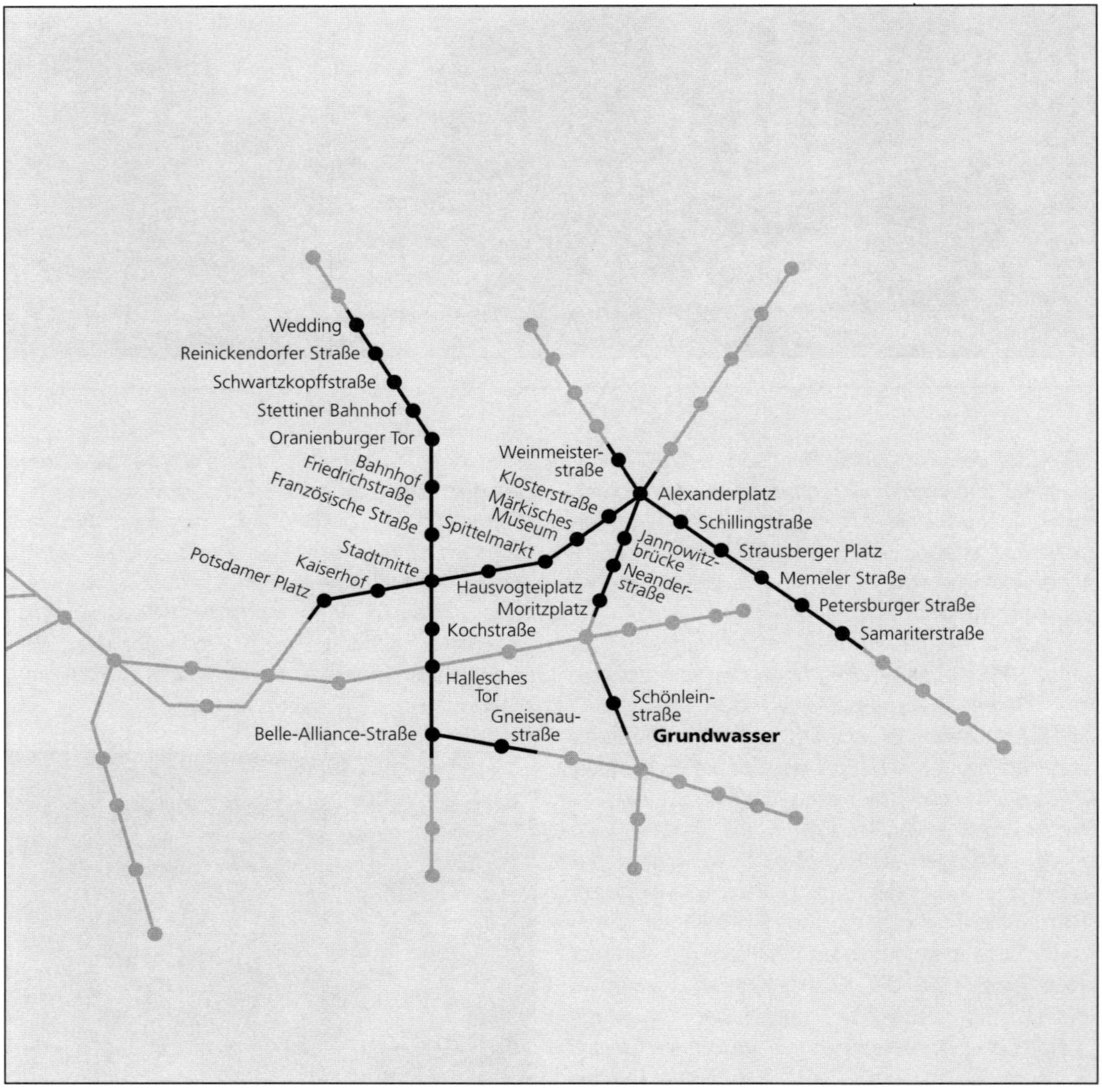

aus dem fast Unmöglichen Mögliches gemacht. Aus heutiger Sicht eine wahre Sisyphusarbeit, die nie aufhörte, da auf jede Wiederherstellung neue Zerstörungen folgten. Die schweren Wunden im Stadtbild konnten nicht beseitigt werden. So fuhren die U-Bahn-Züge auf den Hochbahnstrecken schließlich weitgehend durch Trümmerlandschaften. Auch zwei der drei Hausdurchfahrten, auf die man immer mit Stolz verwiesen hatte, wurden zerstört. Schwerste Schäden verzeichnete man an den Bahnhöfen Gleisdreieck, Nollendorfplatz, Bülowstraße, Hallesches Tor, Reichssportfeld, Prinzenstraße, Stadtpark Schöneberg, Potsdamer Platz und Klosterstraße. Auch die U-Bahn-Hauptwerkstätten Grunewald und Seestraße sowie das U-Bahn-Kraftwerk Unterspree blieben nicht verschont. In den letzten Kriegstagen spitzte sich die Lage in Berlin dramatisch zu. Einige U-Bahn-Eingänge mußten zugeschüttet und

Brücken gesprengt werden, an Reparaturen und Instandsetzungen war nicht mehr zu denken, der Fahrstrom wurde kontingentiert. Das bedeutete praktisch das Ende des Betriebes. Am 23. April 1945 standen die Räder dann endgültig still. Wenige Tage später kapitulierten die deutschen Truppen, der furchtbare Krieg war zu Ende, und Berlin war, wie Hitler angekündigt hatte, nicht wiederzuerkennen.

4.4 Die Beseitigung der Kriegsschäden – 1945 bis 1951

Der Kampflärm verebbte, die Bomben blieben aus, und lähmende Stille legte sich über die zerstörte Stadt. Nach und nach kamen die Menschen, die überlebt hatten, aus Kellern und Ruinen wieder ans Licht. Und aller Hoffnungslosigkeit zum Trotz begann man überall mit dem Wiederaufbau der

14

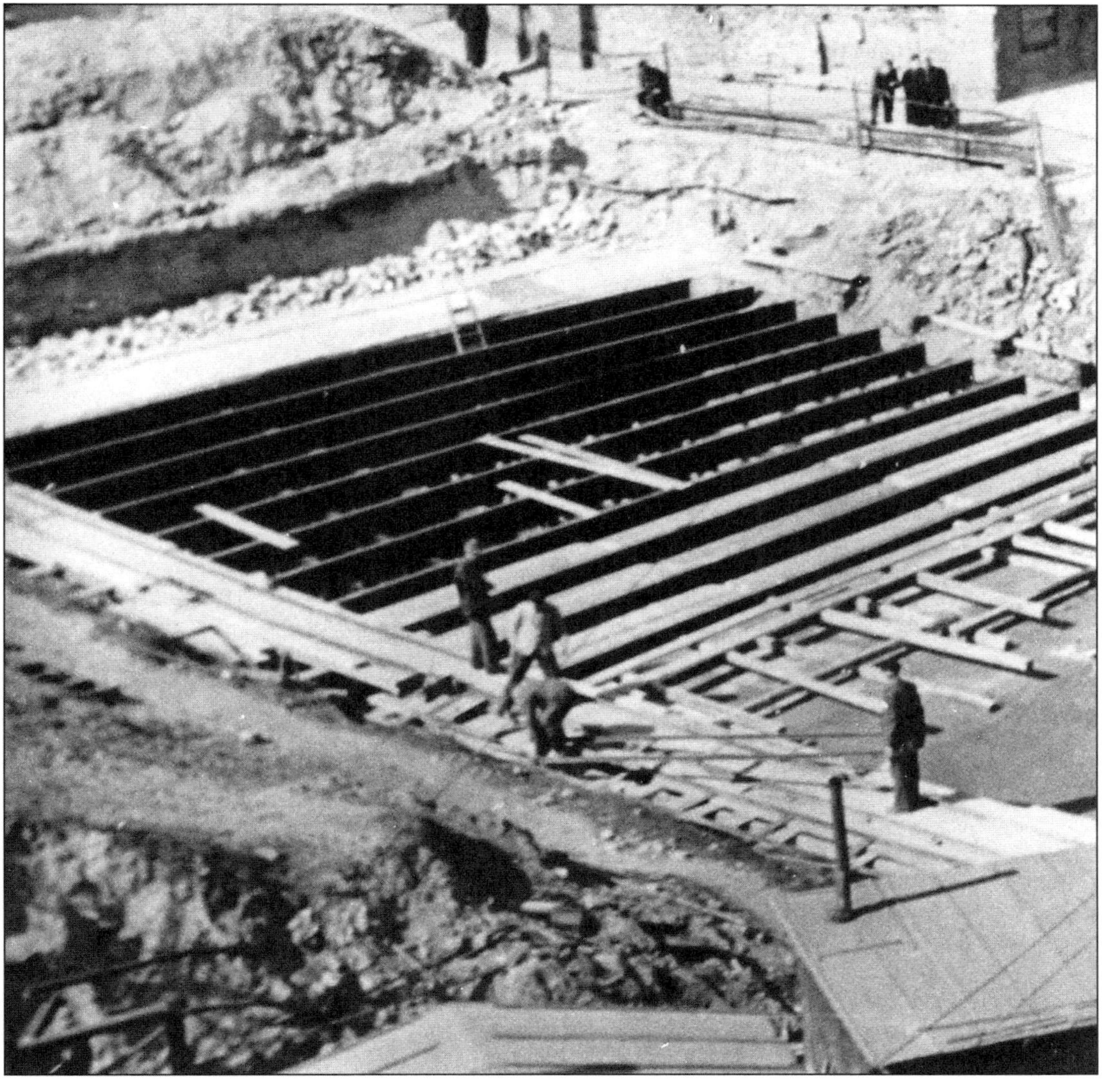

14
Zahlreiche Tunneldecken waren durch Bombeneinschläge zerstört. Bei laufendem Betrieb wurden sie sukzessive erneuert. Hier die Baustelle des U-Bahnhofes Hausvogteiplatz 1949.

Lebensbedingungen: Ende Mai/Anfang Juni gab es wieder Wasser in den Wohnungen, stand Gas zum Kochen und elektrischer Strom zur Verfügung. Die ersten Zeitungen erschienen, und bald fuhren auch die ersten öffentlichen Verkehrsmittel wieder. Der Krieg hatte an den Bauwerken der U-Bahn erhebliche Schäden hinterlassen. Ganze Streckenabschnitte waren total zerstört, wie zwischen Stadtmitte und Halleschem Tor (Linie C, heute U6), zwischen Stadtmitte und Gleisdreieck sowie zwischen Nollendorfplatz und Bahnhof Zoo (Linie A, heute U2). Ebenfalls schwer betroffen waren die Linie E (heute U5) entlang der Frankfurter Allee und die Schöneberger U-Bahn. Zu den Zerstörungen von Hoch- und U-Bahn-Strecken aus direkten Kampfhandlungen und Bombentreffern kamen noch die Schäden an Tunnelabschnitten durch Wassereinbruch hinzu. Etwa ein Drittel der unterirdischen Strecken und 26 Bahnhöfe waren überflutet. Doch bereits wenige Tage nach Kriegsende konnte der Betrieb auf einigen kurzen Streckenabschnitten wieder freigegeben werden. Am 14. Mai 1945 fuhren die ersten U-Bahnen wieder – sie pendelten in Neukölln zwischen U-Bahnhof Hermannplatz und Bergstraße (heute Karl-Marx-Straße) sowie zwischen U-Bahnhof Schönleinstraße und Boddinstraße. Weitere Teilstrecken folgten in den nächsten Monaten. In der Zeit vom 1. bis 23 Juni 1945 setzte man 25 Pumpen ein, um das Wasser aus den U-Bahn-Tunneln in die Spree und die Kanäle zu leiten. Langsam senkte sich der Wasserspiegel und gab Meter für Meter den Boden und die Gleise wieder frei.

Ende 1945 konnten 90 % des U-Bahn-Netzes wieder genutzt werden

Bis Ende des Jahres 1945 war der weitaus größte Teil des U-Bahn-Netzes wieder zweigleisig in Betrieb. Mit 69,5 km Streckenlänge und 93 U-Bahnhöfen konnten über 90 % des gesamten Liniennetzes wieder benutzt werden. Zunächst verzichtete man auf die Wiedereröffnung der U-Bahnhöfe Kaiserhof (heute Mohrenstraße), Stadtpark Schöneberg und Hausvogteiplatz. Der Hochbahnhof Osthafen wurde wegen seiner geringen Entfernung zu den Nachbarbahnhöfen endgültig aufgegeben. Größte Schwierigkeiten bereitete die endgültige Beseitigung der Schadensstelle unter dem Spreebett zwischen Klosterstraße und Märkischem Museum. Es handelte sich um eine komplette Wiederherstellung und Dichtung der Tunnelanlagen unter der Spree bei laufendem Verkehr, denn ein Gleis war bereits provisorisch befahrbar. Nach einem Jahr intensiver und sehr aufwendiger Sanierungsarbeit konnte am 17. November 1946 auch das zweite Gleis für den Betrieb freigegeben werden. Zahlreiche Tunneldurchschläge, allein entlang der Frankfurter Allee 16 sowie an den U-Bahnhöfen Schönhauser Tor, Fehrbelliner Platz und Wittenbergplatz wurden bis Ende 1946 beseitigt.

Wiederinbetriebnahmen 1945

01.08.1945
Linie A Schönhauser Allee – Pankow

01.08.1945
Linie A Alexanderplatz – Klosterstraße

15.09.1945
Linie C Kochstraße – Hallesches Tor

15.09.1945
Linie B Belle-Alliance-Straße – Flufhafen

21.09.1945
Linie A Nürnberger Platz – Hohenzollernplatz

14.10.1945
Linie B Prinzenstraße – Hallesches Tor

14.10.1945
Linie B Warschauer Brücke – Hallesches Tor

21.10.1945
Linie B Gleisdreieck – Kurfürstenstraße

01.11.1945
Linie A Klosterstraße – Märkisches Museum

18.11.1945
Linie A Potsdamer Platz – Gleisdreieck

16.12.1945
Linie B Bayerischer Platz – Innsbrucker Platz

15

16

15
Bis Ende 1945 war der weitaus größte Teil des U-Bahn-Netzes wieder zweigleisig in Betrieb. Auch über den U-Bahnhof Zoo (Linie A, heute U 2) verkehrten die Züge wieder.

16
Der U-Bahnhof Deutsches Opernhaus. Das kriegsbeschädigte Gebäude der Oper mußte 1957 einem modernen Bau weichen. Nach der Fertigstellung 1961 erhielt der U-Bahnhof den Namen Deutsche Oper (Bismarckstraße).

17
Der U-Bahnhof Thälmannplatz erhielt nach der Wiederherstellung eine aufwendige Ausstattung. Der verwendete Marmor stammte aus der ehemaligen Reichskanzlei in der Wilhelmstraße.

Zwischen Kaiserhof und Mohrenstraße

...liegen keine Entfernungen, aber einige Jahrzehnte bewegter Stadtgeschichte. Der U-Bahnhof, am 1.Oktober 1908 eröffnet, erhielt seinen ersten Namen nach dem angrenzenden bekannten Hotel Kaiserhof. Bei Kriegsende gehörte der bei den Straßenkämpfen im Zentrum total zerstörte U-Bahnhof zum Territorium der acht Bezirke der sowjetischen Besatzungszone. Nach der Gründung der DDR im Jahre 1949 hatte man in einem Wiederaufbauprogramm beschlossen, das künftige Regierungsviertel in unmittelbarer Nähe des U-Bahnhofes zu bauen. Der U-Bahnhof erhielt aus diesem Grund seinen neuen Namen Thälmannplatz und eine besonders repräsentative Ausstattung. Unter Verwendung des aus der Reichskanzlei in der Wilhelmstraße geborgenen Marmors gestaltete man den Bahnhof völlig um.

Im April 1986 veränderte man den Bahnhofsnamen erneut. Die Entstehung des Wohngebietes Thälmannpark und die damit verbundene Umbenennung des S-Bahnhofes Greifswalder Straße in Thälmannpark führte immer wieder zu Verwechslungen, so daß die durch die Mauernähe an den Rand Ostberlins gerückte U-Bahnstation ihren Namen hergeben mußte. Jetzt hieß die ursprüngliche Wilhelmstraße Otto-Grotewohl-Straße, und der benachbarte U-Bahnhof erhielt ebenfalls diese Bezeichnung. Am 3. Oktober 1991 wechselten die Namensschilder des Bahnhofs noch einmal. Er wurde in U-Bahnhof Mohrenstraße umbenannt.

17

Am 27. April 1947 war die letzte Lücke im U-Bahn-Netz, die Strecke Gleisdreieck–Möckernbrücke–Hallesches Tor geschlossen. Der äußerst schwer zerstörte U-Bahnhof Nollendorfplatz konnte am 24. Mai 1947 wieder in Betrieb gehen, blieb aber bis zu seinem Umbau 1955 in einem ruinierten Zustand. Von den ursprünglich 209,4 km Gleislänge waren Mitte 1947 207,8 km wieder in Betrieb. Der verbliebene Rest war das zweite Gleis der Strecke Schlesisches Tor–Warschauer Brücke. Am 18. August 1950 eröffnete man den ehemaligen U-Bahnhof Kaiserhof als Thälmannplatz wieder. Sechs Jahre nach Kriegsende bildete die Wiederherstellung der Eingangshalle des U-Bahnhofes Wittenbergplatz einen wichtigen Schlußpunkt. Die gröbsten Kriegsschäden an U-Bahn-Anlagen waren beseitigt.

18

19

18
Der schwer zerstörte U-Bahnhof Nollendorfplatz (Hochbahn, heute U 2) konnte trotz des ruinierten Zustandes 1947 wiedereröffnet werden.

19
Der U-Bahnhof Nollendorfplatz nach dem Umbau 1955. Auf die Wiederherstellung der einst prachtvollen Ausgestaltung wurde dem Zeitgeist entsprechend verzichtet.

1

5. Kapitel

Die BVG in den Jahren der Spaltung und die Netzentwicklung im Ostteil der Stadt bis 1989

5.1 Die Normalisierung der Lage in der Nachkriegszeit

Noch während des Krieges, im Februar 1945, hatten die Alliierten auf der Konferenz von Jalta beschlossen, nicht nur Deutschland, sondern auch Berlin gemeinsam zu besetzen. Dabei sollte Berlin ebenfalls in Zonen aufgeteilt werden. Bei der Bildung der Besatzungszonen im Juni 1945 war man den Grenzen der bestehenden Berliner Verwaltungsbezirke gefolgt, wobei auch die Lage, die Flächengröße und die Bevölkerungszahl berücksichtigt worden sind. So entfielen auf den Amerikanischen Sektor 6 Stadtbezirke, auf den Britischen Sektor 4 Stadtbezirke, auf den Französischen Sektor 2 Bezirke und auf den Sowjetischen Sektor 8 Stadtbezirke. Wegen der umfangreichen Wiederherstellungs- und Instandsetzungsarbeiten war für einige Bereiche in der Stadt per Magistratsbeschluß vom 16. Juli 1945 die allgemeine Arbeitszeit auf 10 Stunden pro Tag festgelegt worden. Da das auch für den Sonnabend galt, ergab sich eine wöchentliche Arbeitszeit von 60 Stunden. Das betraf auch die Belegschaft der BVG und damit die U-Bahn-Mitarbeiter. Jetzt, nach Kriegsende, führte man den permanenten Kampf gegen den Hunger und die Wohnungsnot im privaten Bereich sowie im täglichen 10-Stunden-Arbeitstakt den Kampf gegen die Stromkontingentierung, die Materialknappheit, die fast unendlichen Wiederaufbaunotwendigkeiten, das Verwaltungschaos und vieles mehr. Dank des großen Einsatzes konnte man bei der U-Bahn bereits 1947 von der allgemeinen Schadensbeseitigung zur regulären Unterhaltung der Netzanlagen übergehen.

Die Not machte erfinderisch

Kurz nach Kriegsende gingen die 144 Fahrzeuge des Typs C, die im Großprofil auf der Linie E (heute U5) eingesetzt worden waren, als Reparationsleistung an die Sowjetunion. Da aber als Ersatz für die Linie E nur U-Bahn-Kleinprofilwagen zu Verfügung standen, mußten die Wagenkästen wegen ihrer zu

1
Die Stalinallee in den fünfziger Jahren. In nur wenigen Jahren, hauptsächlich von 1949 bis 1953, entstanden im Rahmen des Nationalen Aufbauwerks der DDR größtenteils aus Trümmersteinen die Bauten entlang der Allee.

2
Die Aufteilung der vier Sektoren in Berlin mit den jeweiligen Stadtbezirken.

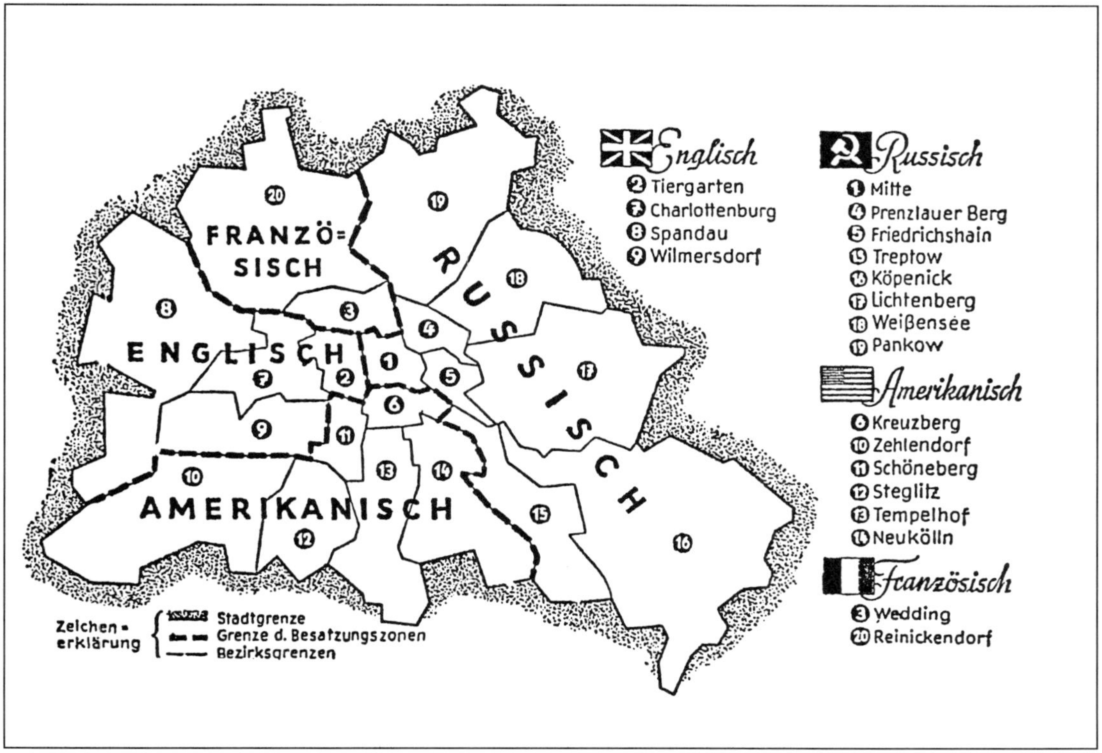

2

3
Ein „Blumenbretterzug" am Endpunkt der Linie E (heute U5) U-Bahnhof Alexanderplatz.

geringen Wagenbreite mit Holzbohlen verbreitert werden. Die Berliner gaben den Verbreiterungen sehr schnell den Namen „Blumenbretter", offiziell erhielten die Wagen nach dem Umbau die Bezeichnung A I/K.

Die Belegschaft der BVG half sich selbst

Um die Belegschaft der BVG in den Kantinen zusätzlich mit Nahrungsmitteln zu versorgen, beschloß man im März 1945 „sämtliche geeigneten BVG-Grundstücke einer landwirtschaftliche Nutzung zuzuführen". Das Gelände an der U-Bahn-Werkstatt Friedrichsfelde, der BVG-Sportplatz Lichtenberg und das Grundstück an der Hauptwerkstatt Grunewald schienen geeignet für die sogenannte Brachlandaktion. Insgesamt 42.000 m^2 wurden jedes Jahr bis 1947 mit Obst und Gemüse bebaut. Außerdem gab es weitere Aktivitäten der BVG, die Versorgungslage ihrer Mitarbeiter etwas aufzubessern. Die Konstituierung einer Betriebskonsumgenossenschaft, Brennholzbeschaffungsaktionen und die Selbsthilfeinitiative „Schuhmacherwerkstätten" gehörten dazu.

5.2 Die Chance der neuen Verkehrsplanungen

Der Zerstörungsgrad der Stadt war enorm, aber in ihm lag auch die Chance, den Wiederaufbau mit einer Neu- und Umgestaltung von Stadtteilen zu verbinden. Der neue Berliner Stadtbaurat Professor Hans Scharoun (1893–1972) bezog in die Planungsgruppe, die erste Grundlagen einer neuen Stadtplanung vorlegen sollte, die BVG mit ein. Man war fest entschlossen die „Chance der Zerstörung" zu nutzen, und ging aus eigener Erfahrung und unter Betrachtung der Entwicklung von Verkehrsverhältnissen in anderen Weltstädten davon aus, daß beim Wiederaufbau Berlins neben der Wiederherstellung auch neue Momente, vor allem auch bei den Verkehrsfragen, berücksichtigt werden müßten. Zu den ersten Vorschlägen gehörte selbstverständlich auch, die „häßlichen, noch immer störenden und ärgerlichen" Hochbahnanlagen der Stammstrecke zu beseitigen und durch U-Bahn-Anlagen zu ersetzen.

Doch Mäßigkeit war geboten, und Stadtrat Reuter, für Verkehrsfragen zuständig, lehnte ab: „Einmal sei diese Viaduktbahn nun schon so alt, daß eine Gewöhnung eingetreten sei, an die man nicht rühren solle; dann aber solle man, wenn man schon viel Geld für die U-Bahn ausgeben wolle, damit lieber neue U-Bahn-Strecken bauen, die der Bevölkerung auch neue Verkehrsverbindungen brächten."[9] Damit war dieser Plan vom Tisch. Streckenbegradigungen und Streckenverlängerungen hatten da schon bessere Chancen, verwirklicht zu werden. Ein vorgelegter Plan für eine Erweiterung des U-Bahn-Netzes in drei Bauabschnitten sah folgende Baumaßnahmen vor:

1. Bauabschnitt:
- Linie C Seestraße–Scharnweberstraße
- Linie A Vinetastraße–Pankow
- Linie E Friedrichsfelde–Karlshorst
- Linie C I Grenzallee–Blaschkoallee
- Linie D Leinestraße–Britz
- Linie C II Tempelhof–Teltowkanal

2. Bauabschnitt:
- Linie C Scharnweberstraße–Tegel
- Linie D Gesundbrunnen–Wilhelmsruh
- Linie B Warschauer Brücke–Bersarinstraße
- Linie C I Blaschkoallee–Rudow
- Linie D Gradestraße–Mittenwalder Kleinbahn
- Linie A II Krumme Lanke–S-Bahnhof Zehlendorf-West
- Linie B II Uhlandstraße–S-Bahnhof Halensee
- Linie A I Ruhleben–Spandau

- Neubau: Alexanderplatz–Molkenmarkt–Spittelmarkt–Leipziger Straße–Potsdamer Straße–Hauptstraße–Rheinstraße–Schloßstraße–(Lichterfelde)

3. Bauabschnitt:
- Neubau: Alexanderplatz–Rennbahnstraße–Weißensee
- Neubau: Steglitz–Rathaus Steglitz–Schloßstraße–Kaiserallee–Zoologischer Garten–Knie–Alt-Moabit–S-Bahnhof Putlitzstraße–Augsburger Platz

5.3 Die Jahre der Spaltung

Die beiden Jahre 1948 und 1949 sind als Jahre der Spaltung zunächst der Stadt Berlin und als unmittelbare Folge auch der BVG in die Geschichte eingegangen.

Am 20. Oktober 1946 hatten die ersten freien Nachkriegswahlen für das Stadt- und die Bezirksparlamente von Berlin stattgefunden, dessen Gesamtberliner Magistrat seit dem 1. November 1946 die Bezeichnung Magistrat von Groß-Berlin trug. Oberbürgermeister wurde Otto Ostrowski. Nach dessen Rücktritt wählten die Abgeordneten am 26. Juni 1947 eigentlich Ernst Reuter als neuen Oberbürgermeister, doch ihm blieb seitens der Ostalliierten die Anerkennung versagt und die Amtsausübung verboten. Angesichts der weiter zunehmenden politischen Differenzen zwischen den Alliierten erwies sich die gemeinsame zivile Verwaltung der vier Sektoren Berlins als undurchführbar.

Chronik der Spaltung Berlins

Die Chronik der Ereignisse im Jahre 1948 endete mit der politischen und administrativen Spaltung der Stadt in Westberlin (amerikanischer, britischer und französischer Sektor) und Ostberlin (sowjetischer Sektor):
- am 20. Juni führten die Westalliierten in ihren Besatzungszonen die „Deutsche Mark der Bank Deutscher Länder" ein, wegen des besonderen Status der Stadt erhielten die Scheine in Berlin ein „B" als Stempelaufdruck,
- am gleichen Tag beschloß die UdSSR als Reaktion darauf die Berliner Blockade von und nach Westberlin,
- vom 24. bis 28. Juni wurde in der sowjetischen Zone die „Deutsche Mark der Deutschen Notenbank" mit einem Kuponaufkleber eingeführt,
- am 26. Juni begann die Luftbrücke, die organisierte Versorgung der Bevölkerung der Westsektoren durch Militärflugzeuge der Westalliierten,
- am 27. August verhinderten Demonstranten aus dem Ostteil der Stadt die Durchführung der Stadtverordnetenversammlung,
- am 6. September stürmten Demonstranten den Sitzungssaal der Stadtverordneten,
- am 7. September verwehrte die Polizei den west-

lichen Abgeordneten den Zugang zum Stadthaus,

- am 30. November erklärte eine außerordentliche Stadtverordnetenversammlung den Magistrat von Groß-Berlin für abgesetzt und beschloß die Bildung eines provisorischen Magistrats. Friedrich Ebert wurde als Oberbürgermeister eingesetzt,
- am 1. Dezember ergeht ein Hausverbot an die Mitglieder des vorigen Magistrats
  (Von diesem Tage an existierten zwei Verwaltungen in Berlin, die sich anfangs noch beide Magistrat von Groß-Berlin nennen, und zwei Oberbürgermeister, Friedrich Ebert in Ostberlin und Ernst Reuter in Westberlin, der erst jetzt sein Amt ausüben durfte.),
- am 1. September 1949 faßte der Magistrat im Rathaus Schöneberg (für die Westsektoren) den Beschluß, sich künftig Senat von Berlin und den Oberbürgermeister Regierenden Bürgermeister zu nennen.

Die Teilung der BVG

Die Frontlinie des kalten Krieges ging mitten durch die Metropole und erwies sich als besonders neuralgischer Punkt für weitere Auseinandersetzungen. Die verwaltungstechnische Teilung der Stadt war Ende 1948 vollzogen und die wirtschaftliche folgte schrittweise nach.

Die Verkehrsentwicklung begann im Jahre 1948 zunächst vielversprechend. Mit der Erhöhung der Stromkontingente durch die Alliierte Kommandantur konnte bei der U-Bahn wieder die normale Fahrgeschwindigkeit eingeführt und die Zugfolge erheblich verdichtet werden. Die Linien C und D verkehrten von 6.00–18.00 Uhr im 5-Minuten-Zugabstand.

Doch die politische Spaltung hinterließ auch erhebliche Spuren bei der Organisation und wirtschaftlichen Situation des Berliner Nahverkehrs. In Ostberlin durfte nur mit der Ostmark bezahlt werden, die Einfuhr der Westmark war verboten. In Westberlin dagegen galten zunächst beide Währun-

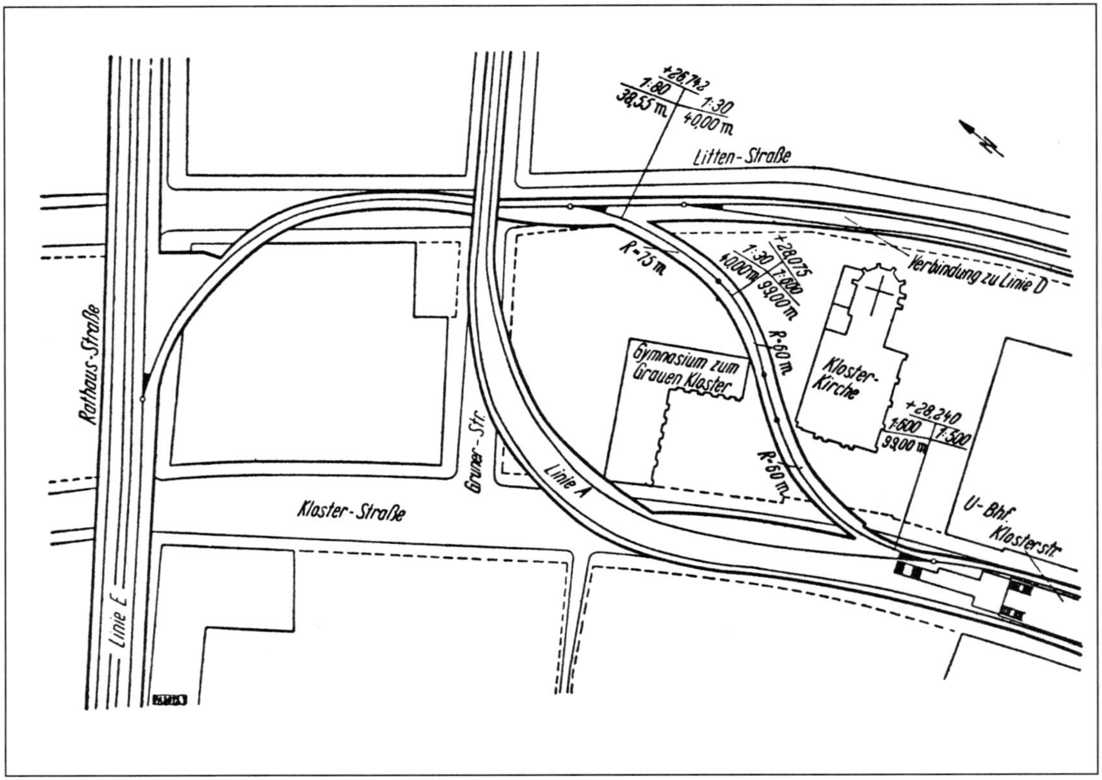

4
Die Streckenführung des U-Bahn-Verbindungstunnels.

gen als Zahlungsmittel. Eine Fahrt mit der U-Bahn vom Alexanderplatz bis zum Zoologischen Garten beispielsweise war eine Fahrt durch zwei Währungsgebiete. Ab 20. März 1949 durfte auch in den Westsektoren nur noch die Westmark für alle dortigen Zahlungen benutzt werden, aber auf „freiwilliger Basis" war praktisch immer noch die Ostmark zum Erwerb der Nahverkehrsfahrscheine geduldet. Bei der S-Bahn, die in Reichsbahnhand und damit zu Ostberlin gehörte, akzeptierte man, egal wo, überhaupt kein Westgeld. Umtauschkurse von Ost- in Westmark in Größenordnungen bis 1 : 10 und der täglich zermürbende Streit ums Geld teilte schließlich auch die Berliner Bevölkerung.

Die Blockade und die damit verbundene Reduzierung der Stromversorgung brachte ab August 1948 auch im U-Bahn-Verkehr erhebliche Einschränkungen. Hatte man zuerst versucht, die U-Bahn wegen ihrer größeren Leistungsfähigkeit zu bevorzugen, so mußten dann doch bald Betriebsruhen ab 18.00 angeordnet werden. Die betriebslosen U-Bahn-Tunnel und Hochbahnstrecken waren die Zeichen des Ernstes der Situation und schränkten die Lebensgewohnheiten sowie die Bewegungsfreiheit der Berliner entscheidend ein. Im östlichen Teil der Stadt ging der U-Bahn-Verkehr normal weiter. Mit Pendelzügen realisierte man jeweils die Teilstrecken. Doch im übrigen blieb das gesamte U-Bahn-Netz mit 90 Bahnhöfen voll in Betrieb.

Der Sitz der BVG-Geschäftsleitung war seit Kriegsende in der Potsdamer Straße im Westteil der Stadt und sollte auch dort verbleiben. Um allerdings eine drohende willkürliche Trennung der beiden Teile der BVG zu verhindern, die ein Zerbrechen der Verkehrsverbindungen bedeutet hätte, und zur besseren Verwaltung des Ostsektors richtete man in der Stralauer Straße ein Büro unter Leitung des Vorstandsmitgliedes Direktor Wilhelm Knapp ein, das künftig nur kurz das „Büro Knapp" genannt wurde. Ohne Zweifel war das der praktische Anfang der Spaltung der BVG. In einem Besprechungsprotokoll vom 21. Juli 1949 wurde dann auch die grundsätzliche Verwaltungsteilung festgehalten. Das Büro Knapp, zuerst eine besondere Dienststelle der BVG, firmierte ab dem 19. September 1949 unter Berliner-Verkehrsbetriebe BVG-Ost eigenständig. Die Spaltung der BVG war damit amtlich vollzogen.

Einen Tunnel für die Teilung

Obwohl die betriebstechnische Verwaltung der U-Bahn als einzige Ausnahme in einer Hand, der westlichen Hand blieb, entwickelte sich die Wartung der Kleinprofilwagen aus dem Ostteil der Stadt zunehmend zu einem Problem. Beide zur Verfügung stehenden Kleinprofilwerkstätten waren vom Osten aus nicht direkt erreichbar. Die Werkstatt Grunewald lag in Westberlin, und die Werkstatt Rudolfstraße an der Warschauer Brücke lag zwar im Osten, konnte aber nur über die Stammstrecke, also über das Westnetz angefahren werden und ist am 3. August 1949 geschlossen worden. Als Lösung bot sich die Betriebswerkstatt für das Großprofil in Friedrichsfelde an. Doch für diese Überführungen benötigte man einen Verbindungstunnel zwischen den Klein- und Großprofillinien. In unmittelbarer Nähe zum U-Bahnhof Alexanderplatz fand sich diese günstige

Fahrpreise ab 1. Juni 1949
Verkauf in den Westsektoren:

Einzelfahrt	***0,20 DM***
Sammelkarte	***1,00 DM***
Umsteigefahrschein	***0,30 DM***
Hunde/Gepäck	***0,20 DM***

5
Der U-Bahnhof Klosterstraße. Im Hintergrund die Klosterruine. Hier entlang führt der Verbindungstunnel zwischen der U2 und der U5.

6
Ein ausgedienter Stromwagen kann heute auf dem U-Bahnhof Klosterstraße besichtigt werden.

6

Verbindung zwischen den Linien A (Kleinprofil, heute U2) und E (Großprofil, heute U5). Eigentlich handelte es sich dabei um die Verbindung zu einer Verbindung, denn der geplante 130 m lange Tunnel sollte von der Linie A kurz nach dem U-Bahnhof Klosterstraße zwischen den Ruinen der alten Klosterkirche und des Gymnasiums zum Grauen Kloster hindurch an der Littenstraße in den Waisentunnel münden, eine Verbindung zwischen der Linie E und D. Über den Waisentunnel war es dann möglich, die Kleinprofilwagen durch die Kehranlage der Linie E am U-Bahnhof Alexanderplatz weiter nach Friedrichsfelde zu überführen. So begannen im Herbst 1951, etwas unfreiwillig und von der Bevölkerung weitestgehend unbeachtet, die ersten neuen Tunnelbauarbeiten nach dem Krieg und die ersten ernstzunehmenden U-Bahn-Bauten seit 20 Jahren überhaupt. Gebaut wurde in offener Bauweise ohne Berliner Verbau mit am Ort gegossenen Beton-Tunnelsegmenten, die anschließend abgesenkt und nochmals abgedichtet wurden. Und wie schon so oft, hatte man auch bei diesem verhältnismäßig kleinen Bauwerk mit dem hohen Berliner Grundwasserpegel zu kämpfen. Errichtet wurde der Verbindungstunnel ausschließlich von seiten der BVG Ost. Den röhrenartigen Tunnel, Symbol der Teilung der BVG, eröffnete man am 18. Februar 1952 zeitgleich mit den Feierlichkeiten zum 50jährigen U-Bahn-Jubiläum, die dem Zeitgeist entsprechend getrennt in Ost und West stattfanden.

Da die Stromversorgung der Wagen bei Groß- und Kleinprofil unterschiedlich organisiert ist, Großprofilwagen den Strom von unten aus der Stromschiene ziehen und der Pluspol an der Fahrschiene anliegt und die Kleinprofilwagen ihre Energie aber von oben aus der Stromschiene holen, konnten die Kleinprofilwagen durch den neuen Tunnelabschnitt und dann zur Betriebswerkstatt nur mit speziellen Wagen gezogen werden. Umgebaute Triebwagen der historischen Serie AI (Schöneberger Wagen) dienten als sogenannte Stromwagen zur Überführung.

5.4 Der geteilte Tunnel

Für die Fahrgäste der Berliner U-Bahn wirkten sich die verwaltungstechnischen Änderungen bei der BVG zunächst kaum aus. Sie konnten weiterhin von Pankow nach Krumme Lanke und von Friedrichsfelde nach Ruhleben fahren, allerdings galten unterschiedliche Zahlungsmittel und Tarife für Ost und West, die betriebsintern verrechnet wurden.

Während in Westberlin ab der Mitte der fünfziger Jahre begonnen wurde, das U-Bahn-Netz systematisch auszubauen und zu erweitern, stagnierte die Netzentwicklung im Osten der Stadt bis in die siebziger Jahre hinein. Lediglich einige Anpassungen an neue technische Standards und weitere Beseitigungen von Kriegsfolgen beherrschten das bauliche Geschehen rund um die U-Bahn-Strecken in Ostberlin. Und dann wurde richtig gebaut – die Mauer, sie zerschnitt auch das einheitliche U-Bahn-Netz in zwei ungleiche Hälften. Der Grenzschließung in der Nacht zum 13. August 1961 seitens der DDR veränderte die Situation der gesamten Stadt radikal, aber an den getrennten Verkehrsverbindungen zwischen dem Ost- und dem Westteil wurde die Teilung besonders deutlich. Auf nur zwei Linien war das Netz in Ostberlin zusammengeschrumpft, auf eine Anbindung des Nordens an das östliche Stadtzentrum von Pankow zum U-Bahnhof Thälmannplatz und die Verbindung von Friedrichsfelde im Osten zum Alexanderplatz. Die Strecken zwischen den U-Bahnhöfen Thälmannplatz und Gleisdreieck sowie zwischen Warschauer Brücke und Schlesischem Tor wurden stillgelegt. Die prachtvolle Oberbaum-

7

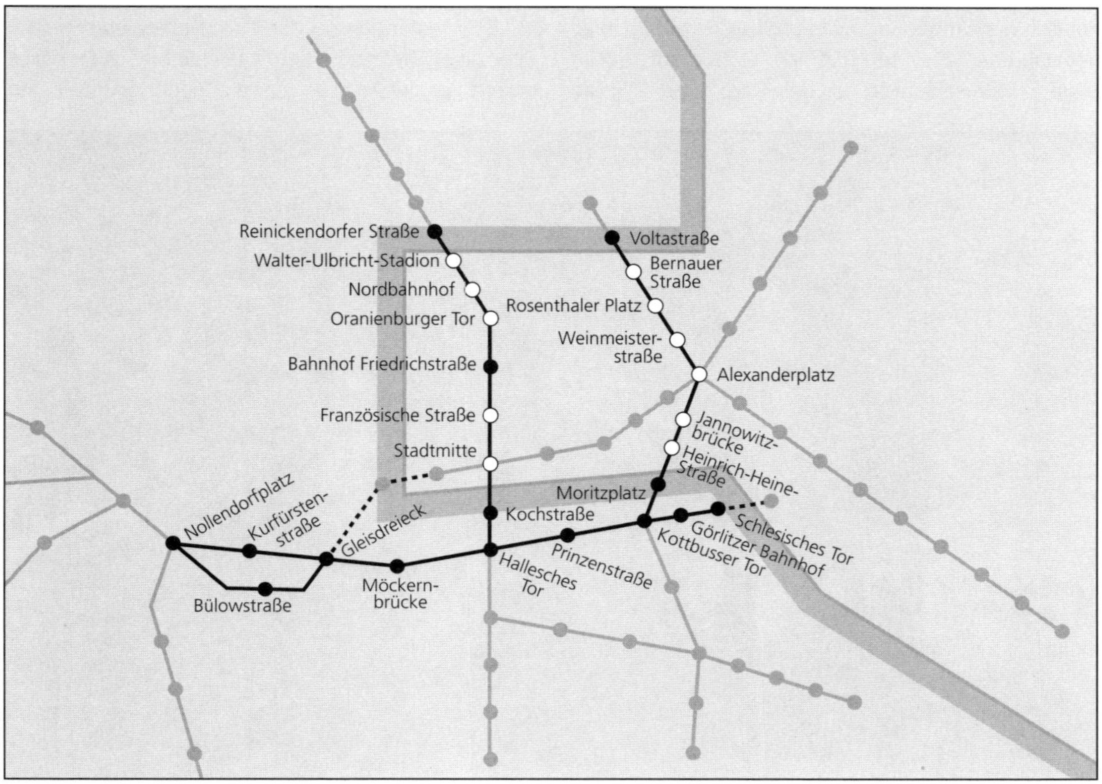

7
Netzübersicht nach dem 13. August 1961. Vom Bau der Mauer war ebenfalls des U-Bahn-Netz betroffen. Strecken wurden stillgelegt, und auf der Linie C sowie Linie D hielten die Züge nicht mehr auf Ostberliner Territorium.

Der Mauerbau am 13. August 1961 zerschnitt das U-Bahn-Netz

brücke, einst das Schmuckstück der Stammstrecke, und der U-Bahnhof Warschauer Brücke verfielen.

Der U-Bahnhof Friedrichstraße (Linie C, heute U6) wurde zum einzigen U-Bahnhof in Ostberlin, auf dem Westberliner U-Bahn-Züge halten konnten, ansonsten gab es zwischen den Bahnhöfen Walter-Ulbricht-Stadion (heute Schwartzkopffstraße) und Stadtmitte lediglich einen Transitverkehr. Die fünf Bahnhöfe, die an dieser Strecke, sowie die sechs Bahnhöfe zwischen Bernauer Straße und Heinrich-Heine-Straße, die an der Linie D (heute U8) auf dem Territorium Ostberlins lagen, erlangten traurige Berühmtheit. Sie wurden zu sogenannten Geisterbahnhöfen, durch die die Westberliner und ihre Gäste mit Gruseln oder unverhohlener Neugier ohne Halt und mit Dämmerlicht hindurchfuhren.

Am U-Bahnhof Stadtmitte errichtete man in jenen Tagen um den 13. August 1961 ein Stück liegende Mauer, „ein etwa wohnzimmergroßes Quadrat, das sich abhebt vom übrigen Untergrund. Es hat sich der Umgebung nicht anpassen können in all den Jahren. Der Boden hält. Wir stehen auf festem Grund; wahrscheinlich ist der Beton gut." [10] Die Betonplatte versperrte die Verbindung zwischen der Linie C (heute U6) und der Linie A (heute U2). Da die Linie C zum Westberliner Netz gehörte, war ein Umsteigen von Stadtmitte nach Stadtmitte nicht mehr erlaubt. Deckel drauf und zu... Wenigstens dem Feuilletonisten Heinz Knobloch verdankten wir, daß Anfang der achtziger Jahre der Deckel etwas angehoben wurde, als er allen, die zu jung waren, und denen, die es vergessen haben (wollten), in Erinnerung brachte, daß hier an dieser Mauer, ob liegend oder stehend, nicht das Ende der Welt war. „Die obere Strecke ... führt weiter bis Thälmannplatz. Die andere unten wird von den Zügen der Nord-Süd-Westbahn befahren, ohne Halt im Osten. Ist das zu verstehen? Hier auf den beiden Bahnhöfen Stadtmitte ist unter der Berliner Erde die Grenze der Welt, der andere Äquator." [11]

5.5 Mit der U-Bahn in die Satellitenstädte

Eine Verlängerung der 1930 vollendeten Linie E über den U-Bahnhof Friedrichsfelde hinaus fand sich bereits vor der Spaltung in den Planungsunterlagen

8

Am 25. Juni 1973 wurde der U-Bahnhof Tierpark eröffnet. Moderne Architektur mischte sich hier mit den Grundideen von Grenander.

der BVG. Doch ursprünglich sollte sie nach Karlshorst führen, das mit seinen vornehmen Villen rund um die seit 1893 bestehende „mustergültige Hindernisbahn für edle Pferde“ eine Anbindung an das Stadtzentrum einforderte. In der Villen-„Kolonie Carlshorst“ (seit 1901 Karlshorst), nach ihrem Begründer, dem dort ansässigen Gutsherren Carl Sigismund von Treskow benannt, hatte sich 1945 die Sowjetische Militäradministration eingerichtet. Grund genug, das Projekt der U-Bahn-Verlängerung erneut zu erwägen.

Daneben gab es auch noch die jahrzehntelang unrealisierten Pläne, den Stadtbezirk Weißensee in das U-Bahn-Netz einzubeziehen. 1968 gab es sogar konkrete Ankündigungen für den Bau der Linie F mit 9 km Länge und von 8 Bahnhöfen bis hinein in den nordöstlichen Stadtteil im Grünen.

Doch weder die kompakte Wohnbebauung sowie die Alliiertenvillen in Karlshorst noch die historischen und 60er-Jahre-Quartiere in Weißensee konnten die Berliner Verkehrsbetriebe in Ostberlin davon überzeugen, daß eine Erweiterung des U-Bahn-Netzes die geplanten Investitionen mit einem ausreichenden Fahrgastaufkommen rechtfertigen würde. Die Zukunft der DDR-Hauptstadt sah Wohnungsneubau in ungekanntem Ausmaß vor, der, jeweils in Wohngebiete strukturiert, den gesamten Berliner Osten umschließen sollte. Zu den ersten Planungen gehörte das Wohngebiet am Tierpark mit zwei Bauabschnitten von 1968 bis 1982. Insgesamt 9.000 Wohnungen für etwa 25.000 Einwohner sowie rund 2,5 Millionen Tierparkbesucher im Jahr gestalteten hier eine absehbare Fahrgastbilanz positiv. Das waren Größenordnungen, aus denen U-Bahn-Pläne gemacht werden konnten. Außerdem gehörten die Schnellbahnverbindungen der Satellitenstädte mit dem Zentrum zum erklärten Ziel des sogenannten Wohnungsbauprogramms in der DDR. So kritisch sich die städtebaulich architektonische Seite, so problematisch sich die wirtschaftliche Situation dieser Neubausiedlungen in Zukunft auch erweisen sollte, die Bemühungen um eine zeitgleiche Realisierung der schnellen Anbindungen an die Ostberliner City mit der Entstehung der Wohnquartiere waren unverkennbar.

Eine Station in vier Jahren

1969 begannen die Arbeiten für die 1,20 km lange Verlängerung der Linie E (heute U5) vom vorbereiteten Tunnelanschluß unmittelbar neben der Rampe zur Betriebswerkstatt Friedrichsfelde bis etwa zur Höhe der Straße Am Tierpark/Otto-Schmirgal-Straße. Am 25. Juni 1973 wurde der U-Bahnhof Tierpark eröffnet. Für alle Nachrechner sei angemerkt, daß auch in Ostberlin die U-Bahn-Bauleute nicht verlernt hatten, zügig einige hundert Meter U-Bahn-Tunnel zu bauen. Die Verzögerungen waren sozusagen planmäßig und standen im Zusammenhang mit angrenzenden Bauvorhaben und permanenten Finanzierungs- und Materialproblemen. Mit dem Bahnhof selbst entstand eine Symbiose aus den sachlich funktionalen Grundideen von Grenander für die gesamte Linie E und dem architektonischen Zeitgeschmack der sechziger Jahre. Neu und einmalig war das bis an die Decke reichende Aufsichtsgebäude. Bewährt hat es sich mit seinem Wachturm-

9

9
Das Aufsichtsgebäude befindet sich hoch über den Köpfen der Fahrgäste und ermöglicht dem Personal zwar einen guten Überblick, ist aber wenig kommunikativ.

charakter wohl nicht, denn in künftigen Projekten tauchte eine derartige kommunikationsunfreundliche Gestaltung nicht wieder auf. Ganz anders das Wandbild im nördlichen Verteilergeschoß, hier wird der Tierparkbesucher mit einem lebensfrohen Mosaik begrüßt und auf den Spaziergang in einer der beliebtesten Sehenswürdigkeiten der ehemaligen DDR-Hauptstadt eingestimmt.

Auf nach Hönow

Ende der siebziger Jahre begannen die Planungen für das Neubaugebiet Berlin-Hellersdorf, und die Dimensionen des Standortes sowie seine Lage und Entfernung zum Stadtgebiet verlangten eine grundsätzliche Erschließung über das Schnellbahnsystem. Der zuvor konzipierte neue Stadtteil Hohenschönhausen hatte das Weißenseer U-Bahn-Projekt erneut zur Sprache gebracht, doch den Befürwortern einer Netzerweiterung über Weißensee nach Hohenschönhausen wurde zum wiederholten Male eine Absage erteilt. Dafür erhielten die neuen Einwohner von Wartenberg und Hohenschönhausen eine S-Bahn-Anbindung an das Stadtzentrum. Mit dieser Verbindung und der S-Bahn-Erschließung von Marzahn waren alle vorhandenen Kapazitätsreserven der S-Bahn in Richtung Osten erschöpft. Für Hellersdorf mußte also eine andere Lösung gefunden werden. Bis zu 13 Varianten von U-Bahn-Straßenbahn-S-Bahn-Verbindungen wurden in diesem Zusammenhang geprüft, untersucht und diskutiert, wobei immer eine direkte Trasse in die Innenstadt angestrebt werden sollte. Den Zuschlag erhielt eine Verlängerung der U-Bahn-Linie E, allerdings nicht, wie einst angedacht, nach Karlshorst, sondern gleich am U-Bahnhof Tierpark abzweigend von den ursprünglichen Planungen über Biesdorf, die Wuhleniederung, die historische Hellersdorfer Kastanienallee über die Stadtgrenze hinaus nach Hönow.

Und wieder vergehen vier Jahre

In den Jahren 1983/84 fanden die Projektierungen für die 10,10 km lange Strecke und die 9 Bahnhöfe statt, am 1. März 1985 begannen die Bauarbeiten. Die Linienführung sah vor, über eine Rampe unmittelbar neben dem Tierparkgelände die Trasse aus dem Tunnel zu führen. Im weiteren Verlauf errichtete man nach niveaugleichen Metern sowie dem U-Bahnhof Biesdorf Süd die Strecke über die U-Bahnhöfe Elsterwerdaer Platz und Wuhletal in Dammlage. Daran schließt sich ein 1,20 km langes Tunnelstück an, welches am U-Bahnhof Albert-Norden-Straße (heute Kaulsdorf Nord) endet. Die Trasse wird dann als Einschnitt nach einer zweigleisigen Kehranlage über die U-Bahnhöfe Heinz-Hoffmann-Straße (heute Grottkauer Straße)–Cottbusser Platz–Hellersdorf–Paul-Verner-Straße (heute Louis-

10
Über die Rampe nahe des Tierparks führt die U-Bahn-Trasse zum U-Bahnhof Biesdorf Süd.

11

11
Der behindertengerechte Zugang zu den Bahnhöfen wurde auf der gesamten neuen Strecke über Rampen realisiert. Hier der U-Bahnhof Elsterwerdaer Platz.

Lewin-Straße) nach Hönow weitergeführt. Die gesamte Strecke verläuft 1,58 km im Tunnel, 4,30 km in Geländehöhe bzw. Anschnitten, 1,40 km in Einschnitten, 2,50 km auf Dämmen sowie über eine Brücke. Da Baugrund ausreichend vorhanden war, spielten Überlegungen, die gesamte Linie möglicherweise unterirdisch anzulegen, von Anfang an keine Rolle. Außerdem kam auch aus wirtschaftlicher Sicht keine andere Projektierung in Frage. Komplizierte geologische und hydrologische Verhältnisse vor allem in den Bereichen um die Wuhleniederung (Moor) und die Grundwassersitation am U-Bahnhof Albert-Norden-Straße (heute Kaulsdorf Nord) erschwerten die Arbeiten. Schichtwasser, Grundwasserstockwerke und Moorlinsen mußten beherrscht werden.

12

12
Am U-Bahnhof Wuhletal entstand eine im Berliner Nahverkehrsnetz einmalige Situation – die direkte Umsteigebeziehung zwischen der U-Bahn und der S-Bahn jeweils auf einem Bahnsteig.

13
Die gesamte neue Strecke verläuft 1,58 km im Tunnel, 4,30 km in Geländehöhe, 1,40 km in Einschnitten und 2,50 km auf Dämmen. Hier die zweigleisige Kehranlage nördlich des U-Bahnhofes Albert-Norden-Straße (heute Kaulsdorf Nord). Aufnahme 1997.

14
Ende der siebziger Jahre begannen die Planungen für das Neubaugebiet Berlin-Hellersdorf. Nach der Wende 1989 wurden einige noch nicht realisierte Projekte überarbeitet oder neu entworfen. Hier am U-Bahnhof Hellersdorf entstand zwischen 1994 und 1997 das Stadtteilzentrum „Hellemitte".

13

14

Am U-Bahnhof Wuhletal gelang in der DDR-Zeit durch eine zentral geleitete Verkehrsplanung und -politk eine für Berlin einmalige Verkehrssituation – die direkte Umsteigebeziehung von/zur U-Bahn bzw. zur/von S-Bahn (S5) jeweils in gleicher Fahrtrichtung auf gleichem Bahnsteig. Diese äußerst fahrgastfreundliche Möglichkeit des Übergangs von und zu den beiden Schnellbahnsystemen wurde schnell von vielen tausend Fahrgästen täglich angenommen und ist bis heute überaus geschätzt. Um das Umsteigen auch kommerziell günstig zu gestalten, wurden kombinierte Einzelfahrkarten hergestellt.

Architektonisch präsentieren sich die Bahnhöfe mit den 120 m langen Bahnsteigen (nur die Gemeinschaftsbahnsteige in Wuhletal sind jeweils 160 m lang) schlicht, sachlich und funktional. Generell erhielten die Zugänge zu den Bahnhöfen neben den Treppen eine behindertengerechte Rampe. Der U-Bahnhof Elsterwerdaer Platz wurde mit einer Fahrtreppe ausgestattet, ansonsten sah man Aufzüge und Fahrtreppen vorerst nicht vor. Wenn nötig, sicherten Fußgängertunnel oder -brücken den straßenunabhängigen Zugang zu den einzelnen U-Bahnhöfen. Die Bahnhofsgebäude entstanden nach einem einheitlichen Entwurf. Farblich unterschiedliche Verfliesungen an den Bahnhofsgebäuden, den Aufsichten, den Zugängen, Rampen und Erschließungstunneln unterstützten die Unterscheidungs- und Erkennungsmöglichkeiten der Bahnhöfe. Nach dreijähriger Bauzeit konnte am 30. Juni 1988 der erste 3 km lange Abschnitt zwischen Tierpark und Elsterwerdaer Platz übergeben werden. Ein Jahr später, am 1. Juli 1989, folgte der restliche Streckenabschnitt, die U-Bahn-Linie E (heute U5) verkehrte bis Hönow und endete damit erstmalig außerhalb der Stadtgrenze. Die auf der gesamten Strecke eingesetzten Wagen des Typs E III und D benötigten von Alexanderplatz bis Hönow 37 min, für die Neubaustrecke von Tierpark bis Hönow 20 min. Eine Fahrt nach „j.w.d." bis in die kleine Gemeinde Hönow (heute Landkreis Märkisch Oderland) durch das gigantische Neubaugebiet Hellersdorf hindurch kostete 20 Pfennig. Die umfangreichste U-Bahn-Netz-Erweiterung auf Ostberliner Seite in den Zeiten der DDR war damit abgeschlossen.

15

15
Vom Alexanderplatz bis in die Brandenburgische Gemeinde Hönow benötigt man mit der U-Bahn 37 Minuten.

16
Streckenkarte der zwei Linien des Ostberliner U-Bahn-Netzes nach Abschluß der Verlängerungsarbeiten an der Linie E im Juli 1989.

17
Die Friedrichstadtpassagen während der Abrißarbeiten 1992. Unter diesem Grundstück befand sich der Rohbauverbindungstunnel zwischen der U6 und der Linie A. Er wurde ebenfalls wieder rückgebaut.

16

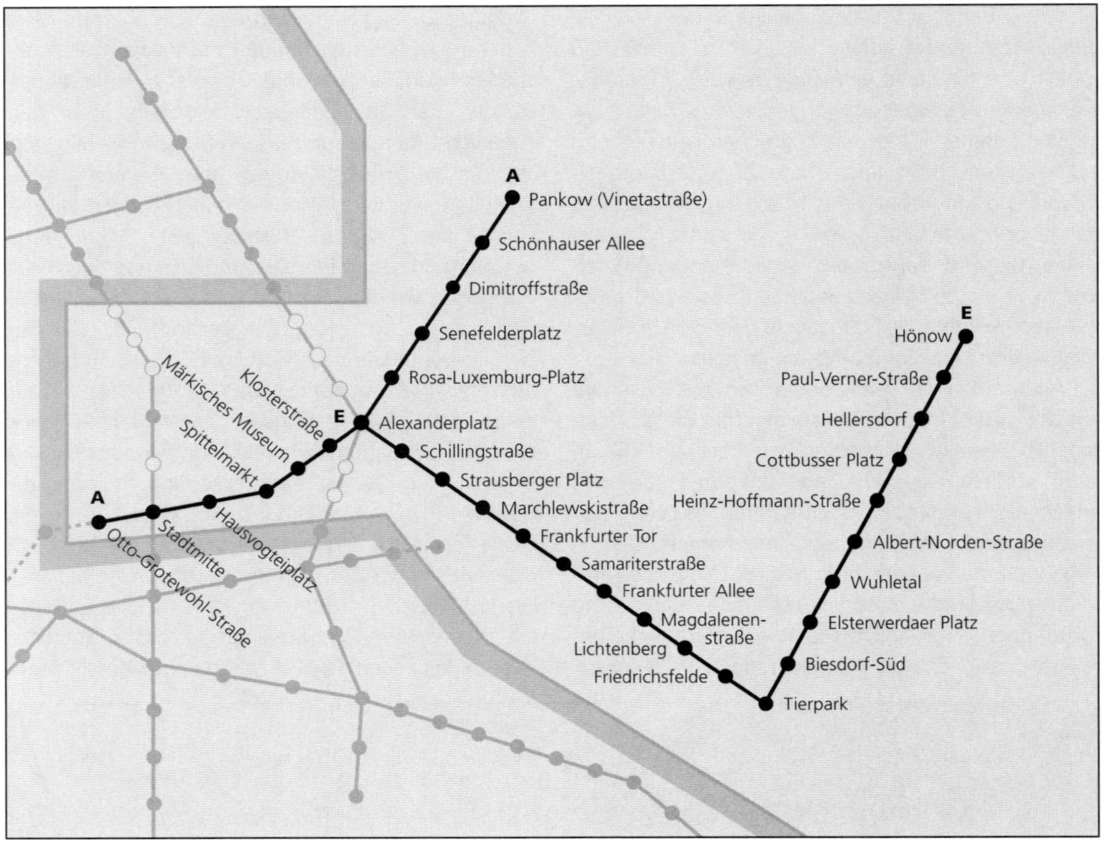

5.6 Unterfahrung der Friedrichstadtpassagen

Auf dem Ostberliner Teil der Friedrichstraße plante man Mitte der achtziger Jahre eine umfassende Wiederbebauung. Die traditionelle Einkaufs- und Amüsiermeile hatte nach dem zweiten Weltkrieg und dem Mauerbau, der die Straße in zwei Teile geschnitten hatte, ihren Charme und ihre Ausstrahlung eingebüßt und nicht wiedererlangt. Mit der Bebauung des Eckgrundstückes Mohren- und Französische Straße, den sogenannten Friedrichstadtpassagen, sollte durch die Kombination aus Restaurants, Läden und Dienstleistungseinrichtungen eine Belebung der Straße erreicht werden. Im Vorfeld dieser Baumaßnahmen entstand 1988 genau auf diesem Grundstück ein Tunnelrohbau, der als Verbindung zwischen der Linie A (heute U2) und der Westberliner Transitstrecke der U6 dienen konnte. Zunächst war die Linienverbindung als technologisch sinnvolle Möglichkeit zur Überführung von Gleistechnik gebaut worden, aber immer wieder gab es seitens der BVB auch Ideen, den Bereich der U6, der auf Ostberliner Gebiet lag, selbst zu verwalten und zu betreiben. Auch für diese Möglichkeit, die als eine Verflechtung der Linie A und der U6 entlang der Friedrichstraße angedacht worden war, wollte man sich mit dem Tunnelrohbau eine Grundlage schaffen. Die Wende 1989 stoppte das Projekt Friedrichstadtpassage, die in der Rohbauphase steckenblieb. Eine Verbindung der Linie A und der U6 erübrigte sich. Die Investruine aus DDR-Zeiten mußte neuen Plänen für die Bebauung der Friedrichstraße weichen und wurde 1992/93 abgerissen. Der Rohbautunnel wurde wieder zurückgebaut.

1

6. Kapitel

Der U-Bahn-Ausbau im Westteil der Stadt 1950 bis 1989

6.1 Verkehrspolitische Weichenstellungen

Nachdem das vorige Kapitel die Spaltung der Stadt und damit auch die Trennung des bis dahin einheitlichen Verkehrsbetriebes geschildert und

2

anschließend die weitere Entwicklung im Ostteil bis 1989 verfolgt hat, soll nun in einem weiten zeitlichen Rücksprung die parallele Entwicklung im Westteil Berlins nachvollzogen werden.

Nach den generalpolitischen Ereignissen von 1948/49 (Währungsreform, Verwaltungstrennung bei der BVG, Gründung zweier deutscher Staaten) standen die verkehrspolitischen Ereignisse der frühen fünfziger Jahre vor allem unter dem Gedanken, daß man sich mit der Existenz zweier Teile von Berlin zunächst einmal abfinden mußte. Es galt, eine eigenständige und zeitlich nicht limitierte Verkehrsentwicklung für Westberlin zu planen. Einerseits hatten die Pläne die besondere Insellage der Stadt zu berücksichtigen, andererseits durften sie einer – nicht genauer zu terminisierenden – Wiedervereinigung Berlins nicht im Wege stehen.

Die Lebensfähigkeit des Westteils der Stadt bis 1989 und die relativ schnelle Wiederherstellung der alten Verbindungen nach dem November 1989 zeigen, daß diese Handlungsprämissen im Bereich der Berliner U-Bahn stets berücksichtigt worden waren.

Der Eigenbetrieb BVG

Neuer Dienstherr der BVG war nach der Verfassung von 1950 der Senator für Verkehr und Betriebe. Die BVG wurde ein Eigenbetrieb des Landes Berlin mit einem zwölfköpfigen Beirat (an Stelle des früheren Verwaltungsrats) und einer fünfköpfigen Direktion (Geschäftsleitung). Bis zu seinem Tode im Jahr 1953 war Oberbürgermeister Prof. Dr. Ernst Reuter Vorsitzender des Beirats, der schon 1926–31 in Berlin als Verkehrsdezernent gewirkt hatte und als einer der „Väter" der BVG gilt, deren Gründung ja den endgültigen Übergang von der privatwirtschaftlichen zur kommunalen Verkehrsorganisation symbolisiert. Diese personelle Kontinuität dürfte letztendlich auch dafür gesorgt haben, daß die Pläne zum U-Bahn-Bau in den fünfziger Jahren genau dort aufgenommen wurden, wo sie 1930 abgebrochen worden waren.

Wie im vorigen Kapitel schon angedeutet, gab es schon sehr früh erste Überlegungen, die Erweiterung des U-Bahn-Netzes durch Neubaustrecken und Streckenverlängerungen wieder aufzunehmen. Zunächst war aber zu klären, wer denn die Bauarbeiten überhaupt planen und organisieren sollte. In

1
Der Ernst-Reuter-Platz im Jahre 1959.

2
Parallel zum Streckenneubau gab es stets Arbeiten zur Instandhaltung und Sanierung vorhandener Anlagen, die stets unter der Federführung der Bauabteilung der U-Bahn standen. Im Bild eine Deckensanierung mit Spritzbeton.

3
Betonkonstruktion am Bahnhof Seidelstraße.

den ersten Jahrzehnten der U-Bahn waren entweder die Städte oder aber die privaten Verkehrsgesellschaften als Bauherrn aufgetreten. Beim Übergang der U-Bahn in kommunales Eigentum Ende der zwanziger Jahre war die „Bauherrn"-Frage nicht endgültig geklärt worden. Damals beschäftigten sich die Magistratsverwaltungen für Verkehr und für Tiefbau, teilweise in Konkurrenz zueinander, mit U-Bahn-Bau. Die BVG war vor dem Krieg nur mit der Verkehrsplanung befaßt, jedoch überhaupt nicht mit Bauplanungen oder -ausführungen.

1953 wurde dann entschieden, daß das Schnellbahnbauamt bei der Senatsverwaltung für Bauen und Wohnen alle reinen Neubauarbeiten ausführen, sich aber bei der Planung eng mit der Verkehrsverwaltung und der BVG abstimmen sollte. Umbauten und Erweiterungen an vorhandenen Anlagen, bei denen meist während des laufenden Betriebes gearbeitet werden muß, verantwortet jedoch die Bauabteilung der U-Bahn selbst.

Sowohl das Schnellbauamt als auch die Bauabteilung der U-Bahn übernahmen jedoch nur die Planung und Bauleitung. Die eigentlichen Bauarbeiten wurden und werden öffentlich ausgeschrieben und anschließend an Baufirmen vergeben, wobei größere Vorhaben in einzelne Abschnitte – Baulose – zerlegt werden.

6.2 Die Verlängerung nach Tegel

Die Verlängerung der früher als Nord-Süd-Bahn bezeichneten U-Bahn-Linie unter der Friedrichstraße war schon zur Zeit ihrer Errichtung in den zwanziger Jahren Bestandteil der Pläne. 400 m Tunnel im Rohbau und 700 m abgerammte Strecke nördlich des Endbahnhofs Seestraße waren damals entstanden.

Die Verlängerung nach Tegel sollte nun als erstes Nachkriegsprojekt der Berliner U-Bahn ausgeführt werden, weil man sich durch Einsparungen beim Oberflächenverkehr ein günstiges Kosten-Nutzen-Verhältnis versprach. Auch technische Gründe sprachen gerade für diese Strecke, war doch mit besonderen Schwierigkeiten nicht zu rechnen. Mit dem relativ kleinen Projekt sollten Erfahrungen für die weiteren Vorhaben gesammelt werden, nach mehr als 20 Jahren Unterbrechung begann man schließlich beinahe wieder von vorn.

Der erste Rammschlag fand am 26. Oktober

4

5

4
Der Kurt-Schumacher-Platz in den fünfziger Jahren.

5
Kostensparende Ausführung als Dammbahn nördlich des Kurt-Schumacher-Platzes.

1953 in der Müllerstraße statt. Die wie mit dem Lineal gezogene Strecke bis zum Kurt-Schumacher-Platz entstand mit dem bewährten Berliner Verbau. An einigen Stellen waren Bohlenabdeckungen der Baugrube notwendig, um den Oberflächenverkehr, speziell zum damaligen Straßenbahnhof Müllerstraße, nicht zu behindern. Der Tunnel entstand erstmals als Stahlbetonvollrahmen, die frühere Bauweise mit stahlträgerverstärkten Sohlen und Decken wurde nicht fortgesetzt.

Nördlich des Kurt-Schumacher-Platzes befand sich damals noch weitgehend freies Gelände, aus Kostengründen wurden hier die Alternativen einer Einschnitt- oder Dammbahn geprüft. Unter anderem wegen des hohen Grundwasserstandes fiel die Entscheidung zugunsten der Hochlage, zumal so der Aushub der südlichen Tunnelstrecke für die Aufschüttung des nördlichen Dammes verwendet werden konnte. Auf Höhe des Kapweges schwenken die Gleise unterirdisch aus der Straßenmitte in die Randlage und steigen dann hinter dem Kurt-Schumacher-Platz seitlich von der Scharnweberstraße gut 15 m bis zur Dammkrone an. Bei den drei Bahnhöfen auf der Dammstrecke kam der in den fünfziger

6
Die sehr sachliche, fast karge Gestaltung der ersten Nachkriegsbahnhöfe, hier z.B. Rehberge, erinnert teilweise an die 1930 fertiggestellte U5.

und sechziger Jahren sehr beliebte Stahlbeton – auch in der Form von Spannbeton – zum Einsatz. Die dadurch sehr schweren Bahnsteige und ihre Dächer ruhen auf Preßbetonpfählen, die durch den gesamten Damm bis 3 m tief in den gewachsenen Untergrund reichen. Die offene und luftige Gestaltung der Bahnhöfe Scharnweberstraße, Seidelstraße und Holzhauser Straße erinnert weitläufig an frühere „Vorort"-Bahnhöfe der U-Bahn, etwa in Ruhleben oder auf dem südlichen Ende der Strecke nach Krumme Lanke (U1). Allerdings lassen die Stahlbetonträger der Tegeler Strecke die dortige Eleganz vermissen. Die größte Brücke der Dammstrecke führt mit 65 m Spannweite ohne Mittelstütze über die Seidelstraße hinweg.

Kurz vor dem Bahnhof Borsigwerke führt die Strecke über eine Rampe wieder in den Untergrund und schwenkt hinter diesem Bahnhof unter die Mitte der Berliner Straße.

Der unter dem Namen Tegel eröffnete Endbahnhof bietet bis heute günstige Umsteigemöglichkeiten zum Oberflächenverkehr. Neben den Einwohnern der nördlichen Ortsteile entdeckten deshalb auch Ausflügler zum Tegeler See und in die angrenzenden Forsten sehr schnell die Vorteile der neuen Strecke, die neue Linie wurde ein großer Erfolg.

Die Bahnhöfe

Auffällig sind die sehr unterschiedlichen Bahnhofsabstände auf der nördlichen Verlängerung der damaligen Linie C (heute U6). Die große Entfernung vom Ausgangspunkt Seestraße zum ersten neuen Bahnhof, Rehberge (1.115 m), ergab sich aus den schon vor dem Krieg ausgeführten Tunnelanlagen, die nicht für einen Zwischenbahnhof vorbereitet worden waren.

Vom Bahnhof Rehberge bis zum Kurt-Schumacher-Platz, der als Verkehrsknoten unbedingt einen Bahnhof erhalten sollte, wären es 1.200 m gewesen, weshalb man im Gegensatz zu früheren Planungen zusätzlich den Bahnhof Afrikanische Straße etwa in der Mitte dieser Teilstrecke baute, es entstanden die eher kleinen Bahnhofsabstände von 567 m bzw. 631 m.

Da U-Bahnhöfe nicht im Gefälle liegen sollen, befindet sich der erste Bahnhof hinter Kurt-Schuma-

Bahnhofsabstände

Die Frage der Bahnhofs- bzw. Haltestellenabstände spielt für alle Verkehrsmittel eine große Rolle und wurde deshalb nach dem Krieg für die Berliner U-Bahn vielfach diskutiert. Kleine Abstände sind komfortabel für die Fahrgäste, da die Fußwege zur nächsten Station gering bleiben. Zugleich verlängern aber die vermehrten Aufenthalte die Reisegeschwindigkeit des jeweiligen Verkehrsmittels. Im Netz der Berliner U-Bahn hatte sich bis zum Beginn der dritten Ausbauphase ein mittlerer Abstand von 740 m ergeben. Zukünftig wollte man im innerstädtischen Bereich etwa 500 m und in den äußeren Stadtbezirken bis zu 1.000 m Bahnhofsabstand planen, wobei die genaue Lage des jeweiligen Bahnhofs auch mit dem oberirdischen Verkehr abzustimmen war (große Straßenkreuzungen, Umsteigepunkte zum Busverkehr u.ä.). Der Bahnhofsabstand wird von Bahnsteigmitte zu Bahnsteigmitte gemessen, die Fußwege zwischen den Eingängen können also durchaus kürzer sein.

6

7

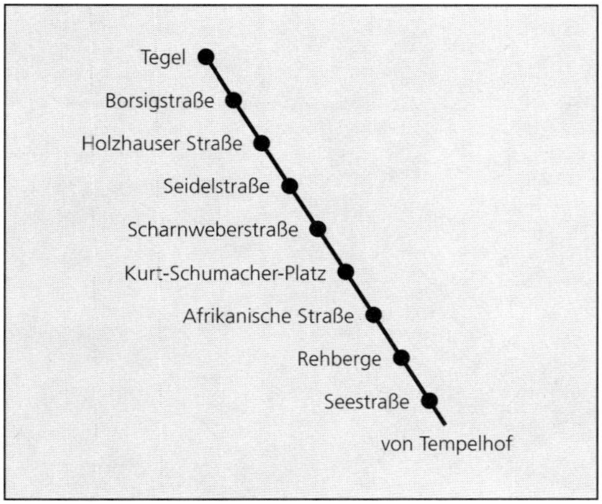

7
Das erste Nachkriegsprojekt der Berliner U-Bahn: die nördliche Verlängerung von der Seestraße nach Tegel.

cher-Platz, Scharnweberstraße, erst am Ende der Rampe, wodurch ein Bahnhofsabstand von 1.053 m entsteht. Im weiteren Verlauf schwanken die Abstände zwischen 700 m und gut 900 m.

Alle Bahnhöfe wurden mit Mittelbahnsteigen von 110 m Länge und in anderthalbfacher Tiefenlage ausgeführt. Bei der Bahnhofsgestaltung in den Tunnelabschnitten blieb man der Vorkriegstradition weitgehend treu. Mit überwiegend hellen Bekleidungen aus Keramik sollte ein sachlicher, aber freundlicher Eindruck entstehen.

Am 23. April 1956, also ziemlich genau 30 Monate nach Beginn, konnten die Bauarbeiten für das 2,3 km lange erste Teilstück vom Bahnhof Seestraße zum Kurt-Schumacher-Platz beendet werden, die weiteren 4,3 km bis zum damals noch einfach Tegel genannten Endbahnhof wurden am 31. Mai 1958 in Betrieb genommen.

6.3 Neue Planungsgrundlagen ab 1953/54

Während der Vorbereitung und Ausführung der Verlängerung nach Tegel wurde intensiv an grundlegenden Planungen für den weiteren U-Bahn-Ausbau gearbeitet. Das Ergebnis dieser Überlegungen waren:

- die Definition einer neuen Verkehrspolitik,
- die „Richtlinie für den Bau von U-Bahnen" und schließlich
- der 200-km-Plan.

Alle drei Themen standen natürlich in enger Beziehung untereinander und waren von den politischen Entwicklungen beeinflußt. In den drei Jahren von 1953 bis 1955 wurden die wichtigsten, bis heute noch wirkenden Entscheidungen für den künftigen U-Bahn-Bau getroffen.

Die neue Verkehrspolitik

Oft wird als Beginn der neuen Verkehrspolitik, die dann zur vollständigen Abschaffung der Straßenbahn in Westberlin führte, eine Kreditentscheidung aus dem Jahre 1953 betrachtet. Sie bildete sicherlich den Anlaß zu den Diskussionen für und wider die Straßenbahn, war aber wohl kaum die Ursache für die dann folgenden Entwicklungen.

In den Jahren der Weltwirtschaftskrise, der Kriegsvorbereitungen und des Krieges selbst war es kaum zur Beschaffung neuer Fahrzeuge gekommen. In der Konsolidierungsphase ab 1950 machte sich dieser Investitionsstau nun schmerzlich bemerkbar. Der Fahrzeugpark bei U-Bahn, Straßenbahn und Autobus war moralisch und technisch verschlissen.

Schon 1951 hatte die BVG zwei Probezüge neuer Straßenbahnwagen getestet. Im Februar 1953 beantragte sie dann beim Senat einen Kredit von 12 Millionen D-Mark für die Beschaffung von 40 Straßenbahnzügen und 20 Autobussen. Noch während der Antragsphase verstärkten sich aber in der BVG-Spitze Bedenken gegen die Straßenbahn. Erstens war der Betrieb mit den Probezügen nicht völlig zufriedenstellend abgelaufen, und zweitens wurde auf die Entwicklung in großen europäischen Metropolen, etwa London und Paris, hingewiesen, wo U-Bahnen und Autobusse allmählich die Straßenbahn ablösten. Drittens schließlich konnten erste Erfahrungen der Städte aus dem Bundesgebiet ausgewertet werden, die unter dem Eindruck des anwachsenden Autoverkehrs oft U-Bahnen oder zumindest unterirdische Straßenbahnen für ihre Stadtzentren planten. Da man in Berlin ja bereits ein recht gut ausgebautes unterirdisches Schnellbahnnetz hatte, schien es sinnvoller, dieses auszubauen und den sehr flexiblen Bus als Zubringer zu den U-Bahnhöfen einzusetzen. Unter dem Eindruck all dieser Überlegungen beschloß zunächst die Direktion, den 12-Millionen-Kredit für die Anschaffung von 140 Doppeldeck-Omnibussen umzuwidmen. Ende

8
Von Neubauten oder Sanierungen – hier am Hermannplatz 1961 – bei der U-Bahn war stets auch die Straßenbahn betroffen. Von 1956 bis 1967 gingen mit den Streckenerweiterungen bei der U-Bahn stets auch Stillegungen bei der Straßenbahn einher.

8

August 1953 stimmte der BVG-Beirat und im Januar 1954 auch der Senat der veränderten Mittelverwendung zu.

Es gab in dieser Phase also keinen definitiven Beschluß, die Straßenbahn abzuschaffen; durch die Nichterneuerung des Wagenparks mußte sich die allmähliche Ablösung der Straßenbahn durch den Bus allerdings aus dem Lauf der Entwicklung ergeben. Die ersten sichtbaren Ergebnisse zeigte diese Entwicklung am 1. Juni 1958. Mit der Inbetriebnahme der U-Bahn nach Tegel wurden vier Straßenbahnlinien stillgelegt und statt dessen Autobuslinien neu eingerichtet bzw. verlängert. Im Bezirk Reinickendorf fuhren von diesem Tag an beinahe keine Straßenbahnen mehr.

Die Verkehrspolitik zur Abschaffung der Straßenbahn ist in der Vergangenheit oft gescholten worden. Die Entwicklung des Berliner Verkehrs nach dem Fall der Mauer scheint diese Kritik auch zu bestätigen. Allerdings sollte der Anfang dieser Politik auch unter den seinerzeitigen Bedingungen gesehen werden: Der Fortschrittsglaube war ungebremst, die Motorisierung für jedermann schien machbar, und Begriffe wie „Umweltverschmutzung" und „Ölkrise" waren noch kein Gemeingut. Selbst der „Autostau" war noch ein Exot.

Auch ist die Ablehnung der Straßenbahn – zumindest auf großen Straßen – keine Erfindung der fünfziger Jahre gewesen. Die preußischen Könige hatten sich immer, also bis 1918, erfolgreich gegen eine Straßenbahn in ihrer Paradestraße Unter den Linden gewehrt. Bei einer Prachtumgestaltung der heutigen Straße des 17. Juni hatten die Nationalsozialisten am 31. Oktober 1934 den dortigen Straßenbahnverkehr stillegen lassen.

Die Richtlinien für den Bau von U-Bahnen

In den ersten beiden Bauphasen der Berliner U-Bahn oblag es dem Bauherrn und seinen beauftragten Architekten und Technikern, die gestalterischen und technischen baulichen Details der jeweiligen Strecke festzulegen. Unter den jetzigen Bedingungen eines vereinheitlichten Verkehrsbetriebes erschien es sinnvoll, für die bautechnische Ausführung bestimmte Regeln festzusetzen. Die „Richtlinien für den Bau von U-Bahnen" entstanden 1954 und wurden dann im Zuge der jeweils gewonnenen Bauerfahrungen fortgeschrieben.

In den Richtlinien wird ausführlich auf die Gestaltung und Geometrie der Tunnel, Bahnsteige und Zugänge eingegangen, aber auch solche Details wie die äußere Kennzeichnung oder die Beleuchtung der Tunnel fanden gebührende Aufmerksamkeit. Viele Bestimmungen leiten sich direkt aus den Erfahrungen der ersten beiden Ausbaustufen der Berliner U-Bahn bis 1913 bzw. bis 1930 her. So orientieren die Richtlinien an Umsteigepunkten vor allem auf Richtungsbahnsteige oder kreuzförmige Turmbahnhöfe. L- oder T-förmige Umsteigepunkte sollten nur die Ausnahme sein. Implizit wird hiermit auch die bewährte eigenständige Gleisführung für jede Linie ohne Verzweigung festgelegt, verschiedene U-Bahn-Linien benutzen also auf Neubaustrecken nie dasselbe Gleis. Von dieser Regel weichen heute nur die U1 und U15 ab, die aber auf historischen Strecken verkehren.

Fast selbstverständlich fordern die Richtlinien seit 1954 für die Tunnelmaße das Großprofil. Die Bahnsteige sollen in der Regel als Mittelbahnsteige mit 110 m Länge ausgeführt werden. Ihr Abstand untereinander richtet sich nach der Verkehrsstruktur, d.h. nach der Lage der Knotenpunkte im Netz sowie der wichtigen Straßen und Plätze in der Stadt. In der Praxis haben sich Abstände zwischen 500 und 1.000 m herausgebildet.

Viele Details der Richtlinien können hier nicht im einzelnen ausgeführt werden, erwähnenswert scheint aber doch, daß bereits in der Fassung von 1963 gefordert wird, daß die Bahnhöfe höher als die Tunnelstrecken liegen sollten. Mit Rampenneigungen von 1:40 kann so das Bremsen (bergauf) und Anfahren (bergab) der Züge am Bahnhof unterstützt und eine energiesparende Fahrweise erreicht werden.

Der 200-km-Plan

Schon mehrfach war im Laufe der Baugeschichte der Berliner U-Bahn von großen – manchmal

9

9
Alle Gewässerunterquerungen im U-Bahn-Netz sind durch Wehrtore gesichert, die bei einem eventuellen Wassereinbruch ein Weiterfließen des Wassers im verzweigten Tunnelsystem verhindern.

nicht sehr realistischen – Plänen die Rede. Im 5. Kapitel dieses Buches ist bereits beschrieben worden, wie schnell die sehr umfangreichen früheren Netzideen nach dem totalen Zusammenbruch von 1945 wieder auflebten.

1953 wurde es dann ernst. In Verhandlungen zwischen den Senatsverwaltungen für Verkehr und Betriebe einerseits und Bau- und Wohnungswesen andererseits sowie dritterseits der BVG war festzulegen, wo und in welcher Reihenfolge die nächsten U-

10
Die dritte Ausbauphase des Berliner U-Bahn-Netzes begann vor dem Hintergrund von Wirtschaftswunder und Wiederaufbau. Im Bild die Trümmerlandschaft um den 1961 geschlossenen Bahnhof Nürnberger Platz nach dem zweiten Weltkrieg.

Bahn-Strecken gebaut werden sollten. Wie schon beschrieben, begann der Weiterbau schließlich am nördlichen Ende der heutigen U6 in Richtung Tegel. Im Laufe der Verhandlungen wurden aber auch Dringlichkeitsstufen für die weiteren Projekte bestimmt, wobei vor allem die damaligen Stadtentwicklungs- und Bebauungspläne Berücksichtigung fanden. Das Ergebnis war schließlich eine großräumige und zeitlich weit gesteckte U-Bahn-Planung für die gesamte Stadt – also West- und Ostberlin. Dieses Planwerk ist unter dem Namen „200-km-Plan" in die Geschichte eingegangen. Es wurde erstmals 1955 aufgestellt und – ähnlich wie die „Richtlinien" – seither ständig fortgeschrieben.

Der 200-km-Plan versteht sich als weite Vision, seine Erfüllung ist nicht an vorher festgelegte Zeiten gebunden. Alle Bauvorhaben ab den fünfziger Jahren richteten sich jedoch nach diesem Plan, in seinem Sinne wurden künftige Kreuzungsbahnhöfe und die perspektivische Baufreiheit bei Neubauten stets berücksichtigt. Ebenso entsprechen alle neuen Strecken in Westberlin dieser Vorgabe.

Die DDR hat sich offiziell nie zu diesem Plan bekannt. Da er aber vielfach auf alten Planungen der Weimarer Republik beruhte und außerdem die ersten Vorbesprechungen noch gemeinsam mit der Ost-BVG stattfanden, wurden die sehr weitläufigen Planungen auch dort stets berücksichtigt bzw. zumindest nicht verbaut. Dadurch konnte der aktualisierte „200-km-Plan" nach der Vereinigung mit nur einigen Modifizierungen wieder ins Auge gefaßt werden (Abbildung in Kapitel 7).

Die verkehrspolitischen Entscheidungen, die in den Jahren ab 1953 getroffen wurden, standen immer auch unter dem Einfluß der „großen" Politik. Dort herrschte jedoch der kalte Krieg zwischen West und Ost, der gutwillige und sachbezogene Verhandlungen über Detailfragen oft verhinderte.

In diesem Klima fand der gemeinsame Straßenbahnverkehr zwischen den Sektoren sein Ende. Formaler Anlaß war ein Streit über den Einsatz von weiblichem Fahrpersonal, den die Ost-BVG praktizierte, die West-BVG hingegen ablehnte. 1949 hatte man sich zunächst darauf geeinigt, daß Fahrerinnen nur auf reinen Ostlinien fahren sollten, während die gemeinsamen Linien nur mit Fahrern besetzt wurden. Im Januar 1953 zerbrach dieser Konsens, die Ost-BVG schickte zunehmend von Fahrerinnen geführte Züge in die Westsektoren, was zuerst zu Protesten der West-BVG und später zur Verweigerung der Weiterfahrt führte. Die Auseinandersetzungen eskalierten und hatten am 15. Januar die Trennung der drei letzten durchgehenden Straßenbahnlinien zur Folge.

Da ein Autobusverkehr über die Sektorengrenzen hinweg ohnehin nicht bestanden hatte, verblieb nun die U-Bahn als einziges gemeinsames Verkehrsmittel. Zwar verband auch die S-Bahn den West- und den Ostteil, doch stand sie unter der alleinigen Verwaltung der in Ostberlin ansässigen Deutschen Reichsbahn und war somit kein wirklich gemeinsames Verkehrsmittel.

Das letzte gemeinsame Verkehrsmittel

Der sektorenüberschreitende U-Bahn-Verkehr konnte bis zum 13. August 1961 aufrechterhalten werden, allerdings mit einigen Vorsichtsmaßnahmen. So baute man in den fünfziger Jahren hinter die jeweils letzte Station auf Westberliner Gebiet Weichen ein, um bei einer Netztrennung die Züge noch auf eigenem Gebiet kehren lassen zu können. Außerdem wurde der Verkehr ständig beobachtet und gezählt. Ein Zug durfte in den Ostsektor nur einfahren, wenn von dort auch ein Gegenzug eintraf. Bei einer plötzlichen Unterbindung des Durchgangsverkehrs durch die östliche Seite verlor man so nur wenige U-Bahn-Wagen.

Diese Maßnahmen bewährten sich im Juni 1953, als im Gefolge des Aufstandes vom 17. Juni der U-Bahn-Verkehr in Ostberlin eingestellt wurde. Dies hatte eine Umorientierung auch der Westberliner Verkehrsströme zur Folge, die mit verstärktem Autobus- und Straßenbahnverkehr sowie dem Betrieb der im Westteil liegenden Teilstrecken der U-Bahn aufgefangen wurden.

Erst am 9. Juli 1953 normalisierte sich die Situation wieder. Ein Resultat jener Tage ist die direkte Zugführung von Krumme Lanke zum Kottbusser Tor, die es bis dahin nicht gegeben hatte. Die BVG schuf damit eine (geographische) Ost-West-Verbindung, die vom (politischen) Osten unabhängig war. Wenn man so will, ist der 18. Juni 1953 also die Geburtsstunde der heutige Linie U1.

6.4 Von Wedding nach Steglitz – Die Entstehung der U9

Das zweite Nachkriegsprojekt im Berliner U-Bahn-Bau orientierte sich bereits sehr deutlich an der veränderten Verkehrslage in der geteilten Stadt. Die Bevölkerung der dicht besiedelten Bezirke Reinickendorf, Wedding und Steglitz sollte eine direkte Schnellbahnanbindung an das Westberliner Stadtzentrum rund um den Zoo und den Kurfürstendamm erhalten. Da das durch Streckenverlängerungen vorhandener U-Bahn-Linien nicht zu erreichen war, wurde eine neue Strecke – als Linie G – geplant, die heute als U9 ein Herzstück des Berliner Netzes ist.

Die neue Linie war in der Gesamtstadt die dritte Nord-Süd-Verbindung, jedoch die erste, die ausschließlich auf Westberliner Gebiet lag und somit keinen politischen Störungen ausgesetzt war. Wie schon bei den beiden vorherigen Nord-Süd-Strecken (heute U6 und U8) konnten wieder mehrere vorhandene U-Bahn-Linien gekreuzt und somit die Umsteigebeziehungen verbessert werden. Als erster Abschnitt entstand in den Jahren 1955–61 die

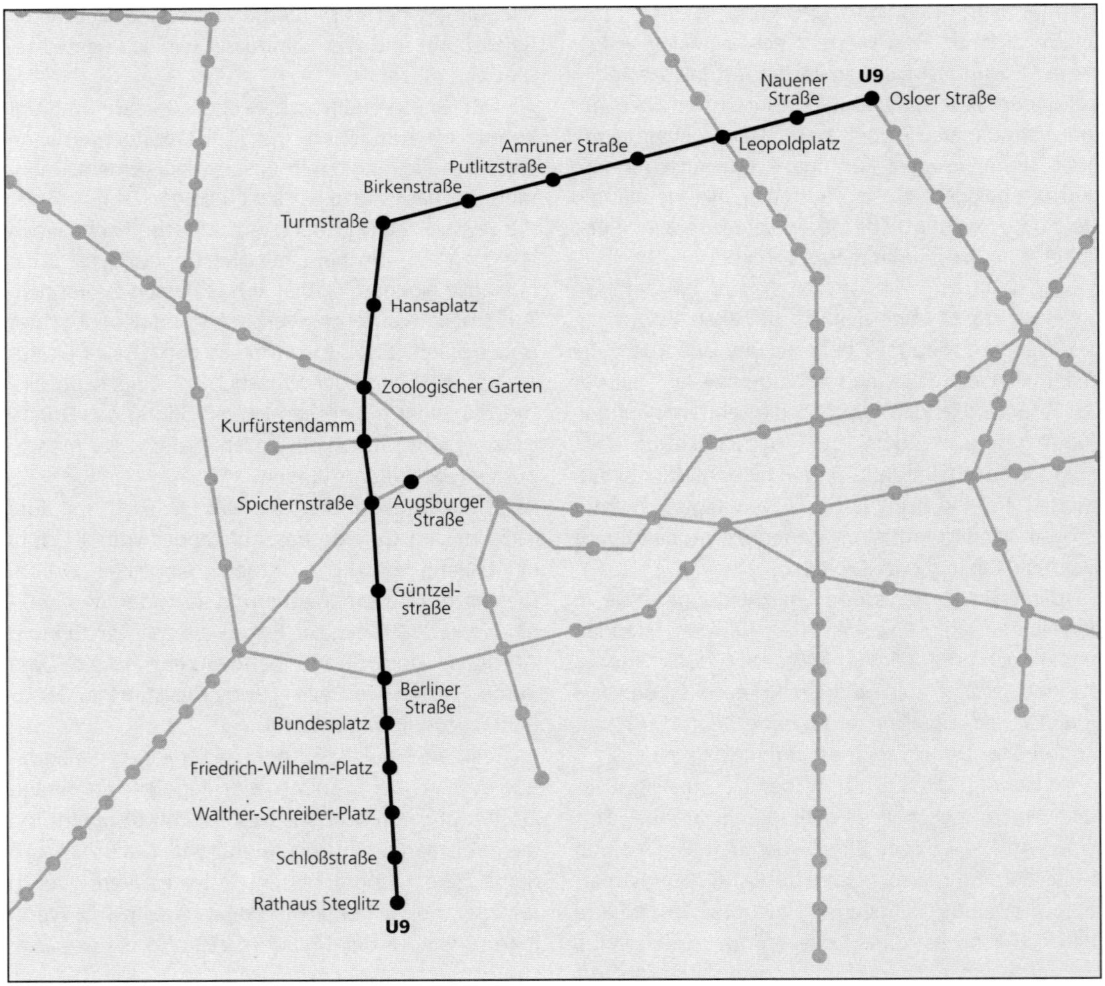

11
Aus Gründen der Übersichtlichkeit stellt der Plan die gesamte Strecke der U9 mit ihren vielfältigen Umsteigebeziehungen dar. Bis 1961 entstand zunächst nur der Abschnitt Leopoldplatz–Spichernstraße. Erst später folgten die Verknüpfungen mit der U7 an der Berliner Straße und der U8 am Osloer Platz.

Strecke vom Leopoldplatz in Wedding zur Spichernstraße. Die lange Bauzeit deutet schon die baulichen Schwierigkeiten an, immerhin waren drei Wasserläufe sowie vier U-Bahn- und zwei S-Bahn-Linien und schließlich auch die belebte City in Charlottenburg zu unterfahren.

Am Leopoldplatz mußte die vorhandene Bahnhofsanlage der Nord-Süd-Bahn (Linie C bzw. U6) zu einem Umsteigebahnhof umgebaut werden. 1960 fuhren die Züge von und nach Tegel deshalb für einige Monate ohne Halt auf diesem Bahnhof durch. Der alte Mittelbahnsteig wurde abgerissen und anschließend der untere Bahnsteig der damaligen Linie G sowie die neuen und oberen Seitenbahnsteige für die Linie C gemeinsam errichtet. Während also die Richtlinien für den Bau von U-Bahnen Mittelbahnsteige favorisierten, hat man unter dem Zwang der Umstände hier einen Mittel- zu zwei Seitenbahnsteigen umgebaut. Dafür entstand jedoch – bei laufendem Verkehr auf der Linie C – ein klassischer Turmbahnhof mit kurzen Umsteigewegen. Zur baulichen Anlage gehört außerdem ein Umsetzgleis von der neuen Strecke zur alten, wodurch die Züge der Linie G zur Betriebswerkstatt Seestraße überführt werden können. Die Trasse der Linie G folgt nach Südwesten der damals neu angelegten Luxemburger Straße und führt über Moabit auf den Tiergarten zu. Dieser relativ kurze Abschnitt wies etliche Erschwernisse auf, zu unterqueren waren der Spandauer Schiffahrtskanal, der Bahngraben der Ringbahn, ein massiver Häuserblock zwischen dem U-Bahnhof Turmstraße und dem Bundesratufer sowie schließlich die Spree und im Tiergarten der Landwehrkanal. Alle schon aus früheren Jahrzehnten bekannten Schwierigkeiten des U-Bahn-Baus waren also vereint, konnten aber mit den bereits bewährten früheren Techniken auch gemeistert werden. Bei den beiden Kanälen arbeitete man wieder in einem Bauabschnitt, wofür der Schiffsverkehr eingestellt und das nur schwach fließende Wasser mit einem Hebewerk über die Baustelle hinweg gefördert wurde. Die Spree mit ihrem stärkeren Schiffsverkehr und dem größeren Fließwasserdurchsatz mußte in zwei Bauabschnitten unterquert werden, was von April 1957 bis Januar 1959 geschah. Alle Gewässerunterquerungen erhielten auch in der dritten Ausbauphase stets Schutzwehre gegen eventuelle Wassereinbrüche.

Alle Hindernisse vereint

12

12
Die oberen Bahnsteige (U6) am Leopoldplatz entstanden mit dem Bau der U9 1960/61.

KUNDENKREDITBANK
DISCONT
Pankow
333

3

Durch die heutzutage übliche Aufteilung in Baulose müssen U-Bahn-Strecken nicht mehr linear von einem Ende zum anderen gebaut werden. Vielmehr ist jeder Bauabschnitt in sich selbständig. Der älteste Teil der neuen Linie G liegt beispielsweise zwischen Hansaplatz und Bahnhof Zoo. Hier fand der erste Rammschlag am 23. Juli 1955 statt, und dieser 1,5 km lange Abschnitt wurde 1957 auch als erster fertig. Gleise verlegte man jedoch zunächst noch nicht, weil die Anschlußstücken ja noch nicht fertig waren. Dafür befuhr während der Interbau im Sommer 1957 der gummibereifte „VW-Expreß" die Strecke, die so zu einem Exponat der Bauausstellung Interbau wurde, wie es ja auch das Hansaviertel selbst war.

Baugrube in der Innenstadt

Extrem aufwendig gestaltete sich dann wieder die südlich anschließende Strecke unter der Joachimstaler Straße. Einerseits mußte der sehr starke Oberflächenverkehr über die Baugrube hinweggeleitet werden, und andererseits waren zwei bestehende U-Bahn-Linien zu kreuzen.

Dabei durfte der Verkehr auf der wichtigen Strecke nach Ruhleben nicht beeinträchtigt werden. Mit dem Bau des unteren Bahnsteigs am Bahnhof Zoologischer Garten waren auch umfangreiche Veränderungen der Verbindungsgänge sowie der Treppenanlagen verbunden, die dann durchgängig unterirdische Umsteigewege zwischen den beiden U-Bahn-Linien und der S- bzw. Fernbahn ermöglichten.

Etwas einfacher gestalteten sich die Arbeiten an der Kreuzung Joachimstaler Straße/Kurfürstendamm. Die historische Strecke zur Uhlandstraße, die damals noch keinen Bahnhof an dieser Stelle hatte, wurde von 1957 bis 1961 stillgelegt und unter der wichtigen Straßenkreuzung der Kreuzungsbahnhof Kurfürstendamm errichtet.

Umbau am südlichen Ende

Am vorläufigen südlichen Endpunkt der Linie G wiederholte sich die Situation vom Bahnhof Kurfürstendamm. Natürlich sollte die neue Linie hier einen Umsteigebahnhof zur vorhandenen Strecke nach Krumme Lanke erhalten. Doch auf der 1913 eröff-

14

13
Durch den Bau der U9 mitten durch die westliche City verwandelte sich die Gegend am Bahnhof Zoo für mehrere Jahre in eine riesige Baugrube.

14
Der U-Bahnhof Hansaplatz war – noch bevor hier die erste U-Bahn hielt – im Sommer 1957 Exponat der Interbau und Station des gummibereiften VW-Expreß.

Neue Bahnhöfe im Kleinprofil

neten Wilmersdorf-Dahlemer-Bahn (heute U1) gab es an der Kreuzung Spichernstraße/Bundesallee keinen Bahnhof.

Von 1957 bis 1959 entstand deshalb der Bahnhof Spichernstraße. Damit nun die vorhandenen Tunnelanlagen der heutigen U1 so wenig wie möglich verändert werden mußten, entstanden die oberen Bahnsteige als Seitenbahnsteige, während unten auf der Linie G ein Mittelbahnsteig errichtet wurde.

Erstmals in der Baugeschichte der Berliner U-Bahn mußte am Bahnhof Spichernstraße ein neues unterirdisches Verkehrsbedürfnis berücksichtigt werden. Unter dem Eindruck des mit dem aufblühenden Wirtschaftswunder anwachsenden individuellen Autoverkehrs entwickelten viele Städte in den frühen fünfziger Jahren weitreichende Pläne für Stadtautobahnen und Autotunnel. Neben den bekannten und realisierten Projekten war in Berlin auch ein Autotunnel unter der Bundesallee geplant. Der Platz für diesen Tunnel wurde beim U-Bahn-Bau vorsorglich freigehalten, was allerdings zu langen und wenig komfortablen Umsteigewegen zwischen den beiden U-Bahn-Linien führte.

Der Bau des U-Bahnhofs Spichernstraße hatte für die Strecke nach Krumme Lanke weitere Konsequenzen. Mit der Einweihung des neuen Bahnhofs wurde der unmittelbar benachbarte historische Bahnhof Nürnberger Platz geschlossen. Die Entfernung zwischen den Zugängen betrug gerade einmal 120 m. Bereits in der Planungsphase erschien nun aber die Entfernung zwischen den Bahnhöfen Spichernstraße und Wittenbergplatz mit 1.106 m für die innerstädtische Lage als zu weit. Parallel zum Bau der heutigen U9 entstand deshalb auf der heutigen U1 der Bahnhof Augsburger Straße. Wie schon am Bahnhof Spichernstraße sollte auch hier der Eingriff in die vorhandene Bausubstanz so gering wie möglich gehalten werden, weshalb man sich für die Anlage von Seitenbahnsteigen entschied.

Die Bahnhöfe Spichernstraße und Augsburger Straße wurden bei laufendem Verkehr errichtet, weshalb die Bauabteilung der U-Bahn diese Vorhaben ausführte, wobei aber die Senatsverwaltung für Bauen und Wohnen die Kosten übernahm. Beide Bahnhöfe waren übrigens – zusammen mit den

15

15
Zugang zum neuen Kleinprofilbahnhof Augsburger Straße am Eröffnungstag, dem 8. Mai 1961.

16

16
Bahnhof Spichernstraße im Rohbau.

Bahnhöfen Kurfürstendamm und Bismarckstraße – bis in die späten neunziger Jahre die einzigen Bahnhofsneubauten im Kleinprofilnetz der Berliner U-Bahn nach dem zweiten Weltkrieg.

Die offizielle Einweihung der neuen Linie G war ursprünglich für den 2. September 1961 geplant. Wenige Wochen vorher zeigte sich aber schon ihre Bedeutung. Denn mit der Errichtung der Mauer am 13. August 1961 verlagerten sich – wie in den „heißen" Tagen des Juni 1953 – schlagartig die Verkehrsströme. Die Nord-Süd-Verbindung unter Umgehung Ostberlins wurde dringend benötigt, der Verkehrsbeginn deshalb auf den 28. August 1961 vorgezogen.

16 Jahre nach Kriegsende war die erste neue Linie mit zunächst neun Bahnhöfen entstanden:
Leopoldplatz,
Amrumer Straße,
Putlitzstraße (heute Westhafen),
Birkenstraße,
Turmstraße,
Hansaplatz,
Zoologischer Garten,
Kurfürstendamm,
Spichernstraße.

17

17
Übergang von der U9 zur U1 am Bahnhof Spichernstraße.

Einweihung in bewegten Zeiten

Zum Bauvorhaben müssen aber auch die drei neuen und teils schon vorher eröffneten Bahnhöfe im Kleinprofilnetz gezählt werden:
Kurfürstendamm, eröffnet am 2. September 1961,
Spichernstraße, eröffnet am 2. Juni 1959,
Augsburger Straße, eröffnet am 8. Mai 1961.

In der bautechnischen Ausführung entspricht die Strecke der heutigen Linie U9 weitgehend dem unmittelbar zuvor ausgeführten Projekt der Verlängerung nach Tegel. Auf Teilstücken gab es jedoch erstmals Versuche mit einem schotterlosen Gleisoberbau, zunächst noch mit Stahlbeton-Querschwellen, dann mit Längsbalken aus dem gleichen

18
Die Architektur der ersten Nachkriegsbahnhöfe, hier Birkenstraße, lehnt sich noch deutlich an die sachliche Gestaltung der dreißiger Jahre an.

Material. Später entstanden auf anderen Strecken ähnliche Versuchsabschnitte, doch hat sich die schotterlose Gleisverlegung bei der U-Bahn nicht dauerhaft durchsetzen können.

Für die Ausgestaltung der Bahnhöfe zeichnete in der Senatsverwaltung damals Bruno Grimmek verantwortlich. Mit Wandbekleidungen aus Keramik und Glasmosaik entwickelte er eine sehr sachliche und klare Formensprache, die heute etwa noch am Hansaplatz oder auf dem Bahnhof Amrumer Straße zu erkennen ist.

6.5 Auf dem Weg nach Rudow

Die Streckenverlängerung nach Rudow, der heutige Südabschnitt der Linie U7, wurde in drei Abschnitten errichtet:

Grenzallee–Britz-Süd	1959–63,
Britz-Süd–Zwickauer Damm	1965–70,
Zwickauer Damm–Rudow	bis 1972.

Obwohl es sich also um ein zeitlich sehr gestrecktes Bauvorhaben handelt, sei die Baugeschichte hier in einem Zusammenhang geschildert. Mit der Streckenerweiterung sollten zwei große Wohngebiete an das Schnellbahnnetz angeschlossen werden. Zum einen die 1925–36 errichtete Großsiedlung Britz mit der berühmten Hufeisen-

19
Siedlungs- und Bahnbau konnten im Großsiedlungsgebiet Berlin-Buckow-Rudow (BBR) auf ideale Weise miteinander verknüpft werden. Die Aufnahme zeigt den Bahnhof Lipschitzallee um 1970.

20

20
Die Gropiusstadt heute.

siedlung und zum anderen das Ende der fünfziger Jahre noch im Planungsstadium befindliche Großsiedlungsgebiet Berlin-Buckow-Rudow (BBR). Der heutige Begriff Gropiusstadt war damals noch nicht eingeführt, der Architekt Walter Gropius erarbeitete gerade erst die Gesamtkonzeption der Siedlung.

Der erste Rammschlag für die U-Bahn-Verlängerung fand am 2. November 1959 statt. Unmittelbar hinter dem alten Endbahnhof Grenzallee war sofort der Teltowkanal zu unterqueren. Hierfür wurde die Straßenbrücke im Zuge der Buschkrugallee längs in zwei Teile geteilt, die anschließend beide nach außen verschoben wurden. Die östliche Hälfte diente als provisorischer Fußgängerübergang und außerdem einem eingleisigen Straßenbahnverkehr. Für den Autoverkehr gab es großräumige Umleitungen über andere Brücken.

Im nunmehr brückenfreien Raum zwischen den beiden verschobenen Hälften entstanden die Tunnelbauten und die neuen Brückenwiderlager. Da der Kanal nicht gesperrt werden konnte, waren drei Bauabschnitte notwendig. Ursprünglich wollte man nach Abschluß der Arbeiten die alten Brückenteile wieder an ihren Ort rücken, entschied sich dann aber doch für einen Brückenneubau.

Streckenverlauf

Südlich des Teltowkanals schwenkt die Trasse nach Westen und folgt dann der leicht gekrümmten Fritz-Reuter-Straße. Um die Fußwege zu den Bahnhöfen kurz zu halten, führt die Trasse also mitten durch das Wohngebiet. Dies hatte auch den Vorteil, daß die wichtige Buschkrugallee während der Bauarbeiten nicht für den Oberflächenverkehr gesperrt werden mußte.

Noch einfacher gestaltete sich die Streckenführung im 1965 begonnenen Abschnitt ab Britz-Süd, denn hier waren Siedlung und Bahn bereits in der Planungsphase aufeinander abgestimmt. Zunächst hatte man erwogen, die U-Bahn im offenen Graben als Einschnittbahn zu führen, doch

21
Eingangssituation am Bahnhof Parchimer Allee.

22
Rudow ist bis heute die südliche Endstation der U7, die Trasse für eine Verlängerung nach Schönefeld wird jedoch freigehalten.

hätte sie dann als trennende Schneise im von Gropius als kompaktes Gebiet geplanten Wohngebiet gelegen. Deshalb wurde eine unterirdische Trasse vorgezogen, die überwiegend unter einer langgestreckten Grünanlage liegt. Es bot sich an, die Tunnel nur in einfacher Tiefenlage auszuführen, da die Ausgänge niemals direkt in der Mitte einer Straße geplant wurden, weshalb man auch kein Verteiler-

geschoß für die Fußgänger benötigte. Südlich des Zwickauer Damms schwenkt die Trasse unter die Neuköllner Straße, die als Umgehung des alten Ortskerns von Rudow ausgebaut worden war. An den Bahnhof Rudow schließt sich eine Kehranlage an. Die U7 hat bis heute ihren Endpunkt in Rudow, jedoch ist für eine eventuelle Verlängerung zum Flughafen Schönefeld bisher stets die Trasse freigehalten worden.

Technische Neuerungen

Bautechnische Probleme gab es, abgesehen von der bereits geschilderten Unterquerung des Teltowkanals, auf der Strecke nicht. Trotzdem sammelte man einige neue Erfahrungen. So wurden beispielsweise erstmals geschweißte Bewehrungsmatten eingesetzt und dadurch sowohl Stahl als auch Bauzeit gespart. Zwischen Blaschkoallee und Parchimer Allee wurden in den frühen sechziger Jahren die ersten fahrbaren Schalungen für die Betonierung der Wände und Decken des Tunnels verwendet. Diese Technologie hat sich heute längst bewährt, damals war sie gegenüber der nur einmal zu benutzenden Holzschalung des Zimmermanns ein Riesenfortschritt.

Auf einigen Streckenabschnitten wurde statt des Berliner Verbaus mit einer abgeböschten Baugrube gearbeitet. Da mit der Tunnelbreite auch der Aufwand für die Versteifung des Verbaus steigt, hoffte man auf breiten Abschnitten auf diese Weise Kosten und Zeit zu sparen. Dafür mußte aber ein vermehrter Aushub in Kauf genommen und außerdem wegen der fehlenden Wand des Verbaus mit zweiseitiger Wandverschalung gearbeitet werden. Die abgeböschte Baugrube erwies sich nicht als vorteilhaft, wegen des großen Platzbedarfs kommt sie beim U-Bahn-Bau ohnehin nur selten in Frage.

Auf der Strecke gab es wieder Versuche mit schotterlosen Gleisoberbauten, die hier als erfolgversprechend im Betrieb, jedoch teuer in der Bauausführung eingeschätzt wurden. Ein ähnliches Resultat ergab der probeweise Einbau von schalldämmenden Materialien auf den Tunnelstrecken, mit denen die Geräuschbelästigung der Fahrgäste gemindert werden sollte: technisch machbar, aber teuer.

Betriebswerkstatt

Mit den im 200-km-Plan vorgesehenen bzw. bereits realisierten Netzerweiterungen mußte auch

23

23
Südlich des Bahnhofs Britz-Süd ist die Ausfahrt zur gleichnamigen Betriebswerkstatt zu erkennen.

24
Kleinformatige Keramikgestaltung am Bahnhof Wutzkyallee.

der Wagenpark der Berliner U-Bahn anwachsen, der dann auch erweiterte Werkstattkapazitäten benötigte. Die Haupt- und Betriebswerkstatt für Großprofilzüge an der Seestraße bot aber mit ihrer beengten innerstädtischen Lage keine Erweiterungsmöglichkeiten.

Im Zusammenhang mit der Linienverlängerung in Richtung Britz/Rudow wurde von 1965 bis 1970 auf einem bis dahin unbebauten Gelände die Betriebswerkstatt Britz errichtet. Zunächst entstand eine erste Ausbaustufe, 1971 die zweite und bis 1988 schließlich die dritte, in der z.Z. bis zu 650 Wagen des Großprofils gewartet werden können. Reserveflächen für künftige Erweiterungen sind außerdem noch vorhanden.

Drei Architekten seit 1953

Nachdem Bruno Grimmek die Bahnhöfe auf der Verlängerung nach Tegel und auf der Linie G gestaltet hatte, übernahm Werner Düttmann die Ausgestaltung der drei Bahnhöfe auf dem ersten Bauabschnitt bis Britz-Süd. Die Wände sind überwiegend mit kleinformatiger Keramik oder mit Spaltriemchen verkleidet. Auf den jüngeren, südlichen Abschnitten verwendete Rainer Gerhard Rümmler, Grimmeks Nachfolger in der Senatsbauverwaltung, dann verstärkt größere Keramikplatten. Die Bahnsteighallen erhielten helle abgehängte Rabitzdecken. Bei den oberirdischen Schalterhallen orientierte man sich an einer funktionalen und gestalterischen Einordnung in die jeweilige Umgebung. Rümmler übernahm dann übrigens in den Folgejahren für die meisten neuen U-Bahnhöfe die architektonische Gesatltung.

6.6 Von Tempelhof nach Alt-Mariendorf

Betrachtet man den zeitlichen Ablauf der U-Bahn-Bauvorhaben seit 1953, dann fällt die enge Vermaschung auf:

Seestraße–Alt-Tegel	1953–58,
Leopoldplatz–Spichernstraße	1955–61,
Grenzallee–Britz-Süd	1959–63,
Tempelhof–Alt-Mariendorf	1961–66,
Britz-Süd–Zwickauer Damm	1965–70.

24

25

25
Bahnhof Westphalweg ist eines der frühen Werke von Rainer Gerhard Rümmler, der später viele Bahnhöfe auf den Linien 7, 8 und 9 gestaltete.

Die Projekte wurden nicht nacheinander ausgeführt, sondern es waren stets mindestens zwei Teilstrecken im Bau. Dies war möglich, weil man nach dem festgelegten 200-km-Plan und den Richtlinien baute, die Grundsatzfragen der Strecken waren also geklärt. Zugleich erschien ein derartig paralleles Vorgehen günstig, weil die Planungs- und Baukapazitäten nahtlos von einer Baustelle zur nächsten übergehen konnten. Ein Leerlauf wäre in der Inselstadt Berlin mit ihrem begrenzten Baumarkt kaum zu kompensieren gewesen. Erleichternd wirkte auch, daß der Bund die Berliner Vorhaben mit Zuschüssen unterstützte. Rückwirkend gesehen waren die Verhältnisse unter finanziellem Aspekt geradezu paradiesisch.

Trotzdem wurde immer wieder auch über die Kosten diskutiert, so beispielsweise bei der südlichen Verlängerung über Tempelhof hinaus nach Alt-Mariendorf (damals Linie C II, heute U6). Die Strecke war bereits in alten Plänen der Weimarer Republik enthalten gewesen und ihre Notwendigkeit auch unbestritten.

Es gab nun Vorschläge, die Strecke nicht in gerader Linie direkt unter dem Tempelhofer und Mariendorfer Damm fortzuführen, sondern 50 bis 100 m seitlich von diesem Straßenzug, wodurch eine Ausführung als kostengünstige Einschnittbahn möglich geworden wäre. Die BVG konnte sich diesen Ideen erfolgreich widersetzen, hauptsächlich mit dem Argument, daß man ja den Oberflächenverkehr der Hauptstraße bedienen und, soweit es die Straßenbahn betraf, auch ersetzen sollte und dann ja auch in der Hauptstraße verkehren müsse. Nachdem diese Frage geklärt war, bereitete der Bau der 3,4 km langen Strecke mit den Bahnhöfen Alt-Tempelhof, Kaiserin-Augusta-Straße, Ullsteinstraße, Westphalweg und Alt-Mariendorf bis auf den Bahnhof Ullsteinstraße keine Schwierigkeiten. Die Strecke verläuft auf dem sog. Teltower Plateau und damit überwiegend oberhalb des Grundwasserspiegels.

Die Lage der Bahnhöfe ergab sich aus den oberirdischen Verkehrsbeziehungen, Alt-Mariendorf wurde als Endpunkt gewählt, weil die anschließende lockere Bebauung keine aufwendige U-Bahn mehr rechtfertigte. Die hier verkehrenden Autobusse übernehmen die Zubringerfunktion zur U-Bahn.

Über den Kanal hinweg

Ähnlich wie auf der benachbarten Verlängerung nach Britz-Süd erwies sich auch auf der Strecke nach Alt-Mariendorf die Querung des Teltowkanals als das komplizierteste Teilstück. Man scheute hier die nun fast schon klassisch zu nennende Unterfahrung des Wasserlaufes und entsann sich einer im Berliner Netz ebenfalls schon verwirklichten anderen Lösung. Die U-Bahn fährt über den Kanal hinweg, und auf der Oberseite des Tunnels verläuft die Straße. Ähnlich war ja schon die Überquerung des Grabens der Eisenbahn im Zuge des Kaiserdamms (U2) oder die Überquerung des Schwarzen Grabens in Wilmersdorf (U1 im Zuge der Barstraße) gelöst worden.

Die Stubenrauchbrücke am Ullsteinhaus besteht heute aus zwei getrennten Bauwerken für die beiden Fahrbahnen. Der östliche Teil besteht aus einem Stahlbeton-Hohlkasten mit 40 m Spannweite, in dem sich ein Teil des U-Bahnhofes befindet. Darüber verläuft die stadteinwärts führende Fahrbahn. Da es sich beim Teltowkanal um eine schiffbare Wasserstraße handelt, waren unterseitig 4,60 m lichte Durchfahrtshöhe für die Schiffe einzuhalten. Dadurch liegt das Straßenniveau auf der Oberseite 1,20 m über seiner ursprünglichen Höhe, was Rampenkonstruktionen an beiden Brückenenden erforderte. Vom statdtauswärts führenden westlichen Brückenteil läßt sich diese Höherlegung heute deutlich erkennen.

Erschwert wurde das Bauvorhaben zusätzlich durch den morastigen Grund auf dem Nordufer. Die Widerlager ruhen auf Preßbetonpfählen mit bis zu 17,5 m Länge, auf die sonst üblichen Rammpfähle verzichtete man, um eine Störung der Produktion in der nahegelegenen Druckerei zu vermeiden.

Betrachtet man diesen Aufwand und bedenkt dann noch, daß eine eventuelle Veränderung dieser Brückenkonstruktion – etwa beim Ausbau des Teltowkanals – wieder erhebliche Bauarbeiten erfordern wird, drängt sich die Frage auf, ob man mit einer klassischen Kanalunterfahrung auf Dauer nicht besser bedient gewesen wäre. Die gewählte Lösung ist aber zweifellos technisch sehr interessant, vielleicht hat ja gerade dies die Ingenieure gereizt.

Die Bahnhöfe

Die Bahnhöfe auf der Verlängerung nach Alt-Mariendorf erhielten durchgängig 110 m lange Mittelbahnsteige in anderthalbfacher Tiefenlage. Die Wandgestaltungen mit Riemchen in Alt-Tempelhof sind das letzte Werk Bruno Grimmeks, die Architektur der südlichen Stationen geht auf Rainer Gerhard Rümmler zurück, der mit größeren Wandfliesen arbeitete. Bei den Decken der Bahnsteighallen experimentierte man mit verschiedenen schallschluckenden Konstruktionen.

Der traditionelle erste Rammschlag für das Projekt fand am 6. März 1961 statt. Mit der Streckeneröffnung am 28. Februar 1966 war eine umfangreiche Neuordnung des Verkehrs im Südosten verbunden, die parallel zur Verlängerung nach Alt-Mariendorf zu Umbauten an den Bahnhöfen Mehringdamm und Möckernbrücke geführt hatte.

26

26
Frühere Versuche mit schotterlosen Gleisen und schallschluckenden Deckenkonstruktionen können auch heute noch besichtigt werden, etwa am Bahnhof Alt-Tempelhof.

6.7 Die Geburtsstunde der Linie 7

In den zwanziger Jahren war der Bahnhof Mehringdamm (damals noch Belle-Alliance-Straße) als Abzweigungsbahnhof entstanden. Die von Norden kommenden Züge der Linie C befuhren den Neuköllner Ast, der seit 1963 bis Britz-Süd führte. Anschlußzüge bedienten den zweiten Ast vom Bahnhof Mehringdamm nach Tempelhof.

Diese Verkehrsführung erwies sich nun als immer ungünstiger. Erstens wollte man ja überhaupt keine Verzweigungen im U-Bahn-Netz haben, sondern jede Linie eigenständig betreiben. Und zweitens führten die beiden zum Ausbau bis Rudow und Alt-Mariendorf vorgesehenen Äste am nunmehrigen Westberliner Zentrum vorbei in den seit 1961 endgültig abgetrennten Ostteil der Stadt. Die zu erwartenden Fahrgastströme vom Südosten nach Charlottenburg hätten auf dem Bahnhof Hallesches Tor einen erheblichen Umsteigeverkehr entstehen lassen, für den dieser Bahnhof kaum ausgelegt war.

Schon in den ersten Fassungen des 200-km-Plans war deshalb eine Trennung der beiden südöstlichen Äste vorgesehen. Die Linie C (heute U6) sollte in gerader Linie von Alt-Mariendorf über den Bahnhof Mehringdamm hinaus auf der historischen Trasse nach Norden führen. Der Neuköllner Ast hingegen wurde Bestandteil einer neuen Linie H (heute U7), die ab dem Bahnhof Mehringdamm über Wilmersdorf und Charlottenburg nach Spandau neu zu errichten war, wobei in Anbetracht der Länge stets an mehrere Bauabschnitte gedacht wurde.

Diese neue Linie bot eine direkte Verbindung von Neukölln in die Westberliner City, für ein bequemes Umsteigen der Fahrgäste aus Kreuzberg/Tempelhof war der Umbau des Bahnhofs Mehringdamm vom bisherigen Abzweigungsbahnhof zum nunmehrigen Umsteigebahnhof mit Richtungsverkehr auf zwei Bahnsteigen vorgesehen. Die dafür notwendige Erweiterung der dreigleisigen Anlage von 1924 auf vier Gleise begann 1964 unter Federführung der Bauabteilung der U-Bahn, denn hier wurde wieder unter laufendem Verkehr gearbeitet.

Da die neue Linie H nicht sofort in ihrer vollen Länge zur Verfügung stand, ergab sich die Frage ihres vorläufigen Endpunktes. Der Bahnhof Mehringdamm war hierfür ungeeignet, denn es wäre dann doch – wenn auch nur zeitweise – zu dem schon beschriebenen Umsteigeverkehr am Bahnhof Hallesches Tor gekommen. Im Sommer 1962 begannen deshalb die Bauarbeiten für den neuen Bahnhof Möckernbrücke im Zuge der zukünftigen Linie H, mit dem sich eine Umsteigemöglichkeit zur Linie B ergab.

27

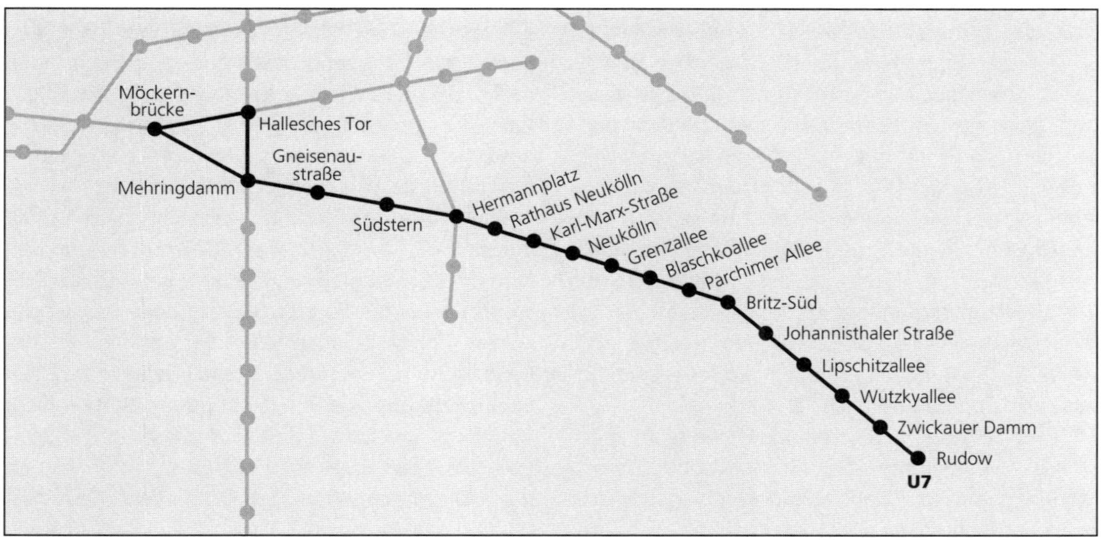

27
Das südliche Teilstück der Linie 7 mit der Verknüpfung zur U8 am Hermannplatz und der „Dreiecksbeziehung" zwischen Möckernbrücke, Mehringdamm und Halleschem Tor.

28
Der überdachte Spreeübergang von der U7 zur U1 am Bahnhof Möckernbrücke.

28

Der neue (unterirdische) Bahnhof Möckernbrücke liegt südlich des Landwehrkanals, wodurch man die Unterfahrung dieses Gewässers sparte. Statt dessen überqueren die umsteigenden Fahrgäste in einem überdachten Gang zu Fuß den Kanal und gelangen so zum historischen Hochbahnhof Möckernbrücke der Linie B auf dem nördlichen Ufer. Der Bahnsteig der Linie H liegt in anderthalbfacher Tiefenlage parallel und unmittelbar benachbart zum Kanal. Eine schwere Spundwandkonstruktion grenzt den Bahnhof zum Wasser ab, dessen Anlage an den 1908 errichteten Bahnhof Spittelmarkt erinnert. Mit dem Neubau erhielt auch der alte Hochbahnhof einige Ergänzungen, u.a. einen großen gemeinsamen Vorraum und reichlich Fahrtreppen.

Umstellung der Linienbezeichnungen

Ende Februar 1966 gingen die Projekte im Südosten – Verlängerung nach Alt-Mariendorf, Umbau Mehringdamm und Neubau Möckernbrücke – ihrer Vollendung entgegen. Doch die Ironie der Geschichte wollte, daß die geplante Linie H dann doch nicht entstand. Denn am Tag der Streckeneröffnung, am 28. Februar 1966, stellte die BVG ihre bisherigen Linienbezeichnungen, bestehend aus Buchstaben und römischen Ziffern, auf einfache arabische Ziffern um. Aus der geplanten Linie H wurde die tatsächliche Linie 7. Das nahm der neuen Strecke aber natürlich nicht ihren verkehrspolitischen Sinn.

Entwicklung im Gesamtverkehr

Betrachtet man heutige Netzspinnen, dann fällt auf, daß verschiedene U-Bahn-Linien in Abschnitten beinahe parallele Führungen zu S-Bahn-Linien aufweisen, etwa die U7 zum Südring oder die südliche U6 zur S2. In der Anfangszeit des Berliner U-Bahn-Baus hatte man derartigen Parallelverkehr tunlichst vermieden, und auch heute ist diese Situation nicht unbedingt glücklich. Doch in den Jahren der Spaltung war stets ungewiß, ob man sich auf den von der DDR organisierten S-Bahn-Verkehr dauerhaft würde verlassen können. Nach 1961 kam es dann

Linienbezeichnungen seit dem 28. Februar 1966

Kleinprofilnetz

Linie 1	*vorher*	*B I*	*Schlesisches Tor–Ruhleben*
Linie 2	*vorher*	*A II*	*Gleisdreieck–Krumme Lanke*
Linie 3	*vorher*	*B IV*	*Wittenbergplatz–Uhlandstraße*
Linie 4	*vorher*	*B III*	*Nollendorfplatz–Innsbrucker Straße*
Linie 5	*vorher*	*A III*	*Deutsche Oper–Richard-Wagner-Platz*

Großprofilnetz

Linie 6	*vorher*	*C II*	*Tegel–Alt-Mariendorf*
Linie 7	*vorher*	*C I*	*Möckernbrücke–Britz-Süd (Planungsname Linie H)*
Linie 8	*vorher*	*D*	*Gesundbrunnen–Leinestraße*
Linie 9	*vorher*	*G*	*Leopoldplatz–Spichernstraße*

1984 übernahm die BVG die bis dahin von der in der DDR ansässigen Deutschen Reichsbahn verwalteten gesamten S-Bahn-Anlagen in Westberlin. Da es nun zwei Schnellbahnsysteme bei der BVG gab, stellte man zur Unterscheidung den jeweiligen Buchstaben voran, also S1 oder U1 . In der Linieneinteilung von 1966 findet sich noch die 1974 geschlossene Linie 5 zum Richard-Wagner-Platz. Das Streckenstück ging später in der U7 auf. Die Nummer 5 wurde fortan für die Linie Alexanderplatz–Tierpark (bzw. heute Hönow) im Ostteil der Stadt freigehalten.

im Westteil der Stadt aus Protest gegen den Mauerbau zu einem weitgehenden S-Bahn-Boykott, wodurch dann gerade die parallelen U-Bahn-Linien an Bedeutung gewannen. Boykott und Parallelverkehr führten die S-Bahn im Westen schließlich in den beinahe vollständigen Ruin.

Jede neue Strecke hatte auch Auswirkungen auf den Straßenbahnverkehr, der ja letztlich ganz durch die U-Bahn und Busse ersetzt werden sollte. Mit den unterirdischen Streckeneröffnungen gingen zumeist umfangreiche Stillegungen bei der Straßenbahn einher. Kontinuierlich wurden außerdem Straßenbahn- in Buslinien umgewandelt, so daß es am 2. Oktober 1967 zur vorläufig letzten Fahrt (bis 1995) einer Straßenbahn in Westberlin kam. Am 22. März 1965 war übrigens gleiches beim Obus passiert, hier jedoch bis zum heutigen Tag endgültig. Die neue Verkehrspolitik seit 1953 hatte also eine wichtige Etappe erreicht, doch war der U-Bahn-Bau damit keinesfalls zu Ende. Das U-Bahn-Netz war 1966 etwas über 93 km lang und hatte 105 Bahnhöfe.

6.8 Zuwachs in Schöneberg und Wilmersdorf

Am 29. Januar 1971 konnte einer der größten Bauabschnitte der Berliner U-Bahn eingeweiht werden. Es handelt sich um die Verlängerung der U7 über den Bahnhof Möckernbrücke hinaus zum Fehrbelliner Platz und die gleichzeitige Verlängerung der U9 vom Bahnhof Spichernstraße zum Walther-Schreiber-Platz. Es entstanden fast 9 km Tunnelbauwerke mit 11 neuen Bahnhöfen, darunter drei Umsteigebahnhöfe. Die Arbeiten an beiden Teilstrecken begannen am 1. Juli 1962, also wiederum zu einem Zeitpunkt, als an den vorhergehenden Projekten in Neukölln noch gearbeitet wurde.

Das verkehrstechnische Ziel lag bei beiden Teilprojekten in Verlängerungen von nach dem zweiten Weltkrieg eröffneten Neubaustrecken. Im zentralen Bereich der Bezirke Wilmersdorf und Schöneberg konnte die U-Bahn-Dichte deutlich erhöht werden. Die Einwohner von Neukölln und Steglitz erhielten umsteigefreie Verbindungen in die Westberliner City. Erstmals ersetzte die U-Bahn keine Straßenbahnlinien mehr, dafür konnte jedoch der Busverkehr in der belasteten Innenstadt reduziert werden.

Streckenverlauf auf der U7

Die Trasse schließt an den 1966 eröffneten Bahnhof Möckernbrücke an und verläuft unter dem Gelände des Anhalter Güterbahnhofs zur Yorckstraße. Im Bereich des S-Bahnhofs Großgörschenstraße entstand erstmals seit den Versuchen am Stralauer Tunnel (1896–99) wieder ein Streckenabschnitt mit dem bergmännischen Verfahren des Schildvortriebs. Zwei getrennte 286 m lange Röhren winden sich mit einer S-Kurve und zusätzlichem Gefälle etwa 11 m tief im Untergrund. Die Trasse unterfährt einen Teil des Hauses Katzlerstraße 3, da aber mit dem Schildvortrieb gearbeitet wurde, brauchte keine konventionelle Abfangung des Gebäudes, sondern lediglich eine chemische Bodenverfestigung vorgesehen werden.

Schildvortrieb

Die Technik des Schildvortriebs stammt aus dem Bergbau und wird heute auch für den Bau von Straßen- und Bahntunneln verwendet. Der große Vorteil ist, daß nicht die gesamte zukünftige Tunnelstrecke für den Oberflächenverkehr gesperrt werden muß. Benötigt werden nur eine Start- und eine Zielbaugrube. Von der Startbaugrube arbeitet sich eine Schildvortriebsmaschine unterirdisch zum Ziel vor, letztlich handelt es sich also um eine überdimensionale Bohrmaschine. Hinter dem Bohrschild wird das ausgebaute Erdreich auf Loren verladen und über die Startbaugrube nach oben gefördert. Auf dem umgekehrten Weg gelangen die Tübbinge zum Einbauort. Dabei handelt es sich um bogenförmige Stahlbetonfertigteile, die zusammengesetzt den kreisförmigen Querschnitt des zukünftigen Tunnels bilden. Die Tübbinge werden unmittelbar hinter dem Bohrschild kontinuierlich mit dem Bohrfortschritt eingebaut. Die Bauweise ist in einfacher Tiefenlage gegenüber der offenen Bauweise deutlich teurer. Mit zunehmender Tiefe der Tunnellage verändert sich diese Relation jedoch, da weniger Erdreich ausgehoben werden muß und der aufwendige Baugrubenverbau entfällt. Gebäude können ohne die sonst nötige Abfangung unterfahren werden.

Im weiteren Verlauf folgt die Trasse den Straßenzügen Willmanndamm, Grunewald-, Berliner und Brandenburgische Straße, in denen der Tunnel wieder mit dem Berliner Verbau entstand. Am Bahnhof Bayerischer Platz kreuzt die neue Strecke die Linie U4. Da schon bei deren Errichtung im Jahre 1910 Stahlfachwerkträger als Brückenkonstruktion in die Erde gebaut worden waren, gestaltete sich die Unterfahrung relativ einfach. Die vorausschauende Bauweise früherer Zeiten erwies sich hier als großer Vorteil.

An der Straßenkreuzung Berliner Straße/Bundesallee kreuzen sich beide Neubauabschnitte. Erstmals wurde hier ein unterirdischer Turmbahnhof nicht durch spätere Nachrüstung, sondern als vollständiger Neubau ausgeführt. Das vereinfachte zwar das Vorhaben, jedoch waren gleichzeitig ein Straßentunnel im Zuge der Bundesallee und ein Überführungsgleis zwischen beiden Linien auszuführen. Der Bahnsteig der U7 liegt 12,5 m unter der Oberfläche und unterquert somit sowohl die U9 als auch den Autotunnel.

Am vorläufigen Endpunkt der U7, am Fehrbelliner Platz, mußte die 1913 errichtete U1 unterfahren und ein Umsteigebahnhof errichtet werden. Die L-förmige Lage beider Bahnsteige zueinander entspricht zwar nicht der idealen Situation in Kreuzform, doch bietet sie hier den Vorteil, daß der

29

Großformatige Platten und runde Formen prägen den unteren Bahnsteig am Fehrbelliner Platz.

Senkkastenbauweise

Neben der offenen Bauweise und dem Schildvortrieb sind Senkkästen die dritte Bauweise, die für den Tunnelbau bei der Berliner U-Bahn eingeführt wurde. Die Tunnelabschnitte bestehen hier aus großen Stahlbetonkästen, die auf der Erdoberfläche hergestellt und anschließend versenkt werden. Unter dem Tunnelkasten befindet sich hierfür eine Arbeitskammer, in der ein Luftüberdruck herrscht. Das Erdreich wird in dieser Arbeitskammer mit eingespritztem Wasser gelöst und das so entstandene Wasser-Boden-Gemisch nach oben gefördert. Allmählich sinkt der Kasten dabei in Erde. Wenn die grundwasserführenden Schichten erreicht sind, muß der Senkkasten oberseitig mit Ballast versehen werden, weil der im Wasser wirkende Auftrieb sonst ein weiteres Absinken verhindern würde. Neben den Tunnelsenkkästen gibt es auch Gründungssenkästen. Sie werden auf die gleiche Weise eingebaut und dienen dann dem späteren Tunnel als Fundament. Der Innenraum muß hier nicht für den Zugverkehr freigehalten werden, weshalb die Kästen zumeist mit Sand als Ballastierung gefüllt sind.

Umsteigeverkehr vom ankommenden bzw. abfahrenden Verkehr getrennt werden konnte. Für die ampelfreie Unterquerung des Fehrbelliner Platzes errichtete man neben den Bahnanlagen der U1 ein unterirdisches Verteilergeschoß.

Streckenverlauf auf der U9

Die Strecke der U9 schließt südlich an den 1961 eröffneten Bahnhof Spichernstraße an und verläuft geradlinig unter der Bundesallee. An den Bahnhöfen Berliner Straße und Bundesplatz spalten sich die Tunnel in zwei eingleisige Abschnitte auf, um zwischen sich den zur gleichen Zeit mit errichteten Autotunneln Platz zu geben. Beide Bahnhöfe erhielten deshalb Seitenbahnsteige, die man am Bahnhof Berliner Straße aber auch als auseinandergerückte Mittelbahnsteige interpretieren kann. Denn der Ausstieg befindet sich in Fahrtrichtung links, wie auf einem Mittelbahnsteig. Ein „echter" Seitenbahnsteig mit beiden Gleisen in der Mitte zeichnet sich durch den „verkehrten" Ausstieg rechts aus. Am Nordende des Bahnhofs Berliner Straße kann man sich den Zusammenhang der Seitenbahnsteige über einen Verbindungsgang direkt vor Augen führen. Die U9 endete 1971 zunächst am Bahnhof Walther-Schreiber-Platz.

30

30
Senkkästen, auch Caissons genannt, vor ihrer Versenkung in den Untergrund.

31

Bauliche Ausführung

Beide Streckenabschnitte liegen in grundwasserführenden Schichten und zumeist in anderthalbfacher Tiefenlage, an den tiefsten Stellen bis zu 15 m im Erdreich. Der Berliner Verbau mußte also mit Grundwasserabsenkungen verbunden werden. In der innerstädtischen Enge waren umfangreiche Arbeiten für die Leitungsverwaltung notwendig. Mußten die Tunnel in unmittelbarer Nachbarschaft zu bestehenden Gebäuden errichtet werden, so schützte man diese durch Stahlbetonsicherungswände, die entweder als Schlitzwand oder als Bohrpfahlwand ausgeführt wurden. Am Bahnhof Berliner Straße kamen zum ersten Mal im Berliner U-Bahn-Bau rückseitige Injektionsanker zum Einsatz, wodurch ein Teil der aufwendigen Baugrubenaussteifung entfallen konnte. Beträchtliche Gründungsschwierigkeiten gab es im Zuge der U9 zwischen den Bahnhöfen Berliner Straße und Bundesplatz bei der Durchquerung des Volksparks Wilmersdorf. Es handelt sich dabei um die gleiche eiszeitliche Rinne, die schon 1910 auf der Schöneberger und 1913 auf der Wilmersdorf-Dahlemer-Bahn große Probleme bereitet hatte. Nach den abgeteuften Fundamentwänden in Schöneberg bzw. der Pfahlgründung in Wilmersdorf wählte man diesmal eine Lösung mit Senkkästen, genauer gesagt mit zwei Senkkästen übereinander. Auf die Gründungssenkkästen, die bis zu 32 m tief abgesenkt werden mußten, setzte man die eigentlichen Tunnelsenkkästen. Als Schutz gegen den Auftrieb sind die Gründungssenkkästen mit Sand gefüllt, wodurch der schwerste von ihnen etwa 2.400 t wiegt.

Die Bahnhöfe

In der verkehrstechnischen Gestaltung folgen die Bahnhöfe des neuen Teilstücks dem gewohnten

32

31
In der dritten Ausbauperiode setzte sich allmählich eine Bahnhofsgestaltung mit Assoziationen zum Namen oder zur Umgebung des Bahnhofs durch. Im Bild ein Fries mit den Wappen der Bundesländer am Bahnhof Bundesplatz.

32
Beim Umbau vorhandener Anlagen, speziell im Kleinprofilnetz, zu Umsteigebahnhöfen war der Platz oft knapp. Im Bild die Fahrtreppen vom oberen Bahnsteig der U1 zu der unten liegenden U7 am Bahnhof Fehrbelliner Platz.

Standard. Der Einbau von Fahrtreppen bzw. Fahrsteigen, wie die Fachleute zu den Rolltreppen sagen, wurde in diesen Jahren allmählich zur Normalität. Bei Neubauten sah man sie beinahe selbstverständlich vor, aber auch viele vorhandene Stationen erhielten nachträglich Fahrtreppen. Am Fehrbelliner Platz wurde erstmals eine schräge Rampe für Rollstühle und Kinderwagen eingebaut.

In der architektonischen Ausgestaltung markieren die 1971 gemeinsam eröffneten 11 Bahnhöfe einen Wendepunkt in der Baugeschichte der Berliner U-Bahn. Schon in den fünfziger und sechziger Jahren waren neben den traditionellen Wandfliesen auch Riemchen oder Mosaiken verwendet worden. Grundsätzlich blieb es jedoch bei kleinformatigen Verkleidungen mit einer sachlich-klaren Formensprache. Der 1971 eröffnete Bahnhof Bundesplatz entspricht noch dieser Tradition.

Ein ganz anderes Bild bietet sich aber auf dem am gleichen Tag eröffneten Bahnhof Fehrbelliner Platz (Bahnsteig der U7). Die dort zu besichtigenden großformatigen Verkleidungen aus Metallen und Asbestzement mit vielen verspielt wirkenden Rundungen wurden typisch für die Bahnhöfe der siebziger und achtziger Jahre. Zugleich verlieren die Bahnsteige ihren großzügigen Hallencharakter, denn die – gegenüber dem Vorkriegsstandard – reichlich vorhandenen Treppen, die – wieder gegenüber dem Vorkriegsstand – vergrößerten Zugabfertigerhäuschen und Verkaufskioske verbrauchen mehr Platz auf dem Bahnsteig. Durch die vermehrten Kioske und Schauvitrinen wollte man die Bahnhöfe beleben, gleichzeitig entstanden aber viele dunkle Ecken, die dem Sicherheits- und Sauberkeitsbedürfnis der Fahrgäste nicht unbedingt entgegenkommen. Es fällt deshalb manchmal etwas schwer, die Bahnhofsarchitektur der siebziger und achtziger Jahre zu akzeptieren, obwohl man doch grundsätzlich jeder Zeit auch ihre eigenen gestalterischen Ideen zubilligen sollte.

6.9 Die vorläufige Vollendung der U9

Bei der Eröffnung der U9 zum Walther-Schreiber-Platz im Jahre 1971 wurde bereits an der weiteren südlichen Verlängerung dieser Linie gebaut. Bis zum 30. September 1974 entstanden auf der 1,6 km langen neuen Strecke die beiden Bahnhöfe Schloßstraße und Rathaus Steglitz.

Der 200-km-Plan der U-Bahn sah im Zuge der Schloßstraße einen Parallelverkehr der U9 mit einer geplanten Linie U10 vor, die, von Weißensee kommend, über Alexanderplatz und Steglitz nach Lichterfelde führen sollte. Die Tunnel der U10 entstanden als Vorinvestition bereits mit den Anlagen der U9, damit an dieser Stelle später nicht nochmals eine Baugrube eingerichtet werden mußte.

33

33
Durch vermehrte und vergrößerte Aufbauten auf den Bahnsteigen (Zugabfertigerhäuschen, Treppen und Verkaufskioske) verloren die Bahnhöfe in den siebziger Jahren ihren Hallencharakter.

34
Nicht unumstrittene Gestaltung des Bahnhofs Schloßstraße mit Sichtbeton.

Turmbahnhof vorbereitet

Die Pläne sehen vor, erstmals über zwei Stationen hinweg einen Richtungsverkehr zweier Linien zu organisieren. Züge in der gleichen Richtung werden also an den Bahnhöfen Schloßstraße und Rathaus Steglitz jeweils auf dem gleichen Bahnsteig halten. Diese Situation läßt sich schon heute auf dem Bahnhof Schloßstraße erahnen, auf dessen beiden Bahnsteigen jeweils eine Hälfte abgezäunt ist. Eine Realisierung der geplanten U10 steht derzeit allerdings nicht in Aussicht, auch der im 200-km-Plan vorgesehene Ausbau der U9 in Richtung Lankwitz ist momentan nicht relevant.

Am nördlichen Ende der U9 sieht der Ausbauplan eine Verlängerung bis Pankow vor. Das war in den siebziger Jahren, also zu Mauerzeiten, natürlich nur eine ferne Vision. Doch bot sich immerhin die Ausführung bis Osloer Platz und die Verknüpfung mit der dort geplanten U8 an. Am 30. April 1976 wurde die 1,5 km lange Verlängerung mit den Bahnhöfen Nauener Straße und Osloer Platz in Betrieb genommen. Am Endpunkt war man wieder in der komfortablen Lage, einen Turmbahnhof ohne Berücksichtigung von bereits vorhandenem U-Bahn-Verkehr oder bereits existierenden Anlagen ausführen zu

35
Von vornherein als Umsteigebahnhof vorgesehen und deshalb auch mit einem großzügigen Zwischengeschoß errichtet – der Bahnhof Osloer Straße.

können. Es konnte die Idealform der kreuzweise übereinander liegenden Bahnsteige verwirklicht werden. Ein großzügiges Zwischengeschoß mit eingebauten Läden sorgt für ein Umsteigen in angenehmer Atmosphäre. 1976 war dies allerdings noch nicht möglich, weil die U8 erst anderthalb Jahre später den Bahnhof Osloer Straße erreichte.

6.10 Pechmarie unter den Linien – Die U8 im Norden

Auf der Linie 8 hatte sich nach dem Mauerbau eine äußerst unglückliche Situation ergeben: Die Strecke bestand im Süden aus sechs Stationen, anschließend aus einer langen Transitstrecke unter Ostberlin hindurch und schließlich aus zwei weiteren Stationen im nördlichen Westberlin. Der Verkehrswert war sehr gering, und die Störanfälligkeit bei eventuellen politischen Streitigkeiten mit der DDR hoch.

Der Verkehrswert wäre eigentlich für Ostberlin auf dem dortigen Teilstück größer gewesen, und so gab es auch immer wieder Gerüchte, daß die Strecke in ihrem Transitteil abgegeben werden sollte, zumal ein Anschluß an das Ostnetz über den Waisentunnel sogar vorhanden war. Anders als beim Transitstück der U6 lassen sich diese Gerüchte allerdings nach der heutigen Materiallage – zumindest bisher – nicht bestätigen.

Wie auch immer, die Situation des Stummelstücks mit den Stationen Voltastraße und Gesundbrunnen war verkehrstechnisch und politisch ungünstig. Doch 1962 konkretisierten sich die Senatsplanungen für den Wohnungsbau im Märkischen Viertel, und es war nun auch über eine Verkehrsanbindung dieser zukünftigen Satellitenstadt nachzudenken. Die eigentlich „vor der Haustür“ des Märkischen Viertels liegende S-Bahn sollte unter dem Einfluß des S-Bahn-Boykotts hierfür nicht eingeplant werden. Als Alternative bot sich – neben anderen geprüften Varianten – die Verlängerung der U8 an.

Während die Bauarbeiten am Märkischen Viertel 1963 begannen, bereitete man die Bauplanungsunterlagen für die ersten beiden Stationen der U8-Verlängerung – Pankstraße und Osloer Straße – erst ab 1968 vor. Die vorbereitenden Bauarbeiten der Leitungsverwaltung fanden ab März 1969 statt, doch erst am 5. Oktober 1977 fuhr die U-Bahn tatsächlich bis zur Osloer Straße. Stolze neuneinhalb Jahre hatte man für die Planung und Ausführung von 1,4 km U-Bahn gebraucht. Noch einmal 10 Jahre vergingen, bis der zweite Abschnitt zum Bahnhof Paracelsus-Bad in Betrieb ging. Seit 1994 kann man nun bis Wittenau fahren, also exakt so weit, wie die S-Bahn seit jeher fährt. Das eigentliche Ziel, das Märkische Viertel, harrt heute noch immer seiner Schnellbahnanbindung. Die U8 steht wahrlich unter keinem guten Stern.

Erinnert man sich nun an die Vorgeschichte der zunächst GN-Bahn genannten und später als Linie D bezeichneten Linie, dann fällt einem die Pleite der AEG-Schnellbahn AG von 1923 ein, die der einzige Firmenzusammenbruch eines U-Bahn-Bauherrn in Berlin geblieben ist. Das bestärkt dann nur den Eindruck: In der Baugeschichte ist die U8 die Pechmarie unter den Berliner Linien.

Bauausführung bis Osloer Platz

Die Verlängerung über den Bahnhof Gesundbrunnen hinaus folgt dem Straßenzug Bad- und Schwedenstraße, es konnte mit dem Berliner Verbau gearbeitet werden. Der erste neue Bahnhof, Pankstraße, wurde als Schutzraum ausgebaut, was man damals allerdings verschämt „Mehrzweckbau“ nannte. Im Falle eines bewaffneten Angriffs sollten hier 3.339 Personen für 14 Tage Unterschlupf finden können. Indem wir dies schreiben, fragen wir uns unwillkürlich, wer wohl im Krisenfalle die 3.339 Personen abgezählt hätte. Zugleich sind wir aber froh, daß wir diese etwas scherzhafte Frage in den späten neunziger Jahren überhaupt stellen können.

Als Ausrüstung zum Schutzraum besitzt der Bahnhof Pankstraße eine vollständige Luftabschottung, die im Gleisbereich durch Hubschwenktore gesichert ist, außerdem eine Frischluftversorgung über Filteranlagen und schließlich eigene Tiefbrunnen. Eingebaut sind außerdem eine Notstromanlage, Sanitärräume und eine Notküche.

Der Fahrgast bemerkt von diesen Einbauten kaum etwas; die Kosten für die Ausrüstung zum „Mehrzweckraum“ übernahm übrigens der Bundes-

36
Im normalen Betrieb ist dem Bahnhof Pankstraße seine zweite Funktion als Schutzraum für Krisenfälle nicht anzumerken.

37
Im aufwendig gefeierten 750jährigen Jubiläumsjahr der Stadt Berlin wurde die Verlängerung der U8 bis zum Bahnhof Paracelsus-Bad in Betrieb genommen.

36 37

finanzminister, sie schlugen sich also nicht bei der Senatsverwaltung für Bauen und Wohnen nieder.

Nicht direkt ins Märkische Viertel

Eine elegante technische Lösung fand man für die an den Bahnhof Pankstraße anschließende Unterfahrung der Panke. Zumeist ist die Panke zwar nur ein schmales Gerinnsel, das aber nach kräftigen Regenfällen erheblich anschwellen kann. Eine einfache Hebeanlage erschien deshalb nicht ausreichend.

Die alte Straßenbrücke im Zuge der Badstraße mußte perspektivisch ohnehin erneuert werden. Diese Vorhaben zog man nun vor, und errichtete oberhalb der Straße auf einem Gerüst die neue Brückenkonstruktion als Stahlbetonrahmen mit querseitiger Durchflußöffnung. Dieser Rahmen wurde nun auf die vorbereiteten Auflager abgesenkt, wobei die Panke ihr neues Bett innerhalb des Rahmens „in Besitz" nehmen konnte. Unter dem neuen Bett entstand zunächst mit anderthalb Meter Abstand die zukünftige Tunneldecke mit ihren Abdichtungen, die anschließend mit hydraulischen Pressen von unten gegen die Brücke gedrückt wurde. Nach Betonierung der noch fehlenden Wandabschnitte war der Tunnel fertig.

Am vorläufigen Endpunkt am Osloer Platz waren alle notwendigen Bauwerke bereits errichtet, so daß die beim Bau der U8 kaum Aufwand entstand. Mit dem Kreuzungsbahnhof hatte man auch ein Überführungsgleis ausgeführt, so daß für Betriebsfahrten ein Wechsel von der U8 auf die U9 möglich ist.

Als nächster Teilabschnitt wurde am 27. April 1987 die 2,85 km lange Strecke bis Paracelsus-Bad in Betrieb genommen. Die Trasse verläuft vom Osloer Platz in nördlicher Richtung unter der Residenzstraße, in der die Bahnhöfe Franz-Neumann-Platz (Am Schäfersee) und eben Residenzstraße liegen. Um eine bessere Anbindung des gesamten Bezirks Reinickendorf zu erreichen, entschloß man sich dann, nicht auf geradem Weg das Märkische Viertel anzusteuern, weshalb die Strecke an der Lindauer Allee nach Westen abbiegt. Auf Höhe der Roedernallee befindet sich dann der vorläufige Endbahnhof Paracelsus-Bad. In der Krümmung von der Residenzstraße zur Lindauer Allee konnte der Tunnel nicht dem Straßenverlauf angepaßt werden, da sonst eine zu enge Kurve entstanden wäre. Insgesamt sechs Häuser mußten unterfahren werden, um den vorgeschriebenen Mindestradius von r = 300 m nicht zu unterschreiten.

Während die beiden südlichen Bahnhöfe Pankstraße und Osloer Platz mit den für die siebziger Jahre typischen großformatigen Wandverkleidungen versehen wurden, verwendete man in den achtziger Jahren nun wieder kleinere keramische Verkleidungen. Die Formensprache erreicht aber nicht mehr die

erbadestube

38
Bahnsteighalle am Franz-Neumann-Platz mit dem in die Gestaltung einbezogenen Fußboden.

39
Das Westberliner U-Bahn-Netz, wie es von 1984 bis zum Fall der Mauer betrieben wurde. Bahnhöfe des Ostberliner Netzes und die Transitbahnhöfe der U6 und U8 sind ohne Bezeichnung dargestellt. Die Transitzüge hielten lediglich in Friedrichstraße. Die Teilstrecke von Nollendorfplatz über Bülowstraße zum Gleisdreieck war wegen des zu geringen Verkehrsaufkommens seit 1971 stillgelegt.

Klarheit früherer Jahre, sondern zeigt vielfältige ornamentale Muster oder konkrete Abbildungen. Auch der Fußboden der Bahnsteige ist mit verschiedenfarbigen Terrazzofliesen in die Gestaltung einbezogen.

Der vorerst letzte Abschnitt der Strecke bis zum Bahnhof Wittenau wurde erst nach der Wiedervereinigung Berlins eingeweiht und soll deshalb im nächsten Kapitel dieses Buches beschrieben werden.

6.11 In drei Abschnitten bis Spandau

Der U-Bahn-Anschluß von Spandau war in der ersten Hälfte unseres Jahrhunderts eigentlich stets über Westend und Ruhleben im Zuge der heutigen U2 vorgesehen. Nach dem zweiten Weltkrieg entstanden dann aber die Planungen für eine zunächst als Linie H bezeichnete Linie, deren erste Teileröffnungen als Linie 7 vom südlichen Neukölln bis zum Bahnhof Möckernbrücke im Jahre 1966 schon beschrieben worden sind. Noch bevor der zweite Teilabschnitt von Möckernbrücke bis zum Fehrbelliner Platz 1971 eingeweiht wurde, begannen am 1. April 1969 die Bauarbeiten an der weiteren Verlängerung bis Spandau. Die Fertigstellung zog sich jedoch hin, weil es einerseits wieder verschiedene bautechnische Schwierigkeiten zu meistern galt und weil andererseits in der Anfangsphase Teile der – in der Inselstadt begrenzten – Baukapazität noch durch die Verlängerungen der U8 (bis 1977) und U9 (bis 1976) gebunden waren. Am 28. April 1978 ging dann endlich auf der Linie 7 das Teilstück vom Bahnhof Fehrbelliner Platz bis zum Richard-Wagner-Platz in Betrieb.

Drei Bauwerke am Adenauerplatz

Die Trasse war bereits 1971 über den Fehrbelliner Platz hinaus im Zuge der Brandenburgischen

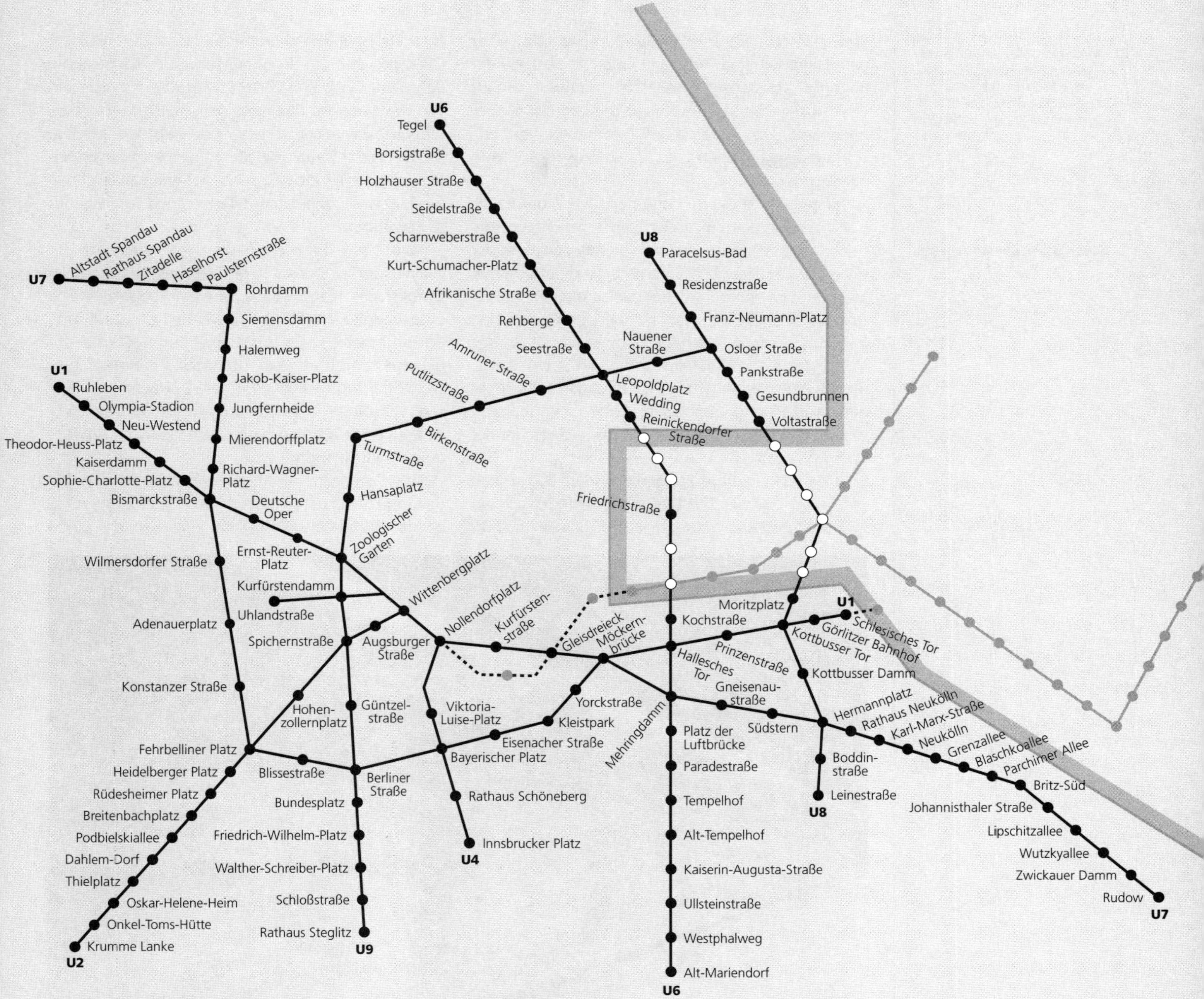
U6
Tegel
Borsigstraße
Holzhauser Straße
Seidelstraße
Scharnweberstraße
Kurt-Schumacher-Platz
Afrikanische Straße
Rehberge
Seestraße
Leopoldplatz
Wedding
Reinickendorfer Straße
Friedrichstraße
Kochstraße
Hallesches Tor
Mehringdamm
Platz der Luftbrücke
Paradestraße
Tempelhof
Alt-Tempelhof
Kaiserin-Augusta-Straße
Ullsteinstraße
Westphalweg
Alt-Mariendorf
U6
U8
Paracelsus-Bad
Residenzstraße
Franz-Neumann-Platz
Osloer Straße
Pankstraße
Gesundbrunnen
Voltastraße
Moritzplatz
Kottbusser Tor
Kottbusser Damm
Hermannplatz
Boddin-straße
Leinestraße
U8
U7
Altstadt Spandau
Rathaus Spandau
Zitadelle
Haselhorst
Paulsternstraße
Rohrdamm
Siemensdamm
Halemweg
Jakob-Kaiser-Platz
Jungfernheide
Mierendorffplatz
Richard-Wagner-Platz
Bismarckstraße
Wilmersdorfer Straße
Adenauerplatz
Konstanzer Straße
Fehrbelliner Platz
Blissestraße
Berliner Straße
Bayerischer Platz
Eisenacher Straße
Kleistpark
Yorckstraße
Möckern-brücke
Gneisenau-straße
Südstern
Rathaus Neukölln
Karl-Marx-Straße
Neukölln
Grenzallee
Blaschkoallee
Parchimer Allee
Britz-Süd
Johannisthaler Straße
Lipschitzallee
Wutzkyallee
Zwickauer Damm
Rudow
U7
U1
Ruhleben
Olympia-Stadion
Neu-Westend
Theodor-Heuss-Platz
Kaiserdamm
Sophie-Charlotte-Platz
Deutsche Oper
Ernst-Reuter-Platz
Zoologischer Garten
Wittenbergplatz
Nollendorfplatz
Kurfürsten-straße
Gleisdreieck
Prinzenstraße
U1
Schlesisches Tor
Görlitzer Bahnhof
Nauener Straße
Amruner Straße
Putlitzstraße
Birkenstraße
Turmstraße
Hansaplatz
Kurfürstendamm
Uhlandstraße
Spichernstraße
Augsburger Straße
Hohen-zollernplatz
Güntzel-straße
Viktoria-Luise-Platz
Rathaus Schöneberg
Innsbrucker Platz
U4
Heidelberger Platz
Rüdesheimer Platz
Breitenbachplatz
Podbielskiallee
Dahlem-Dorf
Thielplatz
Oskar-Helene-Heim
Onkel-Toms-Hütte
Krumme Lanke
U2
Bundesplatz
Friedrich-Wilhelm-Platz
Walther-Schreiber-Platz
Schloßstraße
Rathaus Steglitz
U9

Straße bis zur Konstanzer Straße ausgeführt worden. Unmittelbar im Anschluß entstand ab 1969 der Bahnhof Konstanzer Straße. Im weiteren Verlauf erreicht die Strecke den Kurfürstendamm am Adenauerplatz. Hier waren drei Bauvorhaben gleichzeitig zu verwirklichen, wofür knapp drei Jahre benötigt wurden.

Zwei Bahnkreuzungen

Erstens entstand im Zuge der Linie 7 der Bahnhof Adenauerplatz in anderthalbfacher Tiefenlage. Leicht nach Westen versetzt verläuft zweitens der ebenfalls zu dieser Zeit errichtete Straßentunnel im Zuge der Lewisham- und Brandenburgischen Straße. Drittens schließlich sollten mit den umfangreichen Bauarbeiten am Adenauerplatz auch Teile des Umsteigebahnhofs der zukünftigen U3 entstehen, die als eine Verlängerung der heutigen U15 unter dem Kurfürstendamm bisher zwar nicht realisiert wurde, jedoch in den Planungsunterlagen immer noch vorhanden ist.

Über den nebeneinanderliegenden Bauwerken der Linie 7 und des Straßentunnels befindet sich ein Zwischengeschoß, darunter, also in zweieinhalbfacher Tiefenlage und somit bis zu 16,50 m unter Gelände, der im Rohbau teilweise vorbereitete Bahnsteig der U3. In dieser mehrfachen Schichtung von Bauwerken übereinander mußten die Zwischendecken teilweise sehr dünn gehalten werden. Da aber gleichzeitig große Spannweiten zu überwinden waren, verwendete man hier erstmals im Berliner U-Bahn-Tunnelbau auf 43 m Länge vorgespannte Bewehrung.

Die Trasse folgt dann vom Adenauerplatz der Wilmersdorfer Straße, deren mittlerer Abschnitt im Gefolge des U-Bahn-Baus zu einer Fußgängerzone umgewidmet wurde. Die gewählte Trassenführung bot und bietet keine günstigen Umsteigebeziehungen zur S-Bahn an deren Bahnhof Charlottenburg. Seit 1984 und verstärkt seit dem 9. November 1989 stellt sich dieses Problem nun mit größerer Dringlichkeit, eine Lösung könnte im Verrücken des S-Bahnhofs Charlottenburg liegen.

Deutlich besser wurde eine ähnliche Situation an der folgenden Bahnkreuzung mit der heutigen U2 an der Bismarckstraße gelöst. Zwischen die schon

40
Die Anbringung des Namenszuges an den Seitenwänden wurde auch in den siebziger Jahren beibehalten, selbst wenn die Schrift in der auffälligen Gestaltung fast unterging.

1906 bzw. 1908 eingeweihten Bahnhöfe Deutsche Oper und Sophie-Charlotte-Platz baute man hier den Bahnhof Bismarckstraße. Die neue Trasse der U7 unterfährt die alte Westend-Linie und erhielt am Kreuzungspunkt ihren Bahnsteig in zweifacher Tiefenlage, darüber befindet sich die historische Trasse mit neuen Seitenbahnsteigen. Es wurde also das bewährte Turmbahnhofskonzept, wie zuvor schon am Bahnhof Kurfürstendamm, verwirklicht. Besondere Schwierigkeiten ergaben sich insofern, als die historischen Tunnelanlagen überwiegend aus nichtbewehrtem Beton waren. Mit dieser Bauweise hatte man nun gar keine Erfahrungen mehr und riß deshalb alle alten Konstruktionen ab, um sie anschließend im Bahnhofsbereich als geschlossene Stahlbetonrahmen wiederzuerrichten.

Historische Ziele

Schon lange war die Rumpfstrecke zwischen den Bahnhöfen Deutsche Oper und Richard-Wagner-Platz – zunächst als A III, später als Linie 5 bezeichnet – ein betriebstechnisch wenig befriedigender Teil des Netzes. Eine Linie mit nur einer Station ist offenkundig nicht sehr sinnvoll. 1974 wurde der Betrieb der Kleinprofillinie eingestellt, jedoch sollte das Rathaus Charlottenburg – hierfür war der Ein-Stationen-Betrieb im Jahre 1906 ja einmal eingerichtet worden – nicht ohne U-Bahn-Anschluß bleiben. Heute bindet die U7 deshalb den Richard-Wagner-Platz und damit das Rathaus an das U-Bahn-Netz an.

Dafür mußte die Trasse der Neubaustrecke hinter dem Bahnhof Bismarckstraße zur Richard-Wagner-Straße geschwenkt werden. Dabei waren 23 Wohnhäuser zu unterfahren, weshalb sich das Schildvortriebsverfahren hier als die günstigere Variante anbot. Etwa in Höhe der Haubachstraße erreicht die Neubaustrecke die historische Linie, der neue Bahnhof Richard-Wagner-Platz für Großprofilzüge liegt aber deutlich unter dem historischen und ist deshalb ein vollständiger Neubau. Doch es gelang, die alten Tunnelstücken zu nutzen, um eine Gleisverbindung zwischen dem Groß- und dem Kleinprofil für Betriebsfahrten herzustellen.

Die Tiefenlage des neuen Bahnhofs ergab sich einerseits aus dem Niveau der Schildvortriebsstrecke, andererseits aber auch aus der nördlich des Bahnhofs auszuführenden Spreeunterquerung. Als die 3,1 km lange Teilstrecke zum Richard-Wagner-Platz 1978 in Betrieb ging, waren die Arbeiten an der Flußquerung im weiteren Verlauf der Strecke bereits in vollem Gang. Da sich die Senkkastenbauweise bei verschiedenen Berliner Bauvorhaben bewährt hatte, u.a. beim U-Bahn-Bau auf der Linie 9, wählte man dieses Verfahren für die mittlerweile siebzehnte Unterfahrung eines offenen Gewässers im U-Bahn-Netz.

Vier Ebenen in Jungfernheide

Nördlich der Spree schwenkt die Strecke in einem leichten Bogen zum Bahnhof Mierendorffplatz und führt weiter zum S-Bahnhof Jungfernheide. Auf diesem Abschnitt waren wieder einige Gebäude zu unterfahren, wobei mit der seit Jahrzehnten bewährten Methode der Fundamentabfangung gearbeitet wurde. Der immerhin 2,5 mal so teure Schildvortrieb rentierte sich bei nur sieben zu unterfahrenden Häusern nicht. Doch auch die klassische Abfangung hatte man inzwischen weiterentwickelt, unter der zu unterfahrenden Schule in der Kamminer Straße entstand der Tunnel beispielsweise im Schutze einer zuvor eingebauten Rohrschirmdecke. Dabei handelt es sich um waagerecht eingepreßte Rohre mit 1,2 m Durchmesser, die anschließend mit gespannter Bewehrung ausbetoniert und auf senkrechten Bohrpfählen aufgelagert wurden.

Unterfahrungstechniken

Am Bahnhof Jungfernheide entstand ein Umsteigebahnhof zur zukünftigen U5, die in den Planungsunterlagen vom Alexanderplatz, unter dem Regierungsviertel hindurch über Moabit und eben Jungfernheide zum Flughafen Tegel führt. Vorgesehen ist ein Richtungsverkehr auf zwei Ebenen, wie er auch schon auf den Bahnhöfen Schloßstraße und Rathaus Steglitz im Zuge der U9/U10 vorbereitet wurde. Die beiden Bahnsteige in Jungfernheide liegen genau übereinander 6 m bzw. 9 m unterhalb der Oberfläche, darüber befindet sich die U-Bahn-Eingangshalle.

Es gelang an dieser Stelle, mit der – damals noch ostdeutschen – Reichsbahn zunächst zu einer sinnvollen Verständigung zu gelangen. Umbauten an den Gleis- und Bahnsteiganlagen der hier in der vierten Ebene verkehrenden S-Bahn vereinfachten den U-Bahn-Bau, außerdem wurde ein direkter

41
Relikt aus Spaltungszeiten: An der Jungfernheide wurde 1980 ein Übergang zwischen der U- und S-Bahn zwar vorbereitet, aber erst nach der Vereinigung in Betrieb genommen. So betrieben beide Bahnen jeweils ihren eigenen Eingang.

41

Umsteigegang zwischen beiden Schnellbahnen vorbereitet, dann aber doch nicht eröffnet. Die gemeinsame Zugangshalle gibt es dort erst seit den neunziger Jahren.

Zum Gesamtbauvorhaben Jungfernheide gehörten damals neben den Bahnhofsanlagen für die U7 und die geplante U5 auch die nördlich anschließenden Unterquerungen des Westhafenkanals in Senkkastenbauweise für beide Linien.

Spandau wird erreicht

Die Trasse der U7 schwenkt anschließend in einem Bogen nach Westen und erreicht die Bahnhöfe Jakob-Kaiser-Platz und Halemweg. Für letzteren war die Baufreiheit schon bei der Errichtung der Siedlung in Charlottenburg-Nord freigehalten worden, die Ausgänge befinden sich nicht im Straßenraum. Eine Zwischengeschoß war somit entbehrlich und die einfache Tiefenlage ausreichend. Der nächste Bahnhof, Siemensdamm, ist wieder als Schutzraum für Kriegsfälle vorbereitet worden (4.500 Personen), wie das schon am Bahnhof Pankstraße auf der U8 der Fall war. Bis zum 1. Oktober 1980 konnte außerdem noch der Bahnhof Rohrdamm errichtet werden, an diesem Tag ging der 4,9 km lange Teilabschnitt der U7 vom Richard-Wagner-Platz zum Bahnhof Rohrdamm in Betrieb. 78 Jahre nach der ersten Fahrt hatte die U-Bahn nun endlich den Bezirk Spandau erreicht. Der erste Anlauf im Zuge der U2 war Ende der zwanziger Jahre kurz vor der Bezirksgrenze am Bahnhof Ruhleben zum Stehen gekommen.

Für den günstigsten Anschluß der Spandauer Altstadt an das U-Bahn-Netz gab es im Vorfeld verschiedene Nutzwertanalysen, speziell in den Jahren 1971/72. Dabei wurden neben der schließlich realisierten Führung der U7 auch eine Verlängerung der U2 (damals noch Linie 1 bzw. U1) über Ruhleben hinaus und sogar die als Linie 3 im 200-km-Ausbauplan vorgesehene Verlängerung der heutigen U15 vom Bahnhof Uhlandstraße über Theodor-Heuss-Platz nach Spandau betrachtet. Die U7 versprach schließlich die größte Effektivität, u.a. weil die Gewerbe- und Industriestandorte in Siemensstadt dadurch direkt mit der Spandauer Altstadt verbunden wurden.

Gegenüber der heutigen Linienführung gab es auch Überlegungen für eine nördliche Umfahrung der Zitadelle, wodurch Haselhorst eine bessere Anbindung erhalten hätte. Die ausgeführte Variante erschließt aber die Arbeitsstätten in der Umgebung der Zitadelle besser und vermeidet vor allem die Unterquerung der Havel an einer ihrer breitesten Stellen (südlich von Eiswerder, etwa 800 m).

Auch bei der gewählten Variante bereitete das Wasser ausreichend Schwierigkeiten. Der letzte Streckenabschnitt der U7 liegt überwiegend in einer Schmelzwasserrinne der Eiszeit. Neben den Flußläufen von Havel und Spree befinden sich hier viele tote Seitenarme der Spree sowie Sumpfgebiete und Faulschlammstellen. Die Möglichkeiten zur Grundwasserabsenkung waren begrenzt, weil Setzungen an den vorhandenen Industrieanlagen und speziell an der Zitadelle befürchtet werden mußten.

Die am 1. Oktober 1984 eingeweihte 4,6 km lange Strecke vom Bahnhof Rohrdamm über die Bahnhöfe Paulsternstraße, Haselhorst, Zitadelle und Altstadt Spandau zum Rathaus Spandau entstand in fünf verschiedenen Bauweisen. Für Fachleute stellt die Strecke fast so etwas wie eine Demonstrationsanlage aller bekannten Tunnelbautechniken der Berliner U-Bahn dar:

42

42
Einer der wenigen Neubauten mit Seitenbahnsteigen ist der Bahnhof Zitadelle.
Beide Seiten wurden nacheinander gebaut, damit auf der Oberfläche jeweils nur eine Hälfte der Straße gesperrt werden mußte.

Die Schlitzwand-Sohle- und die Deckel-Bauweise

Neben der von Anfang an verwendeten Berliner Bauweise wurden seit Ende der sechziger Jahre beim U-Bahn-Bau ebenfalls die Schildvortriebsbauweise und die Senkkastenbauweise, auch Caisson-Bauweise genannt, eingesetzt. Zwei Verfahren kamen in den achtziger Jahren noch hinzu. Bei der Schlitzwand-Sohle-Bauweise werden zunächst die Seitenwände als wasserundurchlässige Schlitzwände abgeteuft (in die Erde gebaut). Anschließend hebt man das zwischen den Seitenwänden liegende Erdreich aus. Da ohne Grundwasserabsenkung gearbeitet wird, muß die Sohle der so entstehenden Baugrube unter Wasser betoniert werden. Es entsteht ein wasserdichter Trog, in den nach dem Abpumpen des Grundwassers der eigentliche Tunnel gebaut werden kann. Langgestreckte Tunnelstrecken lassen sich durch Querschotte in verschiedene Abschnitte unterteilen. Der Vorteil der Bauweise liegt vor allem in der Vermeidung der Grundwasserabsenkung, die für vorhandene Gebäude immer die Gefahr der Setzung birgt und außerdem die Bäume und anderen Pflanzen an der Oberfläche zum Verdorren bringen kann. Letzteres ist beispielsweise in den neunziger Jahren am Potsdamer Platz ein wichtiges Argument für diese Bauweise gewesen, weil so die Parkanlagen des Tiergartens besser geschützt werden konnten.

Die Deckel-Bauweise verringert vor allem die Behinderungen für den Oberflächenverkehr. Auf relativ kleinen Baustellen werden zunächst seitliche Bohrpfahlwände in die Erde gesenkt. Auf der ebenen Erde betoniert man dann die zukünftige Decke der Tunnelanlagen und kann unmittelbar anschließend die Oberfläche, z.B. den Straßenbelag, herstellen und den oberirdischen Verkehr wieder rollen lassen. Die ebenerdig betonierte Tunneldecke – eben der Deckel – ruht auf den seitlichen Bohrpfählen. Deshalb ist es möglich, die Erde unter der Decke von beiden Tunnelenden aus zu fördern und in den entstehenden Freiraum den endgültigen Tunnel zu bauen.

43

Selbst auf den relativ jungen Linien aus den sechziger und siebziger Jahren sind heute nicht mehr alle Bahnhöfe im ursprünglichen Zustand erhalten. Die Wandgestaltung des 1961 eröffneten Bahnhofs Spichernstraße im Zuge der U9 wurde beispielsweise 1991 erneuert.

Westlich von der Kehranlage des Bahnhofs Rohrdamm konnte zunächst in Berliner Bauweise weitergearbeitet werden. Kurz vor dem Bahnhof Haselhorst beginnt ein Abschnitt, bei dem erstmals die Schlitzwand-Sohle-Bauweise bei der U-Bahn eingesetzt wurde. Zwischen den Bahnhöfen Zitadelle und Altstadt Spandau wurde die Havel dann mit der Senkkastentechnik unterquert. Die anschließende Altstadt mit ihren engen und verwinkelten Gassen verlangte den Schildvortrieb. Der Bahnhof am Rathaus entstand schließlich mit der – für die Berliner U-Bahn ebenfalls neuartigen – Deckel-Bauweise. Die Wahl der jeweiligen Bautechnologie ergab sich einerseits aus den Untergrundverhältnissen, andererseits aus den Gegebenheiten des oberirdischen Verkehrs, der an vielen Stellen während der Bauzeit aufrechterhalten werden mußte. Eines der schwierigsten Teilstücke des U-Bahn-Netzes wurde dadurch auch zu einem der teuersten. 4,6 km kosteten 680 Millionen DM, das sind also knapp 148 Millionen DM pro Kilometer.

Bahnhöfe

Bei der Bahnhofsarchitektur des Spandauer Abschnitts orientierte sich der Architekt Rümmler vor allem an Assoziationen zur jeweiligen Bebauung und Geschichte an der Oberfläche. Jeder Bahnhof erhielt seine eigene, unverwechselbare Gestaltung. Die Tiefenlage der Mittelbahnsteige ergab sich jeweils aus den gewählten Bauverfahren. Am Bahnhof Zitadelle entstanden zwei Seitenbahnsteige, weil diese nacheinander gebaut werden konnten und dadurch eine Straßenhälfte stets für den Oberflächenverkehr frei blieb.

Eine prachtvolle, ja fast monumentale Ausgestaltung erhielt die Bahnhofshalle am Rathaus Spandau. Die beiden Bahnsteige sind für einen gegenläufigen und außerdem linksseitigen Richtungsverkehr vorbereitet. Auf den beiden inneren Gleisen endet und beginnt die U7, außen sind die Gleisträge für eine Verlängerung der U2 von Ruhleben nach Spandau vorbereitet. Der für das Berliner U-Bahn-Netz sonst ungewöhnliche gegenläufige Linksverkehr wurde wegen später geplanter Verlängerungen ins Falkenhagener Feld (U2) und in Richtung Staaken/Rudolf-Wissell-Siedlung (U7) projektiert. Die erwarteten Hauptverkehrsströme können dann am gleichen Bahnsteig die Linie wechseln.

Mit der Verlängerung zum Rathaus Spandau im Oktober 1984 fand das letzte vor der Maueröffnung

44

im November 1989 verwirklichte Westberliner U-Bahn-Projekt seinen Abschluß. Seit 1953 waren 51,5 km Strecke gebaut und dadurch das westliche Netz beinahe verdoppelt worden (insgesamt rund 106 km). Die U7 hatte sich dabei mit über 32 km Länge zur längsten Linie im Netz entwickelt.

45

44
Der für die U2 vorbereitete Gleistrog am Bahnhof Rathaus Spandau.

45
Interessante Deckengestaltung und Beleuchtungseffekte am Bahnhof Haselhorst.

1

7. Kapitel

Vom Mauerfall bis zur Gegenwart;
Pläne und Visionen für das 21. Jahrhundert

7.1 Die Wiederbelebung fast vergessener Verkehrswege

Nach den politischen Ereignissen am 9. November 1989, der sogenannten Wende in der DDR und der Wiedervereinigung der beiden deutschen Staaten am 3. Oktober 1990 gestaltete man in Berlin aktiv das Zusammenwachsen der westlichen und östlichen Stadtteile. Mit viel Engagement wurde seitens der U-Bahn in Ost und West versucht, die Verbindungen von einst so schnell wie möglich wiederherzustellen. Viele Straßen und Brücken konnten nur mit großem Aufwand in ihren ursprünglichen Zustand versetzt werden, doch die Schienenstränge unter den Straßen waren weitestgehend erhalten geblieben, sie übernahmen schon bald die so wichtige Verbindungsfunktion zwischen Spandau und Hellersdorf, Pankow und Tegel. Doch auch im U-Bahn-Netz klafften Lücken, setzte die veränderte Lage in der Stadt neue Prioritäten, wurden Sanierungs- und Instandsetzungsarbeiten aktuell.

7.2 Tunnelbau durch die Wende

Als mit dem ersten Rammschlag am 27. Februar 1985 die Bauarbeiten an der Streckenverlängerung der U8 über den U-Bahnhof Paracelsus Bad hinaus offiziell begannen, war an ein wiedervereinigtes Berlin noch nicht zu denken. Aber als am 24. September 1994 die vier neuen Bahnhöfe der Strecke übergeben wurden, lagen dazwischen nicht nur schwieriger Baugrund, sensible Anrainerprobleme und komplizierte Finanzentscheidungen, sondern auch noch die aufregenden „Wende"-Monate und die daraus folgende Zusammenführung der beiden einst politisch getrennten Stadtteile. Auch ohne das „Revolutionsjahr 1989" standen dem zügigen Baufortschritt an diesem nördlichen Streckenabschnitt der U8 erhebliche Schwierigkeiten im Wege. Am Teilbereich zwischen Lindauer Allee und Karl-Bonhoeffer-Klinik prallten beispielsweise massive Interessenunterschiede über die Errichtung des U-Bahn-Tunnels aufeinander. Einerseits rechtfertigten der zu unterquerende Kienhorstpark und zahlreiche Kleingärten eine geschlossene Bauweise im Schildvortrieb, andererseits zählt diese Art und Weise des Tunnelbaus zu den kostenaufwendigsten und wurde aus diesem Grund nicht genehmigt. Vor allem, weil auf dem folgenden Abschnitt von der Klinik bis zum Rathaus Reinickendorf (Baubeginn 30. April 1986) unbedingt im Schildvortrieb gearbeitet werden mußte, um den Patienten und dem gesamten Klinikbetrieb so wenig Störungen wie möglich zuzumuten. Wieder einmal, wie schon so oft in Berlin, behinderten der unberechenbare märkische Sand

Wieder eine Versuchsstrecke – die Magnetbahn

80 Jahre nachdem es in Berlin schon einmal verschiedene verkehrstechnische Versuchsprojekte und Versuchsstreckenabschnitte der unterschiedlichsten Systeme gegeben hatte, installierte man 1983/84 mit der Magnetbahn erneut ein Stück technischen Fortschritts in der Stadt. Ende der siebziger Jahre gab es sogar die Idee, das M-Bahn-Projekt nach erfolgreicher Probenutzung alternativ für die U-Bahn im Kleinprofil einzuführen. Auf der grenznahen und stillgelegten Linie von Gleisdreieck bis Potsdamer Platz entstand eine 1,6 km lange Versuchstrasse, auf der die Fahrgastkabinen nicht fuhren, sondern – von Dauermagneten getragen – schwebten. Das völlig stoßfreie und laulose Fortbewegen sollte die Berliner von dem neuen System überzeugen, sie einstimmen, sich in Zukunft einmal von ihrer inzwischen so geliebten Hochbahn zu trennen. Die M-Bahn verkehrte ab August 1989 von Gleisdreieck über Bernburger Straße bis Kemperplatz im Fahrgastbetrieb und erhielt mit der fahrplanmäßigen Anbindung des Abschnittes zum BVG-Tarif vom 18. bis 31. Juli 1991 sogar noch die Zulassung der Technischen Aufsichtsbehörde für den öffentlichen Personenverkehr. Danach mußte die Strecke dem Wiederaufbau der U-Bahn-Verbindung Thälmannplatz (heute Mohrenstraße) nach Gleisdreieck (U2) weichen. Für den international beachteten Entwurf des M-Bahnhofs Kemperplatz hatte der Architekt Mies-van-der-Rohe 1988 einen Architekturpreis erhalten.

1
Der Leipziger Platz in der pulsierenden Mitte Berlins. Einst belebter Verkehrs- und Geschäftsplatz, dann kriegszerstört und „mauergeschädigt", soll er nach modernen Plänen wieder neu bebaut werden. Aufnahme 1997.

2
Der U-Bahnhof Lindauer Allee. Verspielt und verschwenderisch geht der Architekt Rainer G. Rümmler mit den stilistischen Elementen zur Gestaltung des Bahnhofs um. Die Blumenoase von Lindau am Bodensee diente als Namensgeber der Station und inspirierte Rümmler zu seinen Entwürfen.

3
Von der Karl-Bonhoeffer-Klinik bis zum Rathaus Reinickendorf baute man die Strecke im Schildvortrieb, um den Klinikbetrieb nicht zu behindern. Die dadurch entstandene runde Tunnelröhre ist am U-Bahnhof Karl-Bonhoeffer-Klinik gut zu sehen.

Zwischen 1985 und 1994 entstanden die U-Bahnhöfe Lindauer Allee, Karl-Bonhoeffer-Nervenklinik, Rathaus Reinickendorf, Wittenau.

sowie zahlreiche Findlinge mit erheblichen Dimensionen das schnelle Vorankommen des Bohrschildes. Zunächst ging man davon aus, am U-Bahnhof Reinickendorf mit einer Kehranlage den nördlichen Endpunkt der Linie zu setzen, denn die seit 1984 von der BVG übernommene S-Bahn in Westberlin benötigte das gesamte Investitionsbudget. Erst das Zusammenwachsen der Stadt und eine Verkehrspolitik des Senates, die auf schnelle und problemlose Verbindungen in alle Himmelsrichtungen bis an die Stadtränder orientierte, machten neue Planungen an der U8 möglich.

Mit ihrer Linienführung durch traditionelle Ostberliner Wohngebiete und den U-Bahnhöfen zwischen Bernauer Straße und Moritzplatz, die während der Zeit der Mauer im „geisterhaften" Dornröschenschlaf gelegen hatten, galt die Strecke als besonderer Ausbauschwerpunkt. Im November 1990 erging der Beschluß über die Verlängerung der U8 bis Wittenau mit der Option, konstruktiv eine Weiterführung bis Alt-Wittenau vorzusehen. Insgesamt fast 600 Mio. DM wurden in den neun Jahren der nördlichen Verlängerung sowie für die drei Mittelbahnsteiganlagen und den einzigen U8-Bahnhof mit Seitenbahnsteigen Lindauer Allee verbaut. Die als Verbindung in das Märkische Viertel orientierte Linie hat aber auch mit dieser Ausbaustufe noch

4

nicht ihren Zielbahnhof Märkisches Viertel erreicht (siehe 200-km-Plan). Eine weitere Verlängerung liegt in weiter Ferne, doch zu umfangreich und mannigfaltig sind die anstehenden U-Bahn-Baumaßnahmen nach den politischen Veränderungen.

5

Gestalterisch hinterließ der Architekt Rainer G. Rümmler hier auf der 3,6 km langen neuen Strecke noch einmal seine unverwechselbare Handschrift. Er verstand es wie kaum ein anderer Architekt des U-Bahn-Netzes, bezugnehmende Gestaltungselemente zur jeweiligen Umgebung in seine Projektierungen einzubauen. Mit seinen Entwürfen reihte er sich ein in den Kreis der bedeutenden U-Bahn-Architekten von Grenander bis Fehse, die, so unterschiedlich ihre Formensprachen auch waren, es vermochten, den unzähligen Kompromissen der jeweiligen Situation gestalterisch beachtete Wirklichkeit zu geben. Ob finanzieller Druck, politische Meinungsverschiedenheiten, ingenieurtechnische Vorgaben oder architektonische Konfrontationen die Projekte prägten, ist über die vergangenen Jahrzehnte der U-Bahn-Geschichte in Berlin verschieden, die federführenden Architekten versuchten aber stets, Funktionalität, Attraktivität und Individualität zu verbinden. Die gesamte Linie 8 ist durch Sachlichkeit und einen als „klassische Moderne" bezeichneten Stil geprägt. Rümmler knüpfte daran an, neigte jedoch bei die-

4

Der U-Bahnhof Rathaus Reinickendorf. Die Gestaltung nimmt Bezug auf das im Hintergrund stehende Rathausgebäude.

5

Vorläufiger Endpunkt der U8 nach Norden – der U-Bahnhof Wittenau. Die Bewohner des Märkischen Viertels hoffen noch immer auf eine Verlängerung der Linie bis in das Wohnviertel hinein.

„Klassische Moderne" mit etwas Übertreibung

6
Im zweiten Weltkrieg dienten die bereits gebauten Bahnhofs- und Tunnelabschnitte an der Hermannstraße als Luftschutzräume. Erhaltene Inschriften aus dieser Zeit sollen die Erinnerungen an dieses Kapitel deutscher Geschichte wachhalten.

sem letzten nördlichen Streckenabschnitt etwas zur Übertreibung. Er verwendete für die vier neuen Bahnhöfe einige optische Zitate wie die 30 x 30 cm großen Platten für Wände, Stützen und Fußböden sowie jeweils bahnhofsspezifische Details, Elemente und Materialien, die auf das unmittelbare Umfeld der U-Bahnhöfe verweisen.

7.3 Endlich bis Hermannstraße

Über 70 Jahr schlummerten die Planungen für das Bauvorhaben einer südlichen Verlängerung der Linie D (heute U8) in den Schreibtischschubladen der BVG. Zur Wiederbelebung der Berliner Verkehrswege gehört zweifellos auch der Ausbau und die Lückenschließung des S-Bahn-Ringes. Die geplante Eröffnung des südlichen Ringabschnittes am 17.

6

Dezember 1993 ließ die Verlängerung der U-Bahn-Trasse bis Hermannstraße und damit die Heranführung an die S-Bahn heran erneut aktuell werden. Die Genehmigungen und Beschlüsse waren entsprechend der Aufschwung- und Aufbruchstimmung relativ schnell erteilt bzw. gefaßt, und im Februar 1992 begannen die Arbeiten. Eile war wieder einmal geboten, denn der U-Bahnhof mußte im Rohbau bereits vor dem darüberliegenden Bau des S-Bahnhofes realisiert sein. An den bisherigen Endbahnhof der Linie D Leinestraße schloß sich eine Aufstellanlage in Richtung Süden an, die 1929 bereits als Ausgangspunkt für eine Weiterführung der Strecke und einen neuen Bahnsteig angelegt worden war. Im zweiten Weltkrieg nutzte man diese mit 13 m unter der Hermannstraße ungewöhnlich tief liegenden U-Bahn-Altbaubereiche des Tunnels und des Bahnhofs als Luftschutzbunker. Viele tausend Anwohner der umliegenden dichtbesiedelten Wohngebiete fanden hier Schutz und ein wenig Sicherheit während der Luftangriffe und Kampfhandlungen. Der historische Tunnelabschnitt, der fast 60 Jahre weder Sicherungs- noch Erhaltungsarbeiten, Belüftung oder Wartung erlebt hatte, befand sich in einem äußerst schlechten Zustand. Schäden an der Bausubstanz, permanente Feuchtigkeit und Rost an Stützen, Trägern und Pfeilern zwangen zu einer umfangreichen Grundinstandsetzung, um die vorgefundenen Räume wieder nutzbar zu machen. Lediglich die hohe konstruktive Stabilität verhinderte, daß ein Neubau des Tunnelbereiches und des Bahnhofsteiles nötig wurde. Zu den gesamten Baumaßnahmen gehörten neben der Sanierung des Altbautunnels (ca. 100 m) und des 68 m langen und 20 m breiten historischen Bahnsteigs auch der Neubau des 95 m langen restlichen Bahnsteigs, des 320 m langen Anschlußtunnels sowie eine Schalterhalle und eine 130 m lange Kehr- und Aufstellanlage. Alle Neubautunnelbereiche entstanden in Berliner Bauweise mit offener Baugrube bei weitestgehender Aufrechterhaltung des allgemeinen Straßenverkehrs. Mit der Eröffnung des 168. U-Bahnhofes im Berliner U-Bahn-Netz, Hermannstraße, am 13. Juli 1996 öffnete auch ein BVG-Kundenzentrum seine Pforten und nahmen ein Kabelverteilerraum, eine Zugprüferwerkstatt und ein Gleichrichterwerk den offiziellen Betrieb auf.

Für die Architektur des U-Bahnhofes zeichnete ebenfalls wieder Rainer G. Rümmler verantwortlich, der in den letzten Jahrzehnten entscheidend die U-Bahn-Architektur im Westen der Stadt prägte. Mit dem U-Bahnhof Hermannstraße, seinem 52. Bahnhofsprojekt, beendete er seine äußerst kreative Arbeit für die BVG. Der als Mittelbahnsteiganlage mit doppelter Stützenreihe gestaltete Bahnhof

7

7
Blick in den Tunnel und die Kehranlage am U-Bahnhof Hermannstraße.

schließt in seiner Aussage an die Merkmale der gesamten Strecke an. Das Konzept der Wand- und Stützenverkleidungen, der Farbauswahl und der Belichtung geht auf die Sachlichkeit und Funktionalität der nun vollständig realisierten U8 zurück und verkörpert gleichzeitig den Zeitgeist des 20. Jahrhunderts.

7.4 Wiederherstellung an der U1

Die Warschauer Brücke und die sich anschließende Oberbaumbrücke waren für die Berliner zu einem Symbol des Zusammenwachsens zwischen Ost und West geworden. Am 13. August 1961 hatten weithin sichtbar die entstehenden Mauerteile

8
Streckenführung der U8 im Juli 1996.

8

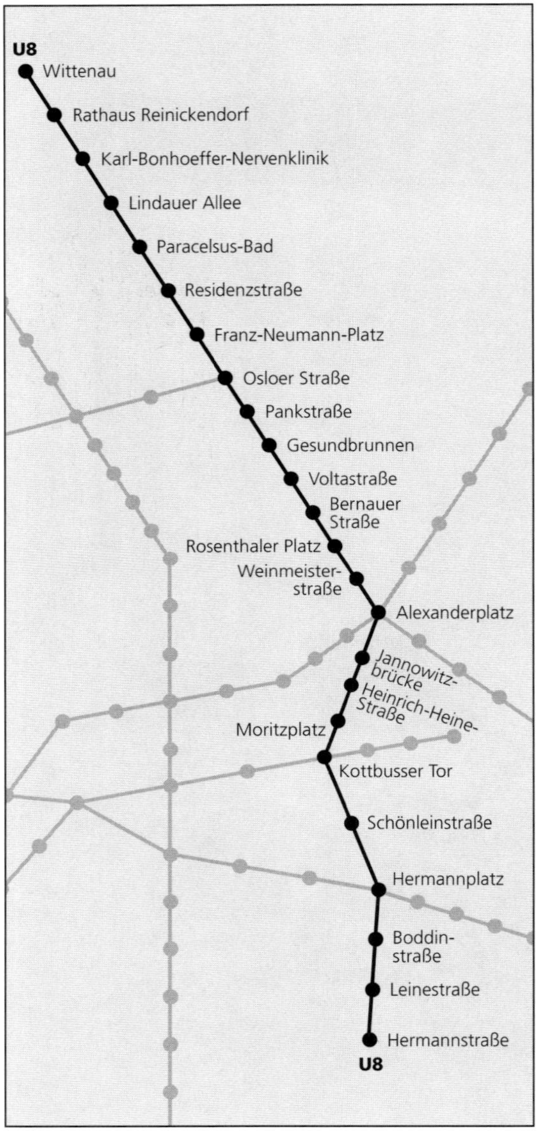

die Trennung der Stadt verkündet. Im Verlauf der 28 Jahre Teilungsgeschichte sah man in der fortschreitenden Ruinierung der Oberbaumbrücke den Verfall der Mauerphilosophie, und nach der Maueröffnung bedeutete gerade die Sanierung des Bauwerks den Brückenschlag zwischen Kreuzberg und Friedrichshain und damit die Wiederherstellung der Einheit Berlins. Der U-Bahnhof Warschauer Brücke gehört seit dem 17. August 1902 zum Berliner Hoch-/U-Bahn-Netz. Zwischen dem 23. April und dem 14. Oktober 1945 herrschte hier kriegsbedingt schon einmal Betriebsruhe, doch diese Monate sollten nicht die einzigen bleiben. Am 13. August 1961 bedingte die unmittelbare Nähe zur „Sektorengrenze" und damit zur an diesem Tag errichteten Mauer die Einstellung des U-Bahn-Verkehrs und die Schließung des Bahnhofs. Erst nach 34 Jahren, am 14. Oktober 1995, wurde der Hochbahnhof, jetzt unter dem Namen Warschauer Straße, wieder dem Nahverkehrsnetz übergeben. Eine entscheidende Lücke war wieder geschlossen.

Die sehr umfangreichen Sanierungs- und Instandsetzungsarbeiten am U-Bahnhof fanden von 1992 bis 1995 in mehreren Bauabschnitten statt. Die Arbeiten umfaßten die Wiederherstellung der Bahnanlagen, die demontiert worden waren, unter modernen Betriebsanforderungen sowie damit verbundene Um- und Neubauten. Dazu gehörten 230 m Stahlbrückenkonstruktionen zwischen dem U-Bahnhof Schlesisches Tor und Oberbaumbrücke und 140 m Hochbahnviadukt auf der Oberbaumbrücke. Hierzu baute man hinter dem Brüstungsmauerwerk versteckt eine neue separate Stahl-Beton-Verbundbrücke, die ohne Beanspruchung der denkmalgeschützten Gewölbe die Lasten der U-Bahn über Stahlrahmen in die Brückenpfeiler abträgt. Zu den Baumaßnahmen gehörten des weiteren Arbeiten an der 120 m langen Verbindung zwischen dem Oberbaumbrückenviadukt und den Gewölbeanlagen Warschauer Straße, an dem 340 m langen und 26 m breiten Gewölbebauwerk selbst, an der 40 m langen Osthafenbrücke und an der 80 m langen Brücke über die Stralauer Allee. Die Bahnsteiganlage wurde vollkommen erneuert und für 8-Wagen-Züge ausgelegt. Die Sanierung des zweigeschossigen historischen Stellwerks und der Betriebswerkstatt von 1902 sowie der Neubau zweier Aufstellhallen komplettierten die Anlagen um den U-Bahnhof Warschauer Straße herum.

Es ist geplant, die U1 bis an die S-Bahn heran zu verlängern. Dazu sollen die Gleise an dem alten Bahnhof vorbeigeführt und der jetzige Bahnsteig abgebrochen werden. Der neue U-Bahnhof findet

9

10

9
Die Oberbaumbrücke während der Zeit der Mauer. Demontierte Gleise und eine ruinierte Brücke bildeten eine traurige Kulisse für diese Stadtsituation.

10
Der U-Bahnhof Warschauer Straße erstrahlt heute wieder in neuem Glanz. Am 14. Oktober 1995 wurde der Hochbahnhof wiedereröffnet und damit eine wichtige Lücke im Berliner U-Bahn-Netz geschlossen.

11
Das historische zweigeschossige Stellwerk wurde saniert, die neuen Aufstellhallen im Hintergrund fügen sich architektonisch gut in das gesamte Bahnhofensemble ein. Aufnahme vom Juni 1998.

11

Die U6 und ihre acht Zwerge Reinickendorfer Straße, Schwartzkopffstraße, Zinnowitzer Straße, Oranienburger Straße, Friedrichstraße, Französische Straße, Stadtmitte, Kochstraße

sich in den Planungsunterlagen als Brücke über den S-Bahn-Anlagen in direkter Verbindung zum S-Bahnhof. Der Umsteigeweg zwischen der U- und S-Bahn würde sich dann von 300 m auf etwa 130 m verkürzen. Für eine noch fernere Zukunft existieren Vorstellungen, ein Projekt aus den zwanziger Jahren zu realisieren und die U1 am U-Bahnhof Frankfurter Tor an die U5 heranzuführen.

7.5 Die „Ost-West-Verbindung" von Nord nach Süd

Als 1912 bis 1923 die ersten Streckenabschnitte der Nord-Süd-Bahn entstanden, sparte man an allen nur erdenklichen Details. Elf Bahnsteige der heutigen U6 wurden um etwa 30 m kürzer als gegenwärtig erforderlich gebaut. Während man in Westberlin bereits im Zuge anderer Baumaßnahmen drei der Bahnhöfe für einen 6-Wagen-Zugverkehr umgebaut hatte, aktualisierte der Fall der Mauer und die vollständige Wiedereröffnung das Problem der kurzen Bahnsteige für die sogenannten Transitbahnhöfe sowie die beiden Grenzbahnhöfe.

Die Verlängerung der acht Bahnhöfe entlang der Friedrichstraße machte sich dringend erforderlich. Mit einer Bauzeit von vier Jahren zwischen Juli 1992 und September 1996 sowie einem Investitionsvolumen von 250 Mio. DM kann dieses Projekt als eines der größten Verkehrsbauvorhaben nach der Wende in Berlin bezeichnet werden. Die Bauarbeiten für die Bahnsteigverlängerungen wirkten sich auch auf die bestehenden Teile der Bahnhöfe und den gesamten Streckenabschnitt aus. Die baulichen Eingriffe, die erforderliche Standardanpassung sowie die Beseitigung von Bauschäden an der historischen Bausubstanz führten schließlich zur Grundinstandsetzung auf dem gesamten Abschnitt zwischen den U-Bahnhöfen Reinickendorfer Straße und Kochstraße. Mit Verlängerung der Bahnhofsbauwerke ergab sich ein umfangreicher Eingriff in die vorhandene Bausubstanz. Aber auch ein hoher Anteil Neubau sowie die Beeinflussung der gesamten Betriebsabläufe sollten das Bauvorhaben entscheidend bestimmen.

Als günstigste Variante favorisierte man einen nur einseitigen Eingriff in die vorhandene Bausubstanz, da die aufwendige und zeitraubende Tunnelöffnung so nicht an jedem Bahnhofsende, sondern nur an einer Stelle vorgenommen werden mußte. Bis auf den Bahnhof Friedrichstraße gleichen sich die anderen sieben in ihrer Grundkonstruktion.

Um die notwendige Verlängerung zu erhalten und möglichst wenig Aufwand zu betreiben, ging man von folgender historischer Situation aus. Die unmittelbar nebeneinanderliegenden Gleise teilten sich erst kurz vor dem Bahnhof und gaben dem ca. 7 m breiten Bahnsteig Raum. Um den Bahnsteigplatz optimal auszunutzen, ordnete man in der Vergangenheit die Treppen nur an den Enden, aber bereits außerhalb der Bahnsteigbereiche in Vorhallen an. Da eine Treppenbreite von etwa 2 m für zu gering eingeschätzt wurde, erhielten die Bahnhöfe sogar zwei hintereinander angeordnete Zu- und Abgänge direkt ins Freie. Der Raum zwischen den beiden Treppenanlagen entspracht genau der notwendigen Verlängerung. So konnte der Längenzuwachs der Bahnsteige ohne eine aufwendige Erweiterung des Tunnelprofils, die keinesfalls bei laufendem Betrieb möglich gewesen wäre, entstehen. Eine der beiden Treppen befindet sich jetzt auf dem Bahnsteig, während die andere den neuen Bahnsteigabschluß bildet. Um dennoch die Baukosten möglichst gering zu halten, verzichtete man doch wieder auf einige nicht unbedingt notwendige Meter Bahnsteig und reduzierte die Länge auf 105,3 m im Vergleich zu der sonst für Neubauten vorgesehenen Bahnsteiglänge von 110 m.

12
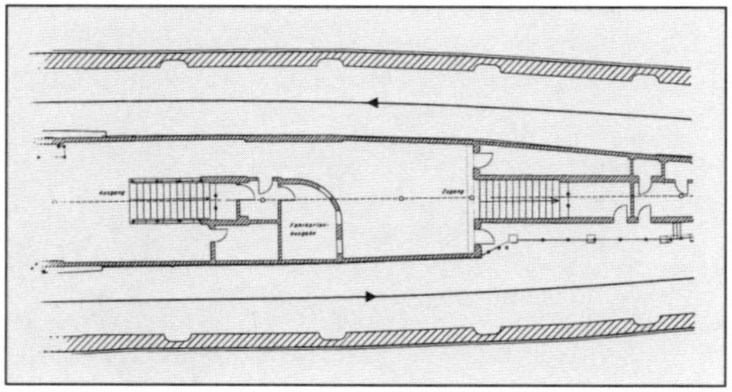

12
Vorhallensituation vor dem Umbau mit getrennten Ein- und Ausgangstreppen.

Entsprechend den heutigen Anforderungen an ein modernes U-Bahn-Netz planten die Ingenieure neue, zusätzliche Elemente, die auf den alten Bahnhöfen im ursprünglichen Zustand nicht vorhanden waren. Jeder Bahnhof erhielt eine Vielzahl neuer und wichtiger Details, die je nach Bestimmung entweder zurückhaltend, um den historischen Eindruck nicht zu zerstören, oder entsprechend dem Corporate Design der BVG ausfielen. Hierzu gehören neben den Aufzügen und Fahrtreppen das Blindenleitsystem und die Bahnsteigkantenmarkierungen, das Infosystem und diverse Möblierungselemente, Einrichtungen der Zugfahrerselbstabfertigung, Wandverfliesungen im Handbereich, Spritzschutzflächen an den Ausgangsumwehrungen sowie die Schneefänge vor den Treppenanlagen und Aufzügen.

13

13
Erster Bauabschnitt der Dichtungsarbeiten im Bereich des U-Bahnhofs Oranienburger Tor.

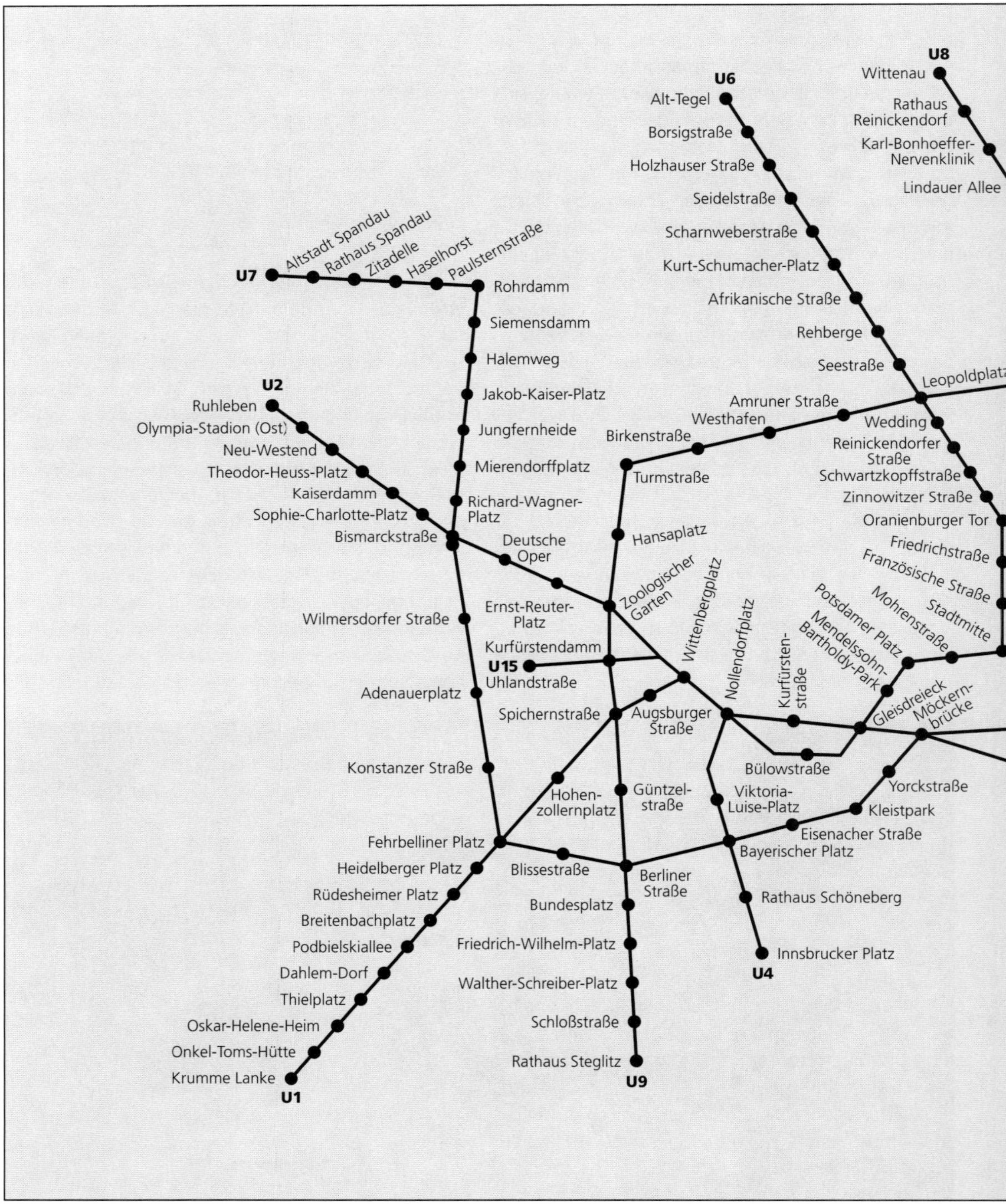
U8
Wittenau
Rathaus Reinickendorf
Karl-Bonhoeffer-Nervenklinik
Lindauer Allee
U6
Alt-Tegel
Borsigstraße
Holzhauser Straße
Seidelstraße
Scharnweberstraße
Kurt-Schumacher-Platz
Afrikanische Straße
Rehberge
Seestraße
Leopoldplatz
Wedding
Reinickendorfer Straße
Schwartzkopffstraße
Zinnowitzer Straße
Oranienburger Tor
Friedrichstraße
Französische Straße
Stadtmitte
Mohrenstraße
Potsdamer Platz
Mendelssohn-Bartholdy-Park
Gleisdreieck
Möckernbrücke
U7
Altstadt Spandau
Rathaus Spandau
Zitadelle
Haselhorst
Paulsternstraße
Rohrdamm
Siemensdamm
Halemweg
Jakob-Kaiser-Platz
Jungfernheide
Mierendorffplatz
Richard-Wagner-Platz
U2
Ruhleben
Olympia-Stadion (Ost)
Neu-Westend
Theodor-Heuss-Platz
Kaiserdamm
Sophie-Charlotte-Platz
Bismarckstraße
Deutsche Oper
Ernst-Reuter-Platz
Zoologischer Garten
Amruner Straße
Westhafen
Birkenstraße
Turmstraße
Hansaplatz
Wittenbergplatz
Nollendorfplatz
Kurfürstenstraße
Wilmersdorfer Straße
Kurfürstendamm
U15
Uhlandstraße
Adenauerplatz
Spichernstraße
Augsburger Straße
Bülowstraße
Konstanzer Straße
Hohenzollernplatz
Güntzelstraße
Viktoria-Luise-Platz
Yorckstraße
Kleistpark
Eisenacher Straße
Bayerischer Platz
Fehrbelliner Platz
Heidelberger Platz
Blissestraße
Berliner Straße
Rüdesheimer Platz
Bundesplatz
Rathaus Schöneberg
Breitenbachplatz
Podbielskiallee
Friedrich-Wilhelm-Platz
Innsbrucker Platz
U4
Dahlem-Dorf
Walther-Schreiber-Platz
Thielplatz
Oskar-Helene-Heim
Schloßstraße
Onkel-Toms-Hütte
Rathaus Steglitz
Krumme Lanke
U1
U9

14

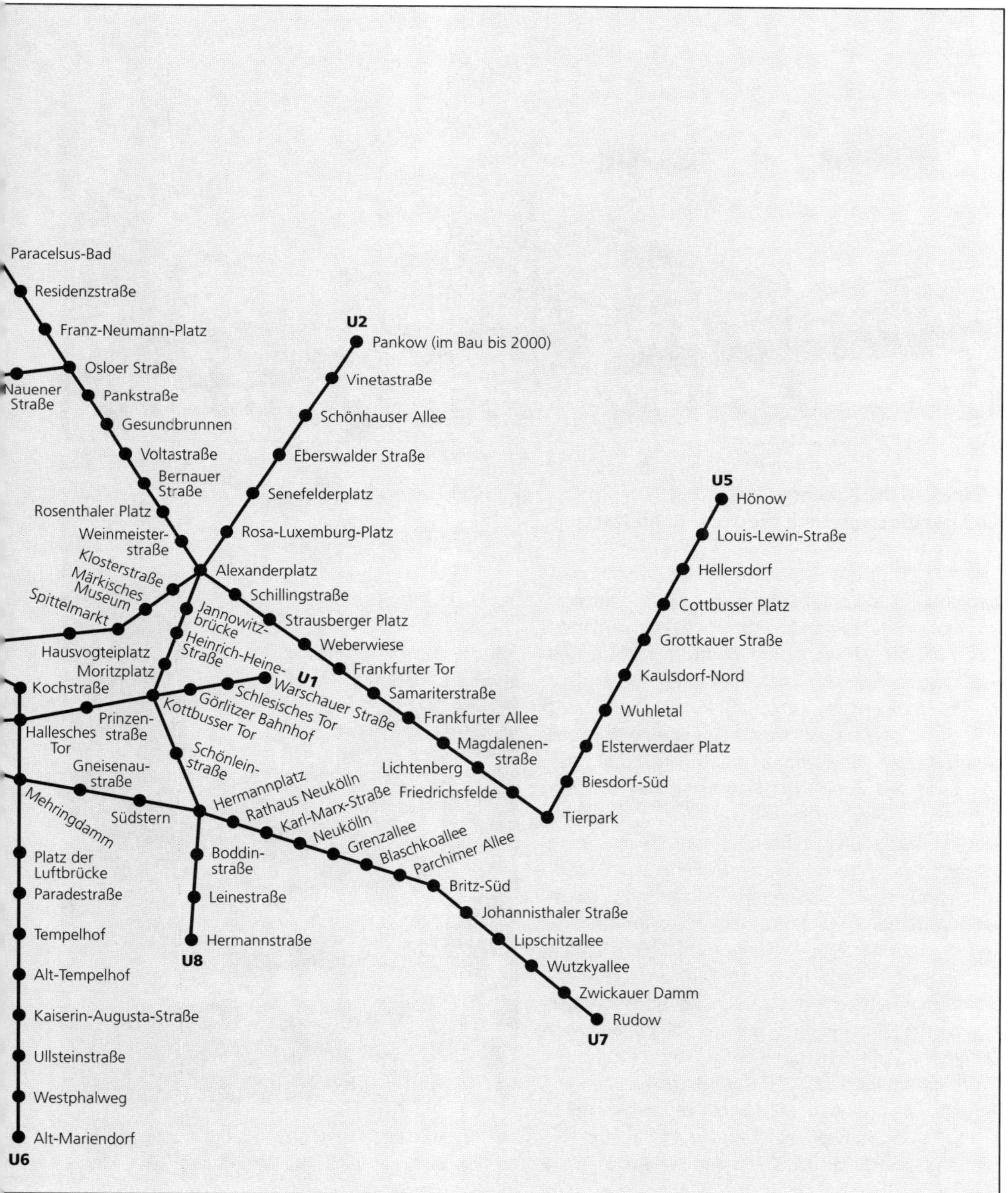

14
Das Berliner U-Bahn-Netz im Jahre 1998.

15
Entwurfsskizze des neuen U-Bahnhofs Mendelssohn-Bartholdy-Park. Die Gestaltung korrespondiert mit den in unmittelbarer Nähe stehenden neuen Gebäuden am Potsdamer Platz.

16
Baugeschehen am neuen U-Bahnhof Mendelssohn-Bartholdy-Park im Mai 1998.

15

7.6 Blick in die Zukunft – die Erweiterungspläne für das U-Bahn-Netz

Neuer Bahnhof ohne neue Strecke

An der U2 wird es noch in diesem Jahrhundert die sichtbarsten Veränderungen geben. In einer vorgesehenen Bauzeit von knapp 10 Monaten entsteht zwischen den U-Bahnhöfen Potsdamer Platz und Gleisdreieck ein neuer Hochbahnhof – Mendelssohn-Bartholdy-Park. Ursprünglich als U-Bahnhof Hafenplatz geplant, ist der neue Halt eine sinnvolle Ergänzung der Linie und eine gute Anbindung des neu bebauten Potsdamer Platzes an das U-Bahn-Netz. Zur Wiedereröffnung der Trasse zwischen Mohrenstraße und Wittenbergplatz hatte man bereits bauliche Vorkehrungen für den neuen Bahnhof getroffen. Die Tunnelrampe in Richtung U-Bahnhof Potsdamer Platz baute man vorsorglich einige Meter weiter nördlich, um dem rund 115 m langen Bahnhof ausreichend Platz einzuräumen. Die Hochbahnanlage entsteht mit seitlich neben der Trasse angelegten Fundamenten, die das Ständerwerk der Bahnsteige aufnehmen. Die Entwürfe für das futuristisch anmutende und in Korrespondenz zu den benachbarten Neubauten der Potsdamer Platz Arkaden stehende Bauwerk lieferten die Architekten Hilmer, Sattler und Partner. Die gesamten Arbeiten an dem neuen Bahnhof finden bei laufendem Betrieb auf der U2 statt. Die Eröffnung der neuen U-Bahn-Station steht bei allen Beteiligten für den 3. Oktober 1998 im Terminkalender.

16

Bis März 2000 wird mit der Verlängerung der U2 vom U-Bahnhof Vinetastraße in Richtung Norden zum S-Bahnhof Pankow eine neue Netzverknüpfung geschaffen. Im Sommer 1997 begannen mit dem ersten Rammschlag offiziell die Bauarbeiten an der Linienverlängerung. Der Streckenabschnitt entsteht in offener Berliner Bauweise. Die Trasse schließt sich unmittelbar an die bereits zu DDR-Zeiten angelegten Baukörper einer neuen Kehranlage Vinetastraße an. Sie war im Zusammenhang mit der Absicht gebaut worden, hier in Pankow eine neue Betriebswerkstatt (BW Granitzstraße) für die Kleinprofilwagen des Ostberliner BVB-U-Bahn-Netzes zu errichten, um endlich die aufwendigen Transporte in die Werkstatt nach Friedrichsfelde abzulösen. Der weitere Streckenausbau war dabei schon vorbereitet worden. Die Wende erübrigte zwar das BW-Projekt, aktualisierte aber die schon im 200-km-Plan vorgestellte Streckenerweiterung nach Pankow.

Schwerer Boden, ein hoher Grundwasserstand und sogar Ausgrabungen einer mittelalterlichen Siedlung behindern permanent den zügigen Baufortschritt. 28 Pumpen reduzieren den Pegel um 4,70 m, um in 11 m Tiefe die notwendige Baufreiheit zu erhalten. 390 m U-Bahn-Tunnel, teilweise unter dem Bahndamm der Deutschen Bahn hindurch, entstehen auf diese Weise entlang der Schulstraße. Der neue U-Bahnhof schließt sich dann als direkte Umsteigebeziehung zur S-Bahn an.

Lückenschluß zur S-Bahn

In einer späteren Etappe ist geplant, die U2 bis zum Pankower Zentrum in den Bereich Breite Straße/Pankow Kirche zu verlängern.

17
Der ertse Rammschlag für die Verlängerung der U2 in Richtung Norden zum S-Bahnhof Pankow im Sommer 1997.

18
Baustellensituation an der Verlängerung nach Pankow. In offener Bauweise entstehen 390 m Tunnel teilweise unter dem Bahndamm der Deutschen Bahn hindurch.

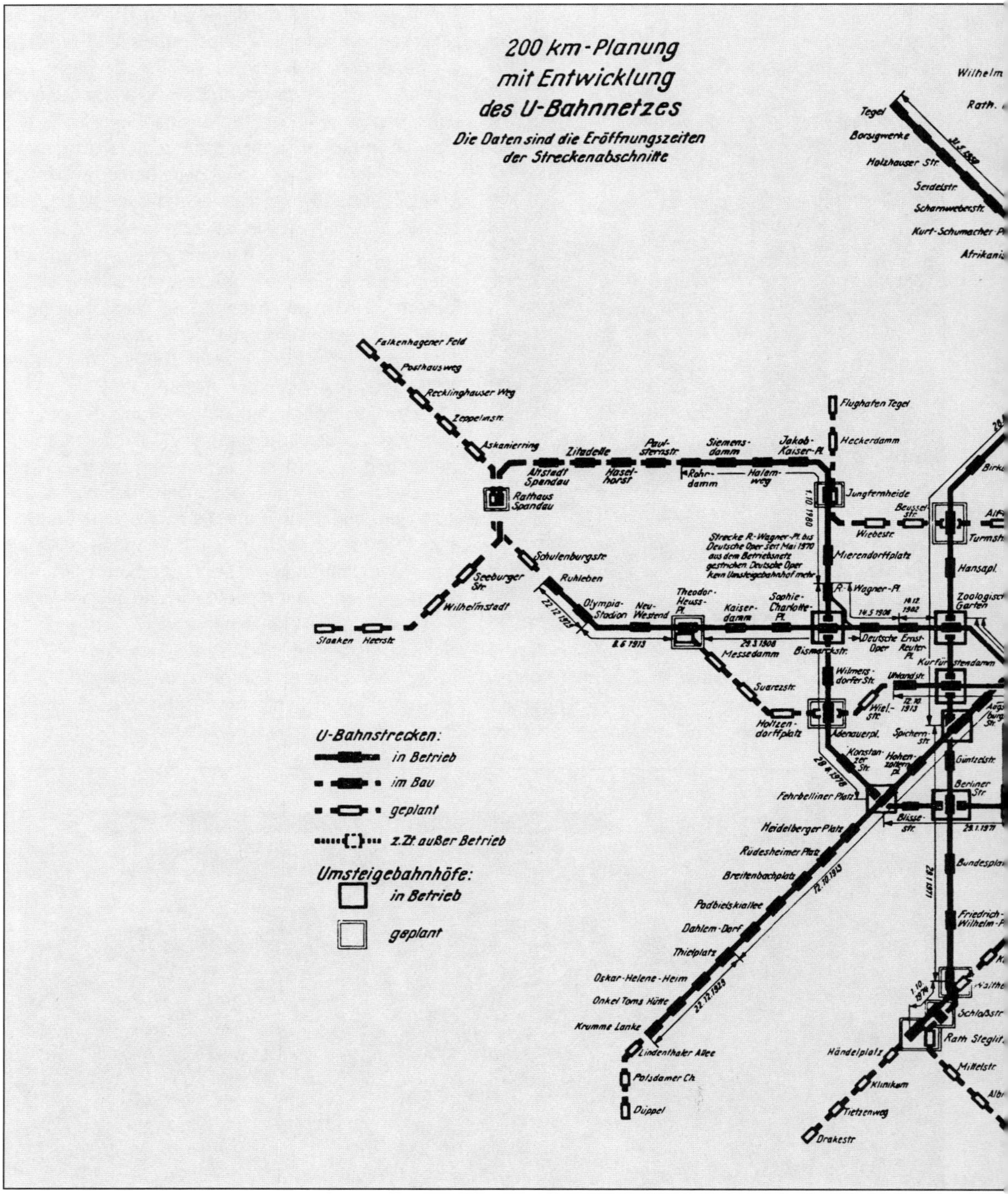

200 km-Planung
mit Entwicklung
des U-Bahnnetzes
Die Daten sind die Eröffnungszeiten
der Streckenabschnitte
Tegel
Borsigwerke
Holzhauser Str.
Seidelstr.
Scharnweberstr.
Falkenhagener Feld
Posthausweg
Recklinghauser Weg
Zeppelinstr.
Askanierring
Zitadelle
Altstadt Spandau
Haselhorst
Paulsternstr.
Siemensdamm
Jakob-Kaiser-Pl.
Rohrdamm
Halemweg
Flughafen Tegel
Heckerdamm
Jungfernheide
Rathaus Spandau
Wiebestr.
Beusselstr.
Hansapl.
Zoologischer Garten
Mierendorffplatz
Strecke R.-Wagner-Pl. bis Deutsche Oper seit Mai 1970 aus dem Betriebsnetz gestrichen. Deutsche Oper kein Umsteigebahnhof mehr
R.-Wagner-Pl.
Schulenburgstr.
Ruhleben
Seeburger Str.
Wilhelmstadt
Staaken
Heerstr.
Olympia-Stadion
Neu-Westend
Theodor-Heuss-Pl.
Kaiserdamm
Sophie-Charlotte-Pl.
Deutsche Oper
Ernst-Reuter-Pl.
Bismarckstr.
Messedamm
Kurfürstendamm
Uhlandstr.
Wilmersdorfer Str.
Suarezstr.
Holtzendorffplatz
Wielandstr.
Adenauerpl.
Spichernstr.
Konstanzer Str.
Hohenzollernpl.
Güntzelstr.
Berliner Str.
Blissestr.
Fehrbelliner Platz
Heidelberger Platz
Rüdesheimer Platz
Breitenbachplatz
Podbielskiallee
Dahlem-Dorf
Thielplatz
Oskar-Helene-Heim
Onkel Toms Hütte
Krumme Lanke
Lindenthaler Allee
Potsdamer Ch.
Düppel
Bundesplatz
Friedrich-Wilhelm-Pl.
Schloßstr.
Rath. Steglitz
Händelplatz
Mittelstr.
Klinikum
Tietzenweg
Drakestr.
U-Bahnstrecken:
in Betrieb
im Bau
geplant
z.Zt. außer Betrieb
Umsteigebahnhöfe:
in Betrieb
geplant

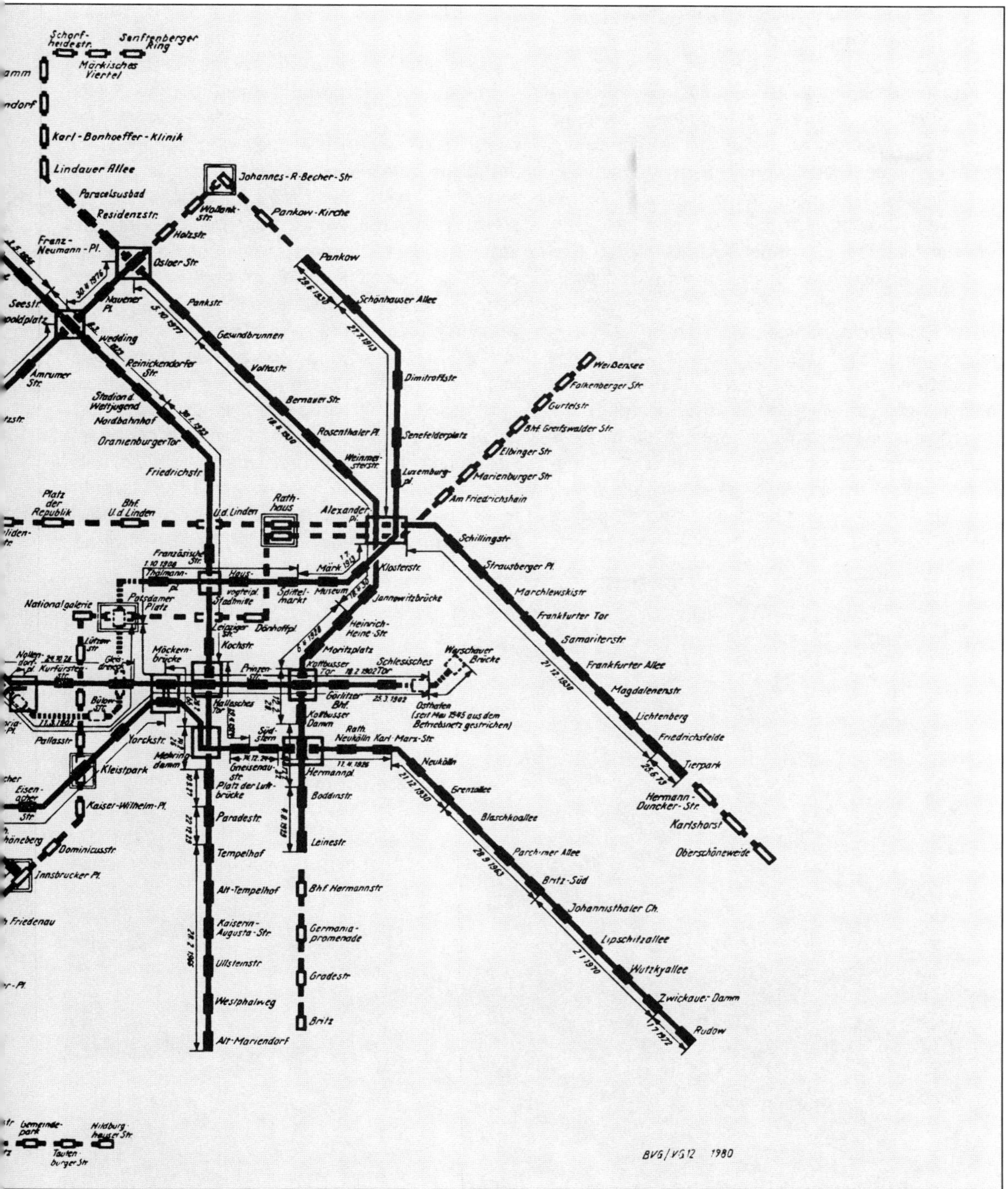

19

19
Der 200-km-Ausbauplan, 1955 vorgestellt, hier in einer Ausführung aus dem Jahre 1980 (federgezeichnete Vorlage).

20
Blick auf das Baugeschehen am Reichstag, hier soll künftig die U5 das Regierungs- und Parlamentsviertel an das U-Bahn-Netz anbinden.

7.7 Visionen für das nächste Jahrhundert im nächsten Jahrtausend

Visionen hatten die „U-Bahn-Bauingenieure" in dieser Stadt schon immer. Wo wäre Berlin ohne die Ideen und Vorstellungen von einem unterirdischen Verkehrsnetz des Werner von Siemens? Wie würden die U-Bahn-Verbindungen heute aussehen, hätten nicht die Bautrupps und zahllosen Helfer nach dem zweiten Weltkrieg die Ärmel hochgekrempelt und das wiederhergerichtet, was so aussichtslos zerstört und unwiederbringlich schien? So sind auch die seit 1955 stets fortentwickelten Visionen des 200-km-Ausbauplanes des U-Bahn-Netzes Ausdruck des unerschütterlichen Optimismus in den Zeiten des Aufschwungs sowie eine Absichtserklärung, die Metropole im Einklang mit den städtebaulichen Veränderungen umzugestalten. Bis wann die umfangreichen Vorstellungen Wirklichkeit werden sollen, vermochte und kann bis heute niemand prognostizieren. Zumindest für den Westteil der Stadt änderte auch der Mauerbau 1961 nichts an der schrittweisen Realisierung des Vorhabens. Durch die Isolierungen von West- und Ostberlin konnten allerdings die konkreten Planungen von U-Bahn-Streckenerweiterungen nicht an der Entwicklung der gesamten Verkehrsregion orientiert werden und bezogen sich deshalb auf die Veränderungen der Siedlungsstrukturen innerhalb der beiden Stadtteile. Jedoch erstaunlicherweise wurde über die 28 Jahre des Bestehens der Mauer immer versucht, Gesamtnetzentwicklungen oder S-Bahn-Verbindungen zu berücksichtigen oder wenigstens nicht endgültig zu verbauen. Bis auf einige Modifizierungen, Korrekturen und Konkretisierungen bleiben die Grundaussagen und Ziele des 200-km-Planes weiterhin aktuell.

Mit der U-Bahn zum Reichstag

Fast schon keine Vision mehr ist die Streckenverlängerung der U5 über den U-Bahnhof Alexanderplatz hinaus bis zum neuen zentralen Verkehrsknotenpunkt Lehrter Bahnhof. Die sechs neuen Bahnhöfe Berliner Rathaus–Spreeinsel–Unter den Linden–Brandenburger Tor–Reichstag–Lehrter Bahnhof sol-

20

len bis zum Jahre 2004 fertig sein und den Korridor in der Innenstadt zwischen der S-Bahn im nördlichen und der U2 im südlichen Bereich erschließen. Der Ausbau Berlins zur Regierungsmetropole und die Notwendigkeit, das künftige Parlaments- und Regierungsviertel an das Verkehrsnetz anzubinden, räumen der Verwirklichung des Bauvorhabens große Chancen ein, auch wenn, wie schon vor 100 Jahren, die Stadtschatulle leer ist. Teilabschnitte der neuen Verbindung wurden bereits im Zuge anderer Baumaßnahmen fertiggestellt. Dort, wo es möglich ist, kommt die kostengünstige Berliner Bauweise zum Einsatz, wo vorhandene Gebäude eine offene Baugrube verbieten, wie am Hotel Adlon und am Reichstag, erstellt die Schildvortriebsmaschine die Tunnelröhre.

Die weitere mögliche Verlängerung der U5 geht von einem nächsten Streckenabschnitt bis Turmstraße (U9) und von dort über Jungfernheide (U7, Umsteigebeziehung bereits vorbereitet) bis Flughafen Tegel aus.

Netzverknüpfungen und Übergangssituationen zu anderen Verkehrssystemen

Die Zeiten, wo unterschiedliche Verkehrsbetreiber ohne Rücksicht auf Fahrgastströme und mögliche Umsteigeabsichten den Streckenverlauf getrennt voneinander projektierten und umsetzten, scheinen vorbei zu sein. Netzverknüpfungen und moderne möglichst problemlose Umsteigevarianten werden vorrangig gebaut, denn nur ein gut funktionierendes und engmaschiges Netz aller Nahverkehrssysteme kann die Berliner überzeugen, die Verkehrsmittel auch zu benutzen. So bestimmen die weiteren Entwicklungen der Infrastruktur der Stadt die künftigen Planungen hinsichtlich der Streckenverlängerungen im U-Bahn-Netz entscheidend mit. Für den Süden Berlins existieren beispielsweise erste Vorplanungen, bis zum Jahr 2010 die U7 vom U-Bahnhof Rudow bis in das Land Brandenburg hinein zum Bahnhof und Flughafen Schönefeld zu verlängern.

Wohin führt eigentlich die U3?

Im weit verzweigten und sorgfältig durchnumerierten Liniensystem der U-Bahn findet sich zur Zeit keine U3. Doch eine Unkorrektheit im „Durchzählen" der U-Bahn-Verbindungen ist nicht der Grund dafür. Vielmehr geht der vorgesehene Verlauf der Strecke von Weißensee über Alexanderplatz–Wittenbergplatz–Uhlandstraße–Theodor-Heuss-Platz nach Hakenfelde auf sehr alte Projektideen zurück, und da grundsätzlich einer Umsetzung nichts im Wege steht, erhielt die Linie für alle Vorplanungsstadien die Bezeichnung U3. Um dem neugestalteten Potsdamer Platz zu gegebener Zeit ein nochmaliges Baugeschehen zu ersparen, wurde vorsorglich 1997 im Zuge anderer planmäßiger Baumaßnahmen der Rohbau für das Tunnelstück dieser Linie vorbereitet. Ursprünglich sollte nach dem 200-km-Plan von Weißensee im Norden nach Drakestraße im Süden eigentlich eine Linie 10 verkehren, doch Untersuchungen und aktuelle Bedarfsanalysen ergaben die oben genannte Verbindung. Aber diese U-Bahn-Linie und alle weiteren Ausbaustrecken, die auf dem 200-km-Plan festgeschrieben sind, werden erst das Baugeschehen der nächsten 100 Jahre Berliner U-Bahn-Geschichte, dann im 21. Jahrhundert, bestimmen.

21

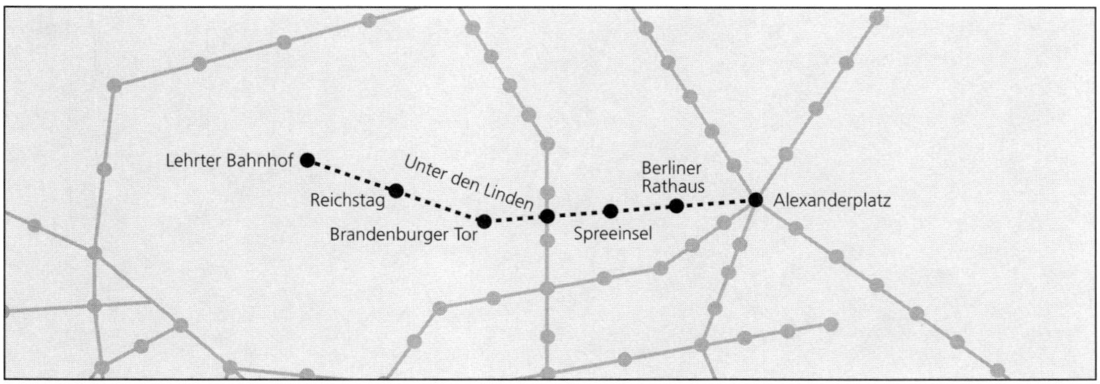

21
Streckenführung der U5 zum Lehrter Bahnhof mit den neuen U-Bahnhöfen entlang der Straße Unter den Linden.

8. Kapitel

Am U-Bahn-Bau beteiligte Unternehmen

Bleck & Söhne
Hoch- und Tiefbau GmbH

Im grünen Berliner Vorort Mahlsdorf wurde 1940 gegründet, was später sehr viel mit Gleis und Gleisbau zu tun haben sollte: die „Eduard Bleck Bauunternehmung“. Heute, nach über einem halben Jahrhundert ist das Unternehmen Bleck & Söhne ein junges, junggebliebenes und dynamisches Team aus den Baubereichen der Hauptstadt nicht mehr wegzudenken. Unter dem Motto, „mit Power am Bau“, bietet das Unternehmen einen umfassenden Leistungskatalog an:

Hoch- und Ingenieurbau
Industriebau
Schlüsselfertigbau
Sanierung und Bauen im Bestand
Bauen unter Betrieb – in allen Bahnbereichen
Kleinbau mit mobilen Kleinkolonnen
Rohrleitungsbau
Rohrvortrieb
Rohrauswechslung – im hydros[R]-Verfahren
Straßenbau
Kabelbau

Man ist sich und damit der Familienphilosophie treu geblieben, daß absolute Qualität am Bau als oberstes Prinzip gilt. Es hat vom Gründer über alle Nachfolger seine Lebendigkeit und tägliche Anwendung gerade unter den Aspekten des hochtechnisierten Baumanagements behalten. Berlin setzt auf die

Schiene und Bleck & Söhne ist ein gefragter Partner und hat speziell im Bereich des Verkehrsbaus einen guten Namen. Das traditionsreiche Unternehmen beteiligte sich von 1994 bis 1996 an den umfangreichen Sanierungsmaßnahmen und Bahnsteigverlängerungen entlang der Friedrichstraße an der U6. Zu den Arbeiten gehörten unter anderem das Einziehen neuer Deckenträger, die Fertigung neuer Kassettendecken mit einer Spezialschalung, Verfliesungen in Wandbereichen sowie der Einbau behindertengerechter Aufzüge und Fahrtreppen.
Am U-Bahnhof Wittenbergplatz wurden 1996 Aufzüge einschließlich der erforderlichen Maschinenräume unter Berücksichtigung denkmalpflegerischer Aspekte eingebaut. Ebenfalls 1996 erstrahlte der U-Bahnhof Hermannplatz nach einer Grundinstandsetzung durch Bleck & Söhne wieder in alter Schönheit.
Um das Umsteigen am U-Bahnhof Zoologischer Garten komfortabler zu gestalten, baute man 1997 einen neuen Zugang zwischen U-Bahnhof und Fernbahn. Der komplizierte Baugrund bedingte beiderseits Tunnelaußenkanten mit Schlitzwänden, in die mit fortlaufendem Aushub eine Betonsuspension gefüllt wurde. Die Dichtsohle entstand aus Unterwasserbeton.
Die U1 fährt wieder bis Warschauer Straße – damit wurde eine Lücke, welche die Teilung der Stadt hinterlassen hatte, geschlossen. Bleck & Söhne beteiligte sich im Rahmen einer ARGE von 1994 bis 1997 am Umbau und an der Grundinstandsetzung des U-Bahnhofes sowie der Aufstellhallen Ost und West.

Bleck & Söhne
Hoch- und T efbau GmbH & Co KG

Riedemannweg 16–18
13627 Berlin
Telefon: (030) 34 60 02 - 0
Telefax: (030) 34 60 02 - 70

Warning & Glamann
Bauunternehmung GmbH & Co.
Hoch- und Industriebauten
Altbaumodernisierung
Betonsanierung

Thulestraße 35
13189 Berlin
Telefon: (0 30) 47 89 98-0
Telefax: (0 30) 47 89 98 99

Dipl.-Ing. Siegfried Sonntag
Ingenieurgesellschaft mbH
Tragwerksplanung
Baukonstruktion

Blankenseer Chaussee 50
14959 Glau
Telefon: (03 37 31) 8 22-0
Telefax: (03 37 31) 8 22-10

Orlando Figallo
Nicole Rottwinkel
Rainer Birkel
mit Peter Rottwinkel
Schwarzbacher Straße 7
10711 Berlin
Telefon: (030) 8926844/40
(030) 8936780
Telefax: (030) 8919467

AS ARCHITEKTENSOCIETÄT Architekten

Warning & Glamann

Warning & Glamann ist ein seit fast 70 Jahren in Berlin und in seinem Umland tätiges, mittelständisch strukturiertes Unternehmen mit einem Jahresumsatz von ca. 15 Mio. DM. Die 60 Mitarbeiter können auf reiche Erfahrungen und Kompetenz im Hoch- und Industriebau, in der Umbau- und Altbausanierung und im schlüsselfertigen Bauen verweisen. Das Unternehmen bietet seine Leistungen immer einschließlich der notwendigen maschinellen Kapazitäten an.

Dipl.-Ing. Siegfried Sonntag, Ingenieurgesellschaft mbH

Das Unternehmen hat beim Umbau und der Instandsetzung folgender U-Bahnhöfe mit Leistungen der Tragwerksplanung und Objektüberwachung mitgewirkt:

U-Bahnhof Reinickendorfer Straße
U-Bahnhof Stadtmitte, U-Bahnhof Tempelhof
U-Bahnhof Rathaus Neukölln (Südring)
U-Bahnhof Steglitz, U-Bahnhof Fehrbelliner Platz
U-Bahnhof Nollendorfplatz

ArchitektenSocietät

In den letzten Jahren wirkte die ArchitektenSocietät Orlando Figallo, Nicole Rottwinkel, Rainer Birkel mit Peter Rottwinkel an zahlreichen Projekten des U-Bahnbaus mit. Am U-Bahnhof Paradestraße plante man die Grundinstandsetzung und den Einbau von Steighilfen. Für den U-Bahnhof Oranienburger Tor entstanden die Entwürfe für die grundlegende Instandsetzung und die Bahnsteigverlängerung des Bahnhofs während der Sanierungsarbeiten an der U6. Am U-Bahnhof Französische Straße projektierte die ArchitektenSocietät die Bahnsteigverlängerung für den 6-Wagen-Zugverkehr. Für den U-Bahnhof Stadtmitte der U6 erarbeitete man den Einbau von Steighilfen sowie die Umbaumaßnahmen am nördlichen Ausgang. Eine Neugestaltung des Fußgängertunnels zwischen der U6 und der U2 konnte bis jetzt leider noch nicht realisiert werden. Doch ein Blick in das geplante Gestaltungskonzept verspricht eine interessante Lösung des Problems, eine Verwandlung der bisher herrschenden Tristesse in einen Erlebnisbereich. Am U-Bahnhof Warschauer Straße verantwortete man

„Mäusetunnel" zur U2

die Pläne für den Umbau des Bahnhofs, den Umbau der Aufstellhallen, den Neubau einer Verbindungshalle sowie den Umbau der Gewölbe. Für den U-Bahnhof Zoologischer Garten entstanden die Entwürfe eines neuen Zugangs zur U9. An der U2, am U-Bahnhof Pankow plante die Architektenvereinigung den Gesamtausbau einschließlich des Gleichrichterwerkes und den Neubau eines Überganges zum S-Bahnhof.

F. C. Trapp AG Bauunternehmung

Die seit ihrer Gründung im Jahre 1872 in Familienbesitz befindliche F. C. Trapp AG Bauunternehmung aus Wesel am Rhein hat seit 1962 ihre Hauptniederlassung in Berlin. Leistungsschwerpunkte dort sind alle Bereiche des Hoch-, Tief- und Schlüsselfertigbaus. 1983 wurde zusätzlich die Trapp Tief- und Gleisbau GmbH gegründet. Dank des handwerklichen Geschicks und der großen Mitarbeiterflexibilität konnte sich das Unternehmen bei umfangreichen Sanierungs- und Neubauaufgaben schnell einen festen Platz am Markt erobern. Berlin bedeutet für Trapp immer eine besondere Herausforderung. Häufig erschwerte gerade die enge Bebauung in der Innenstadt das reibungslose Arbeiten und erforderte eine Unterteilung der Baumaßnahmen in viele kleine aufwendige Bauabschnitte. An den Einsatz von Großgeräten war dabei oft nicht zu denken. Gerade der Verkehrswegebau an Bahnstrecken bedeutet, ob im Freien oder im Tunnel, im Mehrschichtbetrieb, nachts, an Wochenenden und bei jedem Wetter den vollen Einsatz aller Mitarbeiter. Bei Trapp steht eine eingespielte Mannschaft zur Verfügung, die mit einem modernen Maschinenpark von der kleinsten Bohrmaschine über Schraubmaschinen bis zu 2-Wegebaggern mit Saugvorrichtung sowie Nivellier-, Stopf- und Richtmaschinen ausgerüstet ist. Die Leistungspalette erlaubt den Neu- und Umbau sowie die planmäßige Durchführung von Reparaturen an Gleisanlagen einschließlich der zum kompletten Bahnstreckenbau gehörenden straßenbaulichen Maßnahmen oder die Arbeiten an Kabelanlagen.

Neben dem Ausbau des oberirdischen Verkehrsnetzes hat sich das Unternehmen dem U-Bahnbau zugewandt. Große Lose in Berlin, Duisburg, Dortmund und München tragen die Handschrift von

Trapp. In der jüngsten Zeit war man an der Sanierung der Oberbaumbrücke, der Weidendammer Brücke, des U-Bahnhofes Warschauer Straße sowie an den Baumaßnahmen am U-Bahnhof Friedrichstraße beteiligt.

Sehr anspruchsvoll waren die Sanierungsaufgaben rund um den U-Bahnhof Warschauer Straße. Zwischen Warschauer Straße und Warschauer Platz liegt die ca. 340 m lange und ca. 26 m breite, im Jahre 1902 fertiggestellte Gewölbeanlage, bestehend aus 31 größtenteils gemauerten Gewölben mit Stütz-weiten zwischen 8 und 12 m. Auf diesem ca. 6 m hohen Bauwerk errichtete man um die Jahrhundertwende den Bahnhof Warschauer Brücke, ein Stellwerksgebäude, zwei Hallen als „Wagenschuppen" und Werkstatt sowie eine Drehscheibe und umfangreiche Gleisanlagen. 1994/95 wurde die gesamte Anlage nach denkmalpflegerischen Gesichtspunkten wiederhergestellt. Die Giebelfassaden zur Warschauer Straße entstanden wieder neu. Der U-Bahnhof, bestehend aus der Empfangshalle mit einem Tonnendach und der 56 m langen Bahnsteighalle, erstrahlte nun wieder in altem Glanz. Die Bahnsteiganlage erneuerte man nach modernen verkehrstechnischen und betrieblichen Aspekten.

F. C. Trapp AG Bauunternehmung
Hauptniederlassung Berlin
Trapp Tief- und Gleisbau GmbH

Klärwerkstraße 1
13597 Berlin
Telefon: (0 30) 3 51 83-0
Telefax: (0 30) 3 51 83-1 11

Dipl.-Ing. Gerhard Milbach
Architekten und Ingenieure

Karwendelstraße 15
12203 Berlin
Telefon: (030) 8 33 80 74
Telefax: (030) 8 33 05 14

Dipl.-Ing. Gerhard Milbach

Architekten und Ingenieure

Das Büro des Berliner Architekten Gerhard Milbach wirkte in den letzten Jahren an zahlreichen U-Bahn-Sanierungs- und Bauprojekten mit.
Erweiterungen + Modernisierung:
U-Bahnhof Stadtmitte
Einbau eines Gleichrichterwerkes:
U-Bahnhof Alexanderplatz
Sanierung + Grundinstandsetzung:
U-Bahnhof Scharnweberstraße
U-Bahnhof Seidelstraße
U-Bahnhof Holzhauser Straße
U-Bahnhof Borsigwerke
U-Bahnhof Tegel

Proft Autoglas GmbH & Glasbau P. Proft

Lübarser Straße 23
13435 Berlin
Telefon: (030) 4 11 10 28
Telefax: (030) 4 03 55 28

Proft Autoglas GmbH & Glasbau P. Proft

Die Profis für Glas der Glasbau Peter Proft sind seit Jahre mit dem U-Bahn-Baugeschehen in Berlin verbunden. Vor allem zahlreiche U-Bahn-Portalverglasungen, Fahrstuhltürme und Umwehrungen verdanken wir dem Wittenauer Unternehmen. Ihr Angebotsspektrum umfaßt außerdem:
Glasbau, Verglasungen aller Art, Autoglas
Pictogramme,Infoleitsysteme, Reparaturdienst
Mobile Wartung

raulf GmbH

Eichborndamm 167
13403 Berlin
Telefon: (030) 41 47 70
Telefax : (030) 41 47 71 00

raulf GmbH

Unter dem Motto:
Bauen für eine gemeinsame Zukunft steht für
r aulf
a nerkannte fachkompetenz
und über 100 Jahre Erfahrung
u mfassende Termintreue und Zuverlässigkeir
l eistungsstarke Präsenz vor Ort
f lexibles schlüsselfertiges Bauen

Das traditionsreiche Unternehmen ist außer in Berlin noch in Göttingen, Hannover, Magdeburg, Leipzig und Erfurt präsent und bietet folgende Leistungen an:
Hochbau
Ingenieurbau
Tiefbau
Generalunternehmer

Am Berliner U-Bahn-Bau beteiligte sich raulf an verschiedenen Arbeitsgemeinschaften. U.a. an den ARGEn U-Bahnhof Schwartzkopffstraße, U-Bahnhof Zinnowitzer Straße und U-Bahnhof Kochstraße.

ARIDO Abdichtungs-GmbH

Viele Unternehmen symbolisieren mit dem Firmenzeichen ihr Fachgebiet. Die ARIDO folgte bei Gründung des Betriebes im Jahr 1924 in Berlin dieser Tradition und zeigt seitdem den Querschnitt eines U-Bahn-Tunnels, der auf allen Geschäftsunterlagen zu finden ist.

Die Abdichtung der Tunnel und Zugangsbauwerke der Ber1iner U-Bahn mit bituminösen Baustoffen stellte für die Firmengründer ein interessantes und zukunftsorientiertes Leistungsfeld im Baugewerbe der rasant wachsenden Metropole Berlin dar. Und sie hatten den richtigen Riecher. Die ARIDO hat bei ca. 1/3 der Tunnelneubauten seit den fünfziger Jahren die Abdichtung gegen drückendes Wasser (Grundwasser) zum dauerhaften Schutz der Bauwerke ausgeführt. In jüngerer Zeit verlagerte sich der Arbeitsschwerpunkt auf die Sanierung bestehender Tunnelbereiche sowie auf die sehr interessante Aufgabe, neue Verkehrsbauwerke mit bestehenden U-Bahnhöfen zu verknüpfen (z. B. Umsteigebeziehungen zwischen U- und S-Bahn).

Die im Laufe der Firmengeschichte gesammelten Erfahrungen ermöglichen ein umfangreiches Fachwissen, das von den Abdichtungsspezialisten des Unternehmens ständig weiterentwickelt wird. Heute sind die ARIDO-Mitarbeiter in der Lage, jedes Abdichtungsproblem, speziell im Sanierungsbereich, zu lösen. Hierbei steht dem Unternehmen ein gut ausgebildetes Personal mit hohem Qualitätsbewußtsein zur Seite.

So wird die Berliner U-Bahn auch in Zukunft auf die ARIDO Abdichtungs-GmbH bauen können, um den Fahrgästen ein attraktives Verkehrsmittel zu bieten, das den wachsenden Aufgaben gut gerüstet gegenüber steht.

ARIDO-Mitarbeiter beim Ausüben der sogenannten „schwarzen Kunst" in der Friedrichstraße, bei Abdichtungsarbeiten mit Heißbitumen, Kupferriffelband und Rohfilzpappe, den klassischen Materialien der U-Bahn-Tunnelabdichtung.

Rohbauarbeiten am U-Bahn-Tunnel der U2 in Pankow.

ARIDO Abdichtungs-GmbH

Spezialunternehmen für:
Abdichtung gegen Grund- und Sickerwasser
Flachdachabdichtung
Dachbegrünung
Grundwasserschutzabdichtung gemäß §19 WHG mit TÜV-Zulassung

Möckernstraße 25
10963 Berlin
Telefon: 030/2 61 19 11/12/13
Telefax: 030/2 62 92 29

BVG
Berliner Verkehrsbetriebe

Unternehmensbereich U-Bahn
Potsdamer Straße 188
10783 Berlin
Telefon: 030/256-0
Telefax: 030/2 16 41 86

BVG, Unternehmensbereich U-Bahn

Sie heißt **U**ntergrund-**Bahn** und fährt einen beachtlichen Teil ihres Streckennetzes hoch über den Straßen der Stadt. Sie hat zwei Weltkriege nicht ganz schadlos überstanden, den Mauerbau überlebt, und sie ist heute wie kaum ein anderes Verkehrsmittel geeignet, die getrennten Stadtteile wieder zusammenzuführen. Die Berliner U-Bahn ist mit 125,5 Millionen Wagenkilometern Beförderungsleistung im Jahr und 169 Bahnhöfen im 177 km langen Streckennetz das wichtigste und vielleicht auch das beliebteste Beförderungsmittel der Metropole.
Daß dies so bleibt, dafür trägt innerhalb der Berliner Verkehrsbetriebe der Unternehmensbereich U-Bahn die Verantwortung. Zu diesem Bereich gehört der wichtige Verkehrs- und Betriebsdienst, aber auch eine eigene Abteilung für die elektrischen und baulichen Anlagen, die vor allem die Instandhaltung und Modernisierung des bestehenden Netzes plant und koordiniert. Wichtige Vorhaben der letzen Jahre waren beispielsweise die Bahnsteigverlängerungen auf der U6 zwischen Kochstraße und Reinickendorfer Straße sowie die Sanierung des nördlichen Abschnitts derselben Linie, die Bau- und Umbaumaßnahmen der U1 und die Wiederinbetriebnahme des U-Bahn-Verkehrs auf dem Streckenabschnitt der U1 und U2 sowie die Umgestaltung des U-Bahnhofes Hermannplatz. Speziell bei der Erneuerung oder Modernisierung historischer Bahnhofsanlagen wird eng mit der Denkmalpflege zusammengearbeitet.
Eine Premiere war der neue U-Bahnhof Mendelssohn-Bartholdy-Park auf der U2. Während reine Neubauvorhaben sonst meist von der Senatsbauverwaltung geplant und ausgeführt werden, stand der Neubau zwischen Gleisdreieck und Potsdamer Platz erstmals vollständig unter der Regie der Abteilung Anlagen. Dabei waren nicht nur die einzelnen Gewerke zu koordinieren und die Arbeiten mit verschiedenen Behörden und anderen Bauvorhaben abzustimmen, sondern es galt auch, den Zugverkehr auf der wichtigen Linie von Pankow nach Ruhleben nicht zu behindern, denn gebaut wurde – wie fast immer – unter laufendem Verkehr.

SIEMENS Verkehrstechnik

Eineinhalb Jahrhunderte Fortschritt auf Schienen Siemens und Berlin. Eine lange Verbindung, die 1847 in einer Hinterhauswerkstatt in der Schöneberger Straße begann. Der Name Werner von Siemens steht auch für den Beginn der elektrischen Traktion. Seit dieser Zeit treibt das Unternehmen für den technischen Fortschritt in Nah- und Fernverkehr voran – was die Stadt Berlin bei Ausbau und Modernisierung der U-Bahn immer wieder mit Aufträgen zur Lieferung von Fahrzeugen, Stromversorgungen und Betriebsführungssystemen honorierte. Seit 1994 ist der Bereich Verkehrstechnik der Siemens AG, einer der drei weltgrößten Anbieter von Nah- und Fernverkehrstechnik, wieder in Berlin zuhause.

Das Neue hat's schwer – 1880–1895

1880. Die Idee ist da, die technische Reife auch – aber skeptische Zeitgenossen verhindern zunächst die elektrische Hochbahn, die Werner von Siemens in der Friedrichstraße plant. Mehr als ein Jahrzehnt später greifen Siemens & Halske das Projekt wieder auf. Der Entwurf für ein Hoch- und U-Bahnnetz wird schließlich von Seiner Majestät genehmigt. Immerhin ist der Bedarf nach einem neuen Transportmittel akut geworden – angesichts der zahllosen Pferdefuhrwerke und ihrer „Folgen" auf dem Straßenpflaster.

Freie Bahn für die U-Bahn – 1896–1927

1896. Zwischen Warschauer Brücke und Zoologischem Garten beginnt der Bau der Oststrecke. Ein Jahr später gründen Siemens & Halske gemeinsam mit der Deutschen Bank die Hochbahngesellschaft – ein „Joint Venture", auch wenn man das in der Blütezeit des Kaiserreichs noch nicht so nennt. Nach Fertigstellung der Strecke übernimmt die Hochbahngesellschaft von 1902 bis 1904 die Betreiberrolle, anschließend geht der Betrieb in städtische Verantwortung über. In den kleinbürgerlichen Vierteln als Hoch-, auf vornehmerem Terrain als U-Bahn. Die Siemens-Schuckertwerke liefern elektrische Ausrüstungsteile für Bahnstromerzeugung und -verteilung: Generatoren, Umformer, Stromabnehmer, Triebwagenmotoren. Von Siemens & Halske stammen die elektrischen Bahnsignalanlagen und die Uhren. Allein 1913 werden rund 17 neue Streckenkilometer eröffnet, bevor der Erste Weltkrieg und die anschließenden Krisenjahre den Weiterbau fast völlig zum Erliegen bringen.

Von Siemens bis Siemensstadt – ab 1922

1928 werden alle öffentlichen Transportmittel zur Berliner Verkehrs Aktiengesellschaft (BVG) zusammengeschlossen. Auch in den folgenden Jahrzehnten liefern Siemens & Halske sowie Siemens-Schuckert – ab 1969 unter dem gemeinsamen Dach der Siemens AG – immer wieder fortschrittliche Bahntechnik für die BVG. Nicht zuletzt dank dieser Innovationskraft wird die Berliner U-Bahn Institution. Im Jahr 1980 dann erreicht die U-Bahn Siemensstadt, den Stadtteil, der ihrem Initiator gewidmet ist. Und 1994 richtet der Bereich Verkehrstechnik der Siemens AG seinen Hauptsitz wieder in der alten und neuen Hauptstadt ein – so schließt sich der Kreis zwischen dem Unternehmen, der Stadt Berlin und der Bahntechnik.

SIEMENS

SIEMENS Verkehrstechnik
Heavy Rail

Werner-von-Siemens-Straße 67
91052 Erlangen
Telefon: 0 91 31/7-0
Telefax: 0 91 31/7-20 50 5

U-Bahnhof Prinzenstraße Architekt W.-R. Borchardt, Berlin

Die Bahnhöfe im Berliner U-Bahn-Netz

Daten der Eröffnungen, Umbenennungen und Schließungen (keine kriegsbedingten Schließungen) sortiert nach heutigen Linienbezeichnungen. Bei im Laufe der Geschichte umbenannten Bahnhöfen sind die heutigen Bezeichnungen hervorgehoben. Umsteigebahnhöfe innerhalb des U-Bahn-Netzes erscheinen mehrmals, das angegebene Eröffnungsdatum bezieht sich auf den Bahnsteig der jeweiligen Linie. Geschlossene Bahnhöfe sind schräg dargestellt.

Linie U1
Kleinprofil

Warschauer Straße		
Warschauer Brücke	17.08.1902	13.08.1961–14.10.1995 geschlossen
Warschauer Straße	14.10.1995	
Stralauer Tor	18.02.1902	
Osthafen	15.09.1924	23.04.1945 geschlossen, nicht mehr existent
Schlesisches Tor	18.02.1902	
Görlitzer Bahnhof		
Oranien-/Wienerstraße	18.02.1902	
Görlitzer Bahnhof	14.02.1926	Zeitweise mit Zusatz: (Oranienstraße)
Kottbusser Tor	18.02.1902	04.08.1929 neuer Bahnhof einige Meter entfernt
Prinzenstraße	18.02.1902	
Hallesches Tor	18.02.1902	
Möckernbrücke	18.02.1902	
Gleisdreieck	03.11.1912	
Kurfürstenstraße	24.10.1926	
Nollendorfplatz	24.10.1926	
Wittenbergplatz	11.03.1902	12.10.1913 Inbetriebnahme als Umsteigebahnhof
Nürnberger Platz	12.10.1913	02.06.1959 geschlossen, nicht mehr existent
Augsburger Straße	08.05.1961	
Spichernstraße	02.06.1959	
Hohenzollernplatz	12.10.1913	
Fehrbelliner Platz	12.10.1913	
Heidelberger Platz	12.10.1913	
Rüdesheimer Platz	12.10.1913	
Breitenbachplatz	12.10.1913	
Podbielskiallee	12.10.1913	
Dahlem-Dorf	12.10.1913	
Thielplatz	12.10.1913	
Oskar-Helene-Heim	22.12.1929	
Onkel-Toms-Hütte	22.12.1929	
Krumme Lanke	22.12.1929	

Linie U2
Kleinprofil

Pankow	vorauss. 2000	Derzeit im Bau
Vinetastraße		
Pankow (Vinetastraße)	29.06.1930	
Vinetastraße	13.11.1993	
Schönhauser Allee		
Nordring	27.07.1913	
Schönhauser Allee	01.02.1936	
Eberswalder Straße		
Danziger Straße	27.07.1913	
Dimitroffstraße	01.01.1950	
Eberswalder Straße	03.10.1991	
Senefelderplatz	27.07.1913	
Rosa-Luxemburg-Platz		
Schönhauser Tor	27.07.1913	
Horst-Wessel-Platz	01.05.1934	
Schönhauser Tor	26.05.1945	
Luxemburgplatz	27.02.1950	
Rosa-Luxemburg-Platz	01.05.1978	
Alexanderplatz	01.07.1913	
Klosterstraße	01.07.1913	
Märkisches Museum		
Inselbrücke	01.07.1913	
Märkisches Museum	01.06.1935	
Spittelmarkt	01.10.1908	
Hausvogteiplatz	01.10.1908	
Stadtmitte		
Friedrichstraße	01.10.1908	
Friedrichstadt (Mohrenstraße)	15.09.1924	
Stadtmitte	01.02.1936	Zeitweise mit Zusatz: (Mohrenstraße)
Mohrenstraße		
Kaiserhof	01.10.1908	
Thälmannplatz	18.08.1950	
Otto-Grotewohl-Straße	15.04.1986	
Mohrenstraße	03.10.1991	
Potsdamer Platz		
Potsdamer Platz	18.02.1902	18.09.1907 geschlossen, nicht mehr existent
Leipziger Platz	18.09.1907	Neubau einige Meter weiter
Potsdamer Platz	30.01.1923	13.08.1961–13.11.1993 geschlossen
Mendelssohn-Bartholdy-Park	03.10.1998	
Gleisdreieck	03.11.1912	01.01.1972–13.11.1993 geschlossen
Bülowstraße	11.03.1902	01.01.1972–13.11.1993 geschlossen

Nollendorfplatz	11.03.1902	01.01.1972–13.11.1993 geschlossen	***Linie U2***
Wittenbergplatz	11.03.1902		
Zoologischer Garten	11.03.1902		
Ernst-Reuter-Platz			
Knie	14.12.1902		
Ernst-Reuter-Platz	02.10.1953		
Deutsche Oper			
Bismarckstraße	14.05.1906		
Städtische Oper (Bismarckstraße)	01.08.1929		
Deutsches Opernhaus (Bismarckstraße)	16.08.1934		
Deutsche Oper (Bismarckstraße)	22.09.1961		
Deutsche Oper	28.04.1978		
Bismarckstraße	28.04.1978		
Sophie-Charlotte-Platz	29.03.1908		
Kaiserdamm			
Kaiserdamm	29.03.1908		
Adenauerdamm	27.04.1967		
Kaiserdamm	15.01.1968		
Theodor-Heuss-Platz			
Reichskanzlerplatz	29.03.1908		
Adolf-Hitler-Platz	24.04.1933		
Reichskanzlerplatz	17.05.1945		
Theodor-Heuss-Platz	18.12.1963		
Neu-Westend	22.05.1922		
Olympia-Stadion (Ost)			
Stadion	08.06.1913		
Reichssportfeld	01.03.1935		
Olympia-Stadion	25.06.1950		
Olympia-Stadion (Ost)	31.05.1992		
Ruhleben	22.12.1929		
Nollendorfplatz	01.12.1910	24.10.1926 einige Meter verlegt und als Umsteigebahnhof eingerichtet	***Linie U4*** Kleinprofil
Viktoria-Luise-Platz	01.12.1910		
Bayerischer Platz	01.12.1910		
Rathaus Schöneberg			
Stadtpark	01.12.1910		
Rathaus Schöneberg	15.05.1951		
Innsbrucker Platz			
Hauptstraße	01.12.1910		
Innsbrucker Platz	01.07.1933		

Linie U5
Großprofil

Alexanderplatz	21.12.1930	
Schillingstraße	21.12.1930	
Strausberger Platz	21.12.1930	
Weberwiese		
Memeler Straße	21.12.1930	
Marchlewskistraße	22.03.1950	
Weberwiese	03.10.1991	
Frankfurter Tor		
Petersburger Straße	21.12.1930	
Bersarinstraße	03.06.1946	
Frankfurter Tor	01.06.1958	
Rathaus Friedrichshain	03.10.1991	
Petersburger Straße	01.09.1996	
Frankfurter Tor	30.05.1998	
Samariterstraße	21.12.1930	
Frankfurter Allee		
Frankfurter Allee	21.12.1930	Zeitweise mit Zusatz: (Ringbahn)
Stalinallee	21.12.1949	
Frankfurter Allee	14.11.1961	
Magdalenenstraße	21.12.1930	
Lichtenberg	21.12.1930	Zeitw. mit Zusätzen: Bahnhof und (Zentralfriedhof)
Friedrichsfelde		
Friedrichsfelde	21.12.1930	
Friedrichsfelde Tierpark	01.01.1958	
Friedrichsfelde	1970	
Tierpark	25.06.1973	
Biesdorf-Süd	01.07.1988	
Elsterwerdaer Platz	01.07.1988	
Wuhletal	01.07.1989	
Kaulsdorf-Nord		
Albert-Norden-Straße	01.07.1989	
Kaulsdorf-Nord	03.10.1991	
Grottkauer Straße		
Heinz-Hoffmann-Straße	01.07.1989	
Grottkauer Straße	03.10.1991	
Cottbusser Platz	01.07.1989	
Hellersdorf	01.07.1989	
Louis-Lewin-Straße		
Paul-Verner-Straße	01.07.1989	
Louis-Lewin-Straße	03.10.1991	
Hönow	01.07.1989	

Alt-Tegel		
Tegel	31.05.1958	
Alt-Tegel	31.05.1992	
Borsigstraße	31.05.1958	
Holzhauser Straße	31.05.1958	
Seidelstraße	31.05.1958	
Scharnweberstraße	31.05.1958	
Kurt-Schumacher-Platz	03.05.1956	
Afrikanische Straße	03.05.1956	
Rehberge	03.05.1956	
Seestraße	08.03.1923	
Leopoldplatz	08.03.1923	
Wedding	08.03.1923	
Reinickendorfer Straße	08.03.1923	
Schwartzkopffstraße		13.08.1961–01.07.1990 Transitbahnhof
Schwartzkopffstraße	08.03.1923	
Walter-Ulbricht-Stadion	09.04.1951	
Stadion der Weltjugend	15.03.1973	
Schwartzkopffstraße	03.10.1991	
Zinnowitzer Straße		13.08.1961–01.07.1990 Transitbahnhof
Stettiner Bahnhof	30.01.1923	
Nordbahnhof	10.01.1951	
Zinnowitzer Straße	03.10.1991	
Oranienburger Tor	30.01.1923	13.08.1961–01.07.1990 Transitbahnhof
Friedrichstraße		13.08.1961–01.07.1990 Grenzbahnhof
Bahnhof Friedrichstraße	30.01.1923	
Stadtbahn (Friedrichstraße)	15.09.1924	
Bahnhof Friedrichstraße	01.02.1936	
Friedrichstraße	02.1976	
Französische Straße	30.01.1923	13.08.1961–01.07.1990 Transitbahnhof
Stadtmitte		13.08.1961–01.07.1990 Transitbahnhof
Leipziger Straße	30.01.1923	
Friedrichstadt (Leipziger Straße)	15.09.1924	
Stadtmitte	01.02.1936	Zeitweise mit Zusatz: (Leipziger Straße)
Kochstraße	30.01.1923	
Hallesches Tor	30.01.1923	
Mehringdamm		
Belle-Alliance-Straße	19.04.1924	
Franz-Mehring-Straße	27.02.1946	
Mehringdamm	09.10.1947	

Linie U6	**Platz der Luftbrücke**		
	Kreuzberg	14.02.1926	
	Flughafen	01.10.1937	
	Platz der Luftbrücke	01.09.1975	
	Paradestraße		
	Flughafen	10.09.1927	
	Paradestraße	01.10.1937	
	Tempelhof	22.12.1929	Zeitweise mit Zusatz: (Südring)
	Alt-Tempelhof	28.02.1966	
	Kaiserin-Augusta-Straße	28.02.1966	
	Ullsteinstraße	28.02.1966	
	Westphalweg	28.02.1966	
	Alt-Mariendorf	28.02.1966	
Linie U7 Großprofil	**Rathaus Spandau**	01.10.1984	
	Altstadt Spandau	01.10.1984	
	Zitadelle	01.10.1984	
	Haselhorst	01.10.1984	
	Paulsternstraße	01.10.1984	
	Rohrdamm	01.10.1980	
	Siemensdamm	01.10.1980	
	Halemweg	01.10.1980	
	Jakob-Kaiser-Platz	01.10.1980	
	Jungfernheide	01.10.1980	
	Mierendorffplatz	01.10.1980	
	Richard-Wagner-Platz		
	Wilhelmplatz	14.05.1906	
	Richard-Wagner-Platz	01.02.1935	1974 geschlossen, nicht mehr existent
	Richard-Wagner-Platz	28.04.1978	Neuer Bahnhof einige Meter tiefer
	Bismarckstraße	28.04.1978	
	Wilmersdorfer Straße	28.04.1978	
	Adenauerplatz	28.04.1978	
	Konstanzer Straße	28.04.1978	
	Fehrbelliner Platz	29.01.1971	
	Blissestraße	29.01.1971	
	Berliner Straße	29.01.1971	
	Bayerischer Platz	29.01.1971	
	Eisenacher Straße	29.01.1971	

Linie U7

Kleistpark	29.01.1971	
Yorckstraße	29.01.1971	
Möckernbrücke	28.02.1966	
Mehringdamm	28.02.1966	Erweiterung der Bahnhofsanlage von 1924
Gneisenaustraße	19.04.1924	
Südstern		
Hasenheide	14.12.1924	
Kaiser-Friedrich-Platz	03.06.1933	
Gardepionierplatz	01.01.1939	
Südstern	31.07.1947	
Hermannplatz	11.04.1926	
Rathaus Neukölln	11.04.1926	
Karl-Marx-Straße		
Bergstraße	11.04.1926	
Karl-Marx-Straße	04.06.1946	
Neukölln	21.12.1930	Zeitweise mit Zusatz: (Südring)
Grenzallee	21.12.1930	
Blaschkoallee	28.09.1963	
Parchimer Allee	28.09.1963	
Britz-Süd	28.09.1963	
Johannisthaler Chaussee	02.01.1970	Zeitweise mit Zusatz: (Gropiusstadt)
Lipschitzallee	02.01.1970	
Wutzkyallee	02.01.1970	
Zwickauer Damm	02.01.1970	
Rudow	01.07.1972	

Linie U8
Großprofil

Wittenau	24.09.1994
Rathaus Reinickendorf	24.09.1994
Karl-Bonhoeffer-Nervenklinik	24.09.1994
Lindauer Allee	24.09.1994
Paracelsus-Bad	27.04.1987
Residenzstraße	27.04.1987
Franz-Neumann-Platz	27.04.1987
Osloer Straße	05.10.1977
Pankstraße	05.10.1977
Gesundbrunnen	18.04.1930
Voltastraße	18.04.1930
Bernauer Straße	18.04.1930

Linie U8	**Rosenthaler Platz**	18.04.1930	13.08.1961–01.07.1990 Transitbahnhof
	Weinmeisterstraße	18.04.1930	13.08.1961–01.07.1990 Transitbahnhof
	Alexanderplatz	18.04.1930	13.08.1961–01.07.1990 Transitbahnhof
	Jannowitzbrücke	18.04.1930	13.08.1961–01.07.1990 Transitbahnhof
	Heinrich-Heine-Straße		13.08.1961–01.07.1990 Transitbahnhof
	Neanderstraße	06.04.1928	
	Heinrich-Heine-Straße	31.08.1960	
	Moritzplatz	06.04.1928	
	Kottbusser Tor	12.02.1928	
	Schönleinstraße		
	Schönleinstraße	17.07.1927	
	Kottbusser Damm (Schönleinstraße)	07.07.1951	
	Schönleinstraße	31.05.1992	
	Hermannplatz	17.07.1927	
	Boddinstraße	17.07.1927	
	Leinestraße	04.08.1929	
	Hermannstraße	13.07.1996	
Linie U9 Großprofil	**Osloer Straße**	30.04.1976	
	Nauener Platz	30.04.1976	
	Leopoldplatz	28.08.1961	
	Amruner Straße	28.08.1961	
	Westhafen		
	Putlitzstraße	28.08.1961	
	Westhafen	31.05.1992	
	Birkenstraße	28.08.1961	
	Turmstraße	28.08.1961	
	Hansaplatz	28.08.1961	VW-Expreß ab 1957
	Zoologischer Garten	28.08.1961	
	Kurfürstendamm	28.08.1961	
	Spichernstraße	28.08.1961	
	Güntzelstraße	29.01.1971	
	Berliner Straße	29.01.1971	
	Bundesplatz	29.01.1971	
	Friedrich-Wilhelm-Platz	29.01.1971	
	Walther-Schreiber-Platz	29.01.1971	
	Schloßstraße	30.09.1974	
	Rathaus Steglitz	30.09.1974	

Kurfürstendamm	02.09.1961	
Uhlandstraße	12.10.1913	Zeitweise mit Zusatz: (Kurfürstendamm)

Zeittafel

100 Jahre U-Bahn-Baugeschichte
Streckeneröffnungen mit zeitgenössischen Bahnhofsbezeichnungen, in Klammern die heutige Linienzuordnung

25. Mai 1893	Königliche Kabinettsorder zur Anlage einer elektrischen Hochbahn
10. September 1896	Baubeginn der Hochbahnviadukte an der Gitschiner Straße
15. Februar 1902	Ministerfahrt, Einweihung der Strecken Potsdamer Platz–Zoologischer Garten und Stralauer Tor–Potsdamer Platz (U1/U2)
17. August 1902	Stralauer Tor–Warschauer Brücke (U1)
14. Dezember 1902	Zoologischer Garten–Knie (U2)
1903	*Beginn der ersten Ausbauphase*
14. Mai 1906	Knie–Bismarckstraße–Wilhelmplatz (U2/U7)
29. März 1908	Bismarckstraße–Reichskanzlerplatz (U2)
01. Oktober 1908	Leipziger Straße–Spittelmarkt (U2)
01. Dezember 1910	Schöneberger Untergrundbahn Nollendorfplatz–Hauptstraße (U4)
03. November 1912	Inbetriebnahme des U-Bahnhofes Gleisdreieck (U2)
02. Dezember 1912	Baubeginn der Nord-Süd-Bahn (U6)
27. Juli 1913	Spittelmarkt–Alexanderplatz–Nordring (U2)
12. Oktober 1913	Wittenbergplatz–Uhlandstraße (U15) Wittenbergplatz–Thielplatz (U1)
01. August 1914	Beginn des ersten Weltkrieges
11. November 1918	Ende des ersten Weltkrieges
1922	*Beginn der zweiten Ausbauphase*
30. Januar 1923	Hallesches Tor–Stettiner Bahnhof (U6)

Stettiner Bahnhof–Seestraße (U6)	08. März 1923
Hallesches Tor–Gneisenaustraße (U6, U7)	19. April 1924
Gneisenaustraße–Hasenheide (U7)	14. Dezember 1924
Belle-Alliance-Straße–Kreuzberg (U6)	14. Februar 1926
Hasenheide–Bergstraße (U7)	11. April 1926
Abschluß des Hochbahnvertrages. Beginn der Kommunalisierung der Hochbahngesellschaft	10. Juli 1926
Gleisdreieck–Kurfüstenstraße–Wittenbergplatz (U1)	24. Oktober 1926
Schönleinstraße–Boddinstraße (U8)	17. Juli 1927
Kreuzberg–Flughafen (U6)	10. September 1927
Schönleinstraße–Neanderstraße (U8)	06. April 1928
Zusammenschluß der Verkehrsbetriebe der Hoch- und Untergrundbahnen, der Omnibusse und Straßenbahnen zur Berliner Verkehrs-Aktiengesellschaft (BVG)	01. Januar 1929
Boddinstraße–Leinestraße (U8)	04. August 1929
Flughafen–Tempelhof (U6) Stadion–Ruhleben (U2)	22. Dezember 1929
Neanderstraße–Gesundbrunnen (U8)	18. April 1930
Nordring–Pankow (Vinetastraße) (U2)	29. Juni 1930
Alexanderplatz–Friedrichsfelde (U5) Bergstraße–Grenzallee (U7)	21. Dezember 1930
Machtergreifung Hitlers	30. Januar 1933
Olympische Spiele in Berlin	01.–16. August 1936
BVG wird Eigenbetrieb der Stadt Berlin	1938
Beginn des zweiten Weltkrieges	01. September 1939
Kriegsbedingte Einstellung des gesamten U-Bahn-Verkehrs	23. April 1945

02. Mai 1945	Überflutung eines Drittels des U-Bahn-Netzes
08. Mai 1945	Ende des zweiten Weltkrieges
14. Mai 1945	Erste Wiedereröffnung nach dem Krieg Hermannplatz–Bergstraße (U7) Schönleinstraße–Boddinstraße (U8)
Dezember 1945	90 % des Liniennetzes sind nach Schadensbeseitigungen wieder befahrbar
27. April 1947	U-Bahn-Verkehr auf allen Vorkriegsstrecken wieder möglich
20. Juni 1948	Einführung der Westmark, Beginn der Westberliner Blockade
24. Juni 1948	Einführung der Ostmark
26. Juni 1948	Beginn der Luftbrücke
1. August 1949	Teilung der BVG in Verwaltung West und Ost
1953	*Beginn der dritten Ausbauphase*
18. Juni–08. Juli 1953	Zeitweilige Einstellung des U-Bahn-Verkehrs in Ostberlin
03. Mai 1956	Seestraße–Kurt-Schumacher-Platz (U6)
31. Mai 1958	Kurt-Schumacher-Platz–Tegel (U6)
13. August 1961	Errichtung der Mauer, Züge der U6 und U8 halten nicht in Ostberlin, Netzunterbrechung zwischen Schlesisches Tor–Warschauer Brücke (U1) sowie Thälmannplatz–Gleisdreieck (U2)
28. August 1961	Leopoldplatz–Spichernstraße (U9)
28. September 1963	Grenzallee–Britz-Süd (U7)
28. Februar 1966	Tempelhof–Alt-Mariendorf (U6) Mehringdamm-Möckernbrücke (U7)
02. Januar 1970	Britz-Süd–Zwickauer Damm (U7)
01. Januar 1971	Stillegung der Strecke Wittenbergplatz–Bülowstraße–Gleisdreieck (U2)
29. Januar 1971	Möckernbrücke–Fehrbelliner Platz (U7) Spichernstraße–Walther-Schreiber-Platz (U9)

Zwickauer Damm–Rudow (U7)	01. Juli 1972
Friedrichsfelde–Tierpark (U5)	25. Juni 1973
Walther-Schreiber-Platz–Rathaus Steglitz (U9)	30. September 1974
Leopoldplatz–Osloer Straße (U9)	30. April 1976
Gesundbrunnen–Osloer Straße (U8)	05. Oktober 1977
Fehrbelliner Straße–Richard-Wagner-Platz (U7)	28. April 1978
Richard-Wagner-Platz–Rohrdamm (U7)	01. Oktober 1980
Rohrdamm–Rathaus Spandau (U7)	01. Oktober 1984
Osloer Straße–Paracelsus-Bad (U8)	27. April 1987
Tierpark–Elsterwerdaer Platz (U5)	01. Juli 1988
Elsterwerdaer Platz–Hönow (U5)	01. Juli 1989
Rampe der heutigen U2 zwischen Reichpietschufer und Bernburger Straße wird Versuchsstrecke der Magnetbahn mit den M-Bahnhöfen Bernburger Straße und Kemperplatz	28. August 1989
Fall der Mauer	09. November 1989
Wiedereröffnung der Transitbahnhöfe auf der U6 und U8	November 1989– 01. Juli 1990
Wiedervereinigung Deutschlands	03. Oktober 1990
Fahrplanmäßiger Fahrgastverkehr der M-Bahn mit BVG-Tarif, anschließend Demontage der Anlagen	18.–31. Juli 1991
Fusion der BVG und BVB unter dem Namen „Berliner Verkehrsbetriebe“ (BVG)	01. Januar 1992
Wiederinbetriebnahme der Strecke Mohrenstraße–Wittenbergplatz (U2)	13. November 1993
Paracelsus-Bad–Wittenau	24. September 1994
Wiederinbetriebnahme der Strecke Schlesisches Tor–Warschauer Straße (U1)	14. Oktober 1995
Eröffnung des U-Bahnhofes Mendelssohn-Bartholdy-Park (U2)	03. Oktober 1998
Vinetastraße–Pankow (U2)	vorauss. März 2000

Quellennachweis:

[1]) DER STÄDTISCHE BERLINER ÖFFENTLICHE NAHVERKEHR, Dr. Walter Schneider, BVG, Bd. 4, S. 8

[2]) ebenda, S. 31

[3]) ebenda, S. 49

[4]) ebenda, S. 91

[5]) ebenda, Bd. 5, S. 100

[6]) ebenda, Bd. 6

[7]) Übersetzung eines Interviews mit dem portugiesischen Olympiasportler José Beltrao in der Zeitschrift „Stadium" vom 23. September 1936

[8]) STADTMITTE UMSTEIGEN, Heinz Knobloch, Buchverlag Der Morgen 1982, S. 21

[9]) DER STÄDTISCHE BERLINER ÖFFENTLICHE NAHVERKEHR, Dr. Walter Schneider, BVG, Bd. 10, S. 220 f.

[10]) STADTMITTE UMSTEIGEN, Heinz Knobloch, Buchverlag Der Morgen 1982, S. 7

[11]) ebenda, S. 9

Literatur:

Berliner Fahrgastverband IGEB e.V. (Hrsg.): Strecke ohne Ende – Die Berliner Ringbahn; Berlin 1993

Bohle-Heintzenberg, Sabine: Architektur der Berliner Hoch- und Untergrundbahn – Planungen, Entwürfe, Bauten bis 1930; Berlin 1980

Bousset, Dr.-Ing. J.: Die Berliner U-Bahn; Berlin 1935

BVG, Bauabteilung U-Bahn (Hrsg.): Vorsicht an der Bahnsteigkante; Berlin 1996

Dehio, Georg: Handbuch der Deutschen Kunstdenkmäler – Berlin; München 1994

Denkmalpflege-Verein Nahverkehr Berlin e.V. (Hrsg.): U1 – Geschichte(n) aus dem Untergrund; Berlin 1995

derselbe (Hrsg.): U2 – Geschichte(n) aus dem Untergrund; Berlin 1995

derselbe (Hrsg.): U8 – Geschichte(n) aus dem Untergrund; Berlin 1994

Gottwaldt, Alfred: Das Berliner U- und S-Bahnnetz – Eine Geschichte in Streckenplänen; Berlin 1994

Gympel, Jan: Tunnel mit Tiefgang – mit der U-Bahn durch Berlin; Berlin 1993

Lemke/Poppel: Berliner U-Bahn; Berlin 1996

Meyer-Kronthaler, Jürgen: Berlins U-Bahnhöfe – Die ersten hundert Jahre; Berlin 1995

Schneider, Dr. Walter: Der Städtische Berliner Öffentliche Nahverkehr; 12 Bde. BVG o.J.

Senatsverwaltung für Bau- und Wohnungswesen Berlin (Hrsg.): U-Bahnlinie 8 auf dem Weg ins Märkische Viertel; Berlin 1987

dieselbe (Hrsg.): Verlängerung der U-Bahnlinie 7 – Südabschnitt; Berlin 1969

dieselbe (Hrsg.): Die Verlängerung der U-Bahnlinien 7 und 9 – ein neues U-Bahnkreuz; Berlin 1971

dieselbe (Hrsg.): S- und U-Bahnanlagen; Berlin 1987

dieselbe (Hrsg.): Die Oberbaumbrücke – Restaurierung eines Baudenkmals; Berlin 1995

dieselbe (Hrsg.): Stadtverbindungen – Streckenverlängerungen der U-Bahnlinie U1; Berlin 1995

Starke/Grimm/Röder/Rosenfeld: Vom Alexanderplatz nach Hellersdorf; Berlin 1989

U-Bahnlinie 7 erreicht den Bezirk Spandau von Berlin; Sonderdruck aus Berliner Bauwirtschaft, Sonderheft Berliner Bauwochen 1980

U-Bahnlinie 8 – Verlängerung bis Bahnhof Osloer Straße; Sonderdruck aus Berliner Bauwirtschaft, Heft 19/77

Verlängerung der U-Bahnlinie 7 bis Bahnhof Rathaus Spandau; Sonderdruck aus Berliner Bauwirtschaft, Heft 18/84

Verlängerung der U-Bahnlinie 7 vom Bahnhof Fehrbelliner Platz bis Bahnhof Richard-Wagner-Platz; Sonderdruck aus Berliner Bauwirtschaft, Heft 8/78

Abbildungsnachweis:

1. Kapitel
Foto: 8, 9, 10, 11, 12, 13, 14, 15, 16, 22, 26, 27, 32, 34 Fotoarchiv Plankammer BVG
Foto: 18, 25, 30, 31, 35 Autoren
Foto: 1, 5, 7, 19, 20, 28, 29 Privatarchiv Autoren
Foto: 24 Landesdenkmalamt Berlin
Foto: 23 Fotoarchiv BVG
Foto: 36 Siemens
Abb.: 2, 4, 6, 17 Plankammer BVG
Abb.: 3, 21 Archiv BVG Bauabteilung
Abb.: 33 Autoren

2. Kapitel
Foto: 1, 5, 7, 11, 12, 14, 16, 20, 25, 26, 27, 28, 37, 39, 41, 42 Fotoarchiv Plankammer BVG
Foto: 2, 3, 6, 10, 13, 17, 18, 19, 21, 22, 23, 29, 30, 33, 35, 36, 38, 40 Autoren
Foto: 34 Fotoarchiv BVG
Abb.: 9, 15, 32 Archiv BVG Bauabteilung
Abb.: 4, 8, 24, 31 Autoren

3. Kapitel
Foto: 1, 3, 4, 5, 9, 11, 13, 18, 19, 22, 26, 33, 34, 35 Fotoarchiv Plankammer BVG
Foto: 7, 8, 12, 15, 16, 20, 21, 25, 27, 28, 29, 30, 32, 37, 38, 39, 40, 41, 42 Autoren
Foto: 24 Privatarchiv Autoren
Foto: 10, 14 Fotoarchiv BVG
Foto: 6 Landesbildstelle
Abb.: 23, 31 Archiv BVG Bauabteilung
Abb.: 2, 17, 36 Autoren

4. Kapitel
Foto: 1, 2, 3, 5, 6, 7, 8, 9, 10, 14, 15,16, 18, 19 Fotoarchiv Plankammer BVG
Foto: 4, 11, 12 Autoren
Foto: 17 Privatarchiv Autoren
Abb.: 13 Autoren

5. Kapitel
Foto: 3 Fotoarchiv Plankammer BVG
Foto: 5, 6, 8, 9, 10, 11, 12, 13, 14, 17 Autoren
Foto: 1 Privatarchiv Autoren
Abb.: 2, 4 Archiv BVG Bauabteilung
Abb.: 7, 16 Autoren

6. Kapitel
Foto: 1, 2, 8, 9, 10, 15, 16, 21, 30 Fotoarchiv Plankammer BVG
Foto: 3, 5, 6, 12, 17, 18, 20, 22, 23, 24, 25, 26, 28, 29, 31, 33, 34, 35, 36, 37, 38, 40, 41, 42, 43, 44 Autoren
Foto: 4, 13, 14, 19 Fotoarchiv BVG
Abb.: 7, 11, 27, 39 Autoren

7. Kapitel
Foto: 9 Fotoarchiv Plankammer BVG
Foto: 1, 2, 3, 5, 6, 7, 10, 11, 16, 17, 18, 20 Autoren
Foto: 4 ARGE ZIEGELDACH
Abb.: 19 Plankammer BVG
Abb.: 12, 13, 15 Archiv BVG Bauabteilung
Abb.: 8, 14, 21 Autoren